보육교사인성론

이주연 · 박선영 · 김양은 · 류현강 · 이형민

창지사

머리말

2004년 영유아보육법이 전면 개정된 이후로 우리나라의 보육은 정책인 면과 실천적인 면 모두에서 질적으로 매우 긍정적인 변화를 축적해 왔다. 그리고 2023년 현재, 유보통합이라는 또 한 번의 변화를 맞이하고 있다. 2023년 1월 교육부와 보건복지부가 '출생부터 국민안심 책임교육 · 돌봄 유보통합 추진방안'을 발표하며, 유치원과 어린이집으로 이원화되어 있던 영유아의 보호와 교육이 실제적인 일원화를 시작하였다.

[보육교사인성론]은 어린이집 보육교사 2급 자격증 취득을 위한 교사인성 분야 필수교과목이다. 따라서 유보통합의 실행을 눈앞에 둔 현재로서는, 앞으로 자격증 취득을 위해 대학에서 해당 교과목을 이수해야 하는지, 혹은 해당 교과목이 개설은 되는지, 심지어 '보육교사'라는 용어가 존재할지조차도 확실하지 않다. 그럼에도 불구하고 [보육교사인성론]을 출판하게 된 것은 보육교사든, 유치원 교사든, 영유아교사든 영유아를 돌보고 교육하는 현장에 종사하는 사람들이 갖추어야 하는 가장 기본적이고 필수적인 지식과 정보는 필요하기 때문이다.

본 서는 보육교사의 특성, 보육교사의 직무, 보육교사의 인성 등 3개 Part 총 12장으로 구성되어 있다. Part 1 보육교사의 특성에서는 보육교사직에 대한 개념과 이론(1장)을 소개하였으며 보육교사의 역할과 자질(2장) 및 양성(3장)에 관한 사항을 다루었다. Part 2 보육교사의 직무에서는 어린이집 현장에서 보육교사가 실제적으로 수행하는 다양한 내용들을 소개하였는데, 여기에는 보육과정 운영(4장), 보육환경 구성(5장), 영유아 상호작용(6장), 가정 및 지역사회 연계(7장) 등이 포함된다. 마지막으로 Part 3 보육교사의 인성에서는 보육교사직에 필요한 교사의 인성(8장) 및 효과적인 직업수행을 위한 자기이해(9장), 정신건강(10장)의 내용을 소개하였고, 보육교사의 직업윤리(11장)와 권리(12장)를 포함하였다. 이를 통해 영유아의 건강한 발달을 위해 보육교사로서 어떤 자질을 갖추고 어떤 역할을 수행해야 하는지의 내용은 물론, 교사 자신의 건강한 직업수행을 위한 지식과 정보를 담고자 하였다. 본 서는 영유아보육 관련 교육 및 현장에 종사하는 5명의 저자가 함께 집필하였다. 각 장별로 1,2장은 박선영 교수가, 3,4,5장은 이형민 교수가, 6,7장은 이주연 교수가, 8,9,10장은 김양은 교수가, 그리고 11,12장은 류현강 원장이 담당하였다.

[보육교사인성론]의 동일한 이름으로 유사한 저서들이 많다. 본 서는 이들과의 차별화를 위해 가능한 최신 정보를 제공하고자 하였다. 또한 유보통합 등의 향후 변화와 관계없이 영유아를 돌보고 가르치는 사람들에게 필요한 기본적인 내용을 담고자 어린이집 비교나 사례 등 현장성을 다소 줄이고 개념적이고 원론적인 내용을 다수 포함하였다. 이러한 점에서 본 서는 보육교사 자격증 취득을 위한 교과목의 교재로서뿐만 아니라 영유아를 이해하고 이들과 가까이에서 직접적으로 상호작용하는 다양한 사람들에게 각자의 관점에서 널리 이용될 수 있으리라 기대해 본다.

본 서가 출판되기까지 열정적으로 도움 주신 창지사의 관계자분들께 감사드리며, 무엇보다도 보육현장에서 매일매일 영유아들을 사랑과 정성으로 돌보고 가르치는 가장 가치 있는 일을 하고 계시는 모든 보육교사분들께 감사와 응원을 보내드린다.

저자 일동

차 례

Part I 보육교사의 특성

1장 보육교사직 이해

2장 보육교사의 역할과 자질

3장 보육교사의 양성

Part 2 보육교사의 직무

4장 보육과정 운영

5장 보육환경 구성

6장 영유아와의 상호작용

7장 교사 네트워크

Part 3 보육교사의 인성

Part 1 보육교사의 특성

1장

보육교사직 이해

보육교사는 전생애적 발달의 기틀이 형성되는 영유아기 아동이 자신의 잠재력을 충분히 발휘하고 신체적·정서적·사회적·인지적 발달을 성취하며 총체적 인간으로의 바람직한 성장과 변화를 경험하도록 돕는 역할을 한다. 가족구조가 다변화되고 가족의 고유 기능이 상당 부분 사회로 이전되고 있는 현재, 보육교사는 영유아의 보호와 교육을 지원하고 사회화를 주도하는 역할을 담당한다. 본 장에서는 교직에 대한 이해를 기반으로 보육교사직에 대한 전반적인 개요를 살펴보고자 한다.

1. 보육의 의미와 목적

보육은 사전적 의미로 '어린아이들을 돌보아 기름'(국립국어원 발간 『표준국어대사전』)이라고 정의된다. 과거 선별적, 잔여적 복지 관점에서 저소득층 맞벌이 가정의 자녀의 보호에 초점을 두고 시행된 '탁아(託兒)'는 '아동을 맡아서 돌봄'의 의미를 지니고 있는데, 보육은 여기에서 출발한다.

전통적으로 영유아는 가정에서 어머니와 가족의 돌봄을 통해 양육되었으나 20세기 들어와 여러 사회적 격변에 따라 자녀양육의 기능이 일정 부분 사회로 이전되었다. 1921년 태화기독교사회관에서 처음 시작된 탁아사업은 1950년대 이후 전쟁고아나 미아 등 요보호아동의 보호와 구제를 목적으로 진행되었으며, 1961년 「아동복리법」 제정을 근거로 특히 빈곤층 아동의 복리 증진을 위한 사업의 일환으로 운영되었다. 1970년대 산업화가 진행되던 시기에 취약한 가정 돌봄에 놓여 있던 아동의 안전과 보호에 대한 사회적 돌봄 수요가 생겨나면서 이에 대한 대책으로 탁아시설이 생겨나기 시작했다. 1970년대와 1980년대를 거치면서 경제성장과 여성들의 사회진출로 인해 탁아수요가 늘어나고 민간 주도의 어린이집 등 보육기관이 증가하였지만, 보육시설과 보육 내용의 질은 다소 기대에 미치지 못하는 수준이었다.

사회경제 구조와 노동력 수급 구조의 변화, 여성의 사회적 지위 향상, 가족구조 변화 등의 사회적 추세는 자녀양육과 교육에 대한 탁아서비스의 보편적 보육으로의 발전방향을 주도했다. 이러한 흐름에 부응해 1991년 「영유아보육법」이 제정되고 탁아는 보호, 돌봄(care)의 기능에 교육(education)의 기능을 통합한 '보육'(educare)이라는 용어로 바뀌어 사용되기 시작했다. '보호' 측면에서는 영유아의 건강 및 안전과 관련하여 균형 잡힌 영양을 공급하고 신체적 건강과 정서적 안정을 취하며 다양한 유해환경과 위험으로부터 안전하게 보호받을 수 있어야 함을 강조한다. '교육' 측면에서는 영유아의 발달적 필요에 부합하는 적절한 경험과 가르침을 제공해 신체적, 인지적, 정서적 발달을 지원하고 촉진하여 영유아의 잠재력을 개발하고 사회적 유능성을 발휘함을 강조한다.

2000년대 이후 국가적 차원의 보육 시스템이 강화되면서 보육시설의 품질향상은 물론 교사양성체계 강화와 교육지원 등과 관련해 다양한 정책들이 시행되고 있다. 특히 저출산 극복을 위한 보육서비스 질적 개선과 확장은 더욱 중요하게 대두되고 있다. 2019년 일부 개정된 현행 「영유아보육법」 제2조에서는 보육을 '영유아를 건강하고 안전하게 보호 · 양육하고 영유아의 발달 특성에 맞는 교육을 제공하는 어린이집 및 가정양육 지원에 관한 사회복지서비스'라고 정의하고 있다. 또 동법 제1조에서는 보육의 목적을 '영유아의 심신을 보호하고 건전하게 교육하여 건강한 사회 구성원으로 육성함과 아울러 보호자의 경제적 · 사회적 활동이 원활하게 이루어지도록 함으로써 가정복지 증진에 이바지함을 목적으로 한다.'라고 규정하고 있다. 즉, 보육이란 단순히 아이를 맡아서 돌본다는 기존의 탁아 개념을 넘어 교육의 기능과 역할을 전폭적으로 도입하여 영유아의 전인적 발달을 주도하고 지원하는 포괄적 개념을 의미한다.

또한 보육활동이 이루어지는 장소 및 보육서비스를 제공하는 주체와 관련해서 보육은 넓은 의미와 좁은 의미로 나누어 볼 수 있다. 넓은 의미의 보육은 가정양육을 포함하여 행위의 주체나 장소에 제한되지 않고 영유아를 돌보고 교육하는 모든 행위를 지시하지만, 좁은 의미로는 법적, 공식적으로 승인을 받은 기관에서 자격을 갖춘 교사가 부모를 대신하여 발달에 적합한 최적의 교육 환경 속에서 영유아를 안전하게 보호하고 가르치는 것으로 한정된다.

보육 = 보호 + 교육

> "영유아를 잘 보육할 수 있는 인성과 신념, 태도를 지니는 것도 전문성을 지닌 보육교사로서 성장하기 위해 매우 중요하다고 생각한다. 대중매체를 통해 접하는 부정적인 어린이집의 사례들을 보면서 단순히 '나는 저런 행동을 하면 안 되겠다.' 라고 다짐하고 끝내는 것이 아니라 그 이상의 무언가가 필요하다고 생각한다. 본인 스스로에 대해서 영유아의 삶의 한 부분을 함께하는 동반자라고 생각하고, 영유아에게 있어서 본인은 큰 영향을 미치는 중요한 사람이라는 것을 반드시 자각해야 한다. 이러한 생각을 바탕으로 두고 내가 추구하는 올바른 보육교사상은 무엇인지, 구체적인 상황을 떠올려보고 나라면 어떻게 대응할 것 인지 등에 대한 여러 가지 생각들을 차근차근 쌓아 올려야 한다."
>
> 출처: 안지혜(2020).

보육교사 국가 자격제도

보육교사가 갖추어야 할 자질과 역량에 대한 관점은 대개 보육을 바라보는 사회적 시선과 평가, 시대적 분위기와 요구에 따라 다르다. '보육의 공공성 강화'를 목표로 2004년 전문 개정된 「영유아보육법」은 보육서비스 질 향상을 최우선적으로 강조하고, 이를 위한 다양한 보육서비스 질 제고 정책들을 수립하였다. 대표적으로 보육교직원의 국가 자격제도를 정립하고 평가인증제도 도입 및 국가 수준의 보육과정 마련을 위한 법적 근거 마련이 그것이다. 공보육에 대한 사회적 합의는 보육교사 자격을 국가자격으로 격상시키는 것으로 확인된다. 보육교사 국가자격증제는 보육교사의 전문성을 인정하고 공보육을 표방하는 사회적 책무를 강조하며 보육의 사회적 가치를 확산하는 의의를 갖는다.

보육교직원의 국가 자격제도는 정부가 보육교직원의 자격 유무를 직접 검정하고 확인하여 자격증을 발급하는 것으로, 보육교사 양성교육과정을 수료한 자에게 별도 자격증 없이 단순히 보육교사로서의 자격을 부여하던 이전 체제와는 다르다. 국가는 민간자격의 하나로 있던 보육교사 자격기준을 법적으로 명확히 하여 보육교사와 어린이집 원장 국가자격증 제도를 도입하였다. 자격검정 과정을 통해 신청자의 자격을 확인하고 자격 취소와 정지 등 자격 취득 이후에도 법적 관리를 할 수 있는 근거를 마련함으로써 보육교사의 자격관리를 통한 보육서비스의 질 제고를 도모하였다.

2. 보육의 필요성

1) 저출산 고령화의 가속화

저출산 고령화는 현대 사회에서 심각한 문제로 인식되고 있다. 저출산은 인구 감소와 인구구조의 불균형을 초래하며, 고령화는 노령 인구 증가와 노동력 인구 감소로 인한 경제적 어려움을 야기한다. 특히 우리나라는 1984년부터 저출산이 시작된 이래 2001년부터 초저출산을 유지하고 있고, 2022년 합계출산율은 0.78을 기록하여 2013년부터 줄곧 OECD 국가 중 합계출산율 최하위에 머물러 있다.

이러한 문제를 해결하기 위해서는 범사회적으로 출산율을 높이고 고령화에 대한 대처 정책을 마련해야 하는데, 그중 보육의 공공성에 입각해 이루어지는 보육서비스의 개선과 확충은 출산율을 높이는 데 큰 역할을 할 수 있다. 현재 국가적으로 보육시스템을 질적으로 개선하고 공보육의 튼튼한 안전망을 강화함으로써 출산율을 높이는 데 주력을 기울이고 있다.

〈표 1-1〉 동아시아 국가의 출산율

단위: 명

	2000년	2015년	2020년	2021년	2022년
대한민국	1.48	1.24	0.84	0.81	0.78
중국	1.45	1.57	1.30	1.15	1.08
일본	1.41	1.45	1.34	1.30	1.27
태국	1.53	1.45	1.18	1.09	1.00
홍콩	1.03	1.20	0.88	0.77	0.68
마카오	0.95	1.14	0.89	0.83	0.68
대만	1.76	1.12	0.99	0.97	0.87
싱가포르	1.16	1.24	1.10	1.04	–
베트남	2.01	2.01	2.05	2.11	2.01

출처: 통계청(2023).

〈표 1-2〉 주요 선진국가의 출산율

단위: 명

	2000년	2010년	2020년
미국	2.06	1.93	1.63
일본	1.36	1.39	1.33
독일	1.38	1.39	1.53
영국	1.64	1.92	1.56
프랑스	1.87	2.02	1.79
이탈리아	1.26	1.44	1.24
캐나다	1.49	1.63	1.50

출처: 통계청(2023).

2) 여성의 경제활동 증가

현대사회에서 여성의 경제활동 참여는 여러 가지 이유로 더욱 중요해지고 있다. 최근 여성들이 자아실현에 보다 큰 비중을 두게 되면서 자녀양육과 육아는 여성들의 직업적 성취보다 밀려나는 모습을 보이고 있다. 특히 출산과 육아로 인한 사회적 공백기와 부담이 이러한 흐름을 강화하는 경향이 있다. 한국의 여성고용률은 이십 대에 최고점을 갖고 삼십 대에 급락하는 M자형 곡선을 그리고 있어, 육아부담으로 인한 여성의 경력단절이 높고 고용손실이 크게 발생하고 있다.

이와 관련하여 보육시스템의 질적 개선과 공보육 강화는 부모로서 양질의 삶을 지원하고 여성의 적극적이고 효율적인 경제활동 참여를 유도한다. 또한 보육서비스는 남성과 여성이 가족의 책임을 동등하게 나눌 수 있는 환경을 조성하며 가사노동을 공동으로 수행하는 가정을 지원하고, 이를 통해 가정 내 성별 역할 분담과 가족 구성원 간의 협력과 소통을 촉진한다. 이처럼 여성의 경제활동 참여와 보육서비스의 개선은 서로 긴밀히 연결되어 있으며, 이를 통해 가족과 사회의 경제적 안정, 여성의 권리와 지위를 더욱 보장할 수 있게 된다.

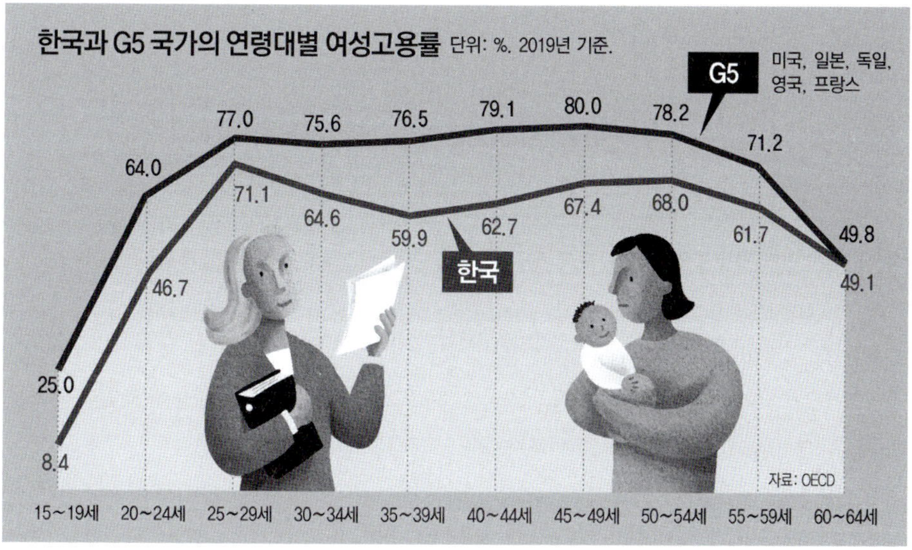

[그림 1-1] 한국과 G5 국가의 연령대별 여성고용률

출처: 동아일보(2021).

3) 아동발달 지원

미래의 중요한 인적 자원으로서 영유아의 보육에 대한 국가 책임은 저출산 문제 해결이나 여성경제활동 강화 등 다른 목적의 수단을 넘어 그 자체로 중요한 의미를 지닌다. 어린이집에서 보육교사는 영유아발달 수준에 맞는 돌봄과 교육을 통해 발달적으로 적절한 경험을 하도록 도우며, 이러한 경험을 통해 영유아는 사회성과 자기조절 능력을 키우며 독립성과 문제해결 능력을 향상시킬 수 있다. 전 생애적 발달의 기초가 형성되는 영유아기에 국가수준의 보육과정 운영을 통해 최적의 발달을 경험하기 시작하며 계층 간 격차를 최소화하여 발달의 공정한 출발선을 만들어 나가게 된다.

미국 유아교육협의회(National Association for the Education of Young Children)에서는 '발달적으로 적합한 실제(Developmentally Appropriate Practice, DAP)'를 제시하는데, 이는 아동발달 지식에 기초한 아동교육 프로그램에 적용되는 교육철학을 대변한다. 우리나라에서도 표준보육과정과 누리과정에 근거해 영유아의 발달

수준에 적합한 교육과정을 운영하고 있다.

발달적으로 적합한 실제(DAP) 3원칙

- 연령적합성(age appropriate)
  : 영유아의 연령 범주에 속하는 보편적 특성에 적합한 환경과 경험을 제공하는 교육과정을 운영함
- 개별 적합성(individually appropriate)
  : 개별 영유아마다 발달의 속도와 모습이 다르고 개인차가 있기 때문에 교육과정은 각 영유아의 개별적 특수성과 다양성을 고려하고 인정하면서 운영함
- 사회문화적 적합성(culturally appropriate)
  : 발달과 학습은 다양한 사회문화적 맥락 안에서 일어나며 그 영향을 받기 때문에, 사회, 국가, 전통, 문화, 종교 등에서 다양한 문화적 배경을 반영하는 교재, 교구, 활동을 제공함

3. 교직의 이해

교사의 법적 용어는 교원이며 교직은 교사가 학생을 가르치는 직업이나 직무를 의미한다. 직업은 의식주를 해결하고 생활을 해 나가기 위해 소득을 얻을 목적으로 사회에 참여하여 주어진 사회적 역할을 하는 사회 활동이다. 교직은 많은 직업 중 하나의 직업이라는 점에서 다른 직업들처럼 개인의 행복추구를 위한 생계유지와 자아실현의 의미를 가지며, 사회구성원으로서 역할수행을 통해 공동체에 기여하는 사회적 의미도 갖는다. 더 나아가 교직은 다른 직업과는 본질적으로 구분되는 특성을 갖고 있다.

첫째, 교직은 인간을 대상으로 한다. 교사에게서 가르침의 대상은 사물, 자연이 아닌 사람이다. 인간은 세상 만물을 만들어 내고 분석하고 탐구하고 사고하는

유일한 주체인 한편 인간에 대한 완전한 파악과 설명은 어떤 이론으로도 불가능하다. 아동학, 심리학, 철학, 의학, 사회학, 생물학 등 인간의 심리, 사고, 인지, 두뇌, 정서 등을 연구하는 다양한 분야와 학문이 있으나 여전히 인간에 대한 탐구와 공부는 무한히 진행되고 있다. 교직은 완전한 해석과 접근이 쉽지 않은 인간을 상대하는 직업이다.

둘째, 교직은 인간의 신체 발달, 인지 발달, 정서사회성 발달 등 모든 발달 영역에서의 조화로운 성취를 추구한다. 인간을 대상으로 하는 직업은 다수 있지만 특히 교직은 인간에 대해 총체적으로 접근한다. 교직은 지식 전달이나 기술 지도를 넘어 학습자의 정신적, 심리적 측면의 발달과 생활지도, 인성함양까지 전인격적 발달을 목표로 한다. 물론 직업기술을 지도하는 기관 같은 곳에서의 교직은 좁은 의미의 지식 전수에 더 초점이 주어지지만, 일반 학교에서 교사는 학생들의 교과교육을 통한 학업 성취뿐 아니라 대인관계, 사회적응, 진로지도, 인성교육 등 전인교육을 목적으로 직무를 수행하며, 그만큼 다양한 차원에서 깊은 책임의식을 갖게 된다.

셋째, 교직은 아직 충분히 성장하지 않은 발달과정 중에 있는 인간을 대상으로 한다. 교사는 부족하다기보다는 앞으로 배움과 성장의 무한한 가능성을 가진 학습자를 교직에서 만나게 된다. 인간은 평생 동안 배울 수 있지만 생의 전반기는 여러 발달의 기틀이 잡히고 배움과 가르침이 가장 왕성하게 이루어지는 시기이다. 교사는 이러한 과정 중에 있는 학습자의 잠재력을 발견하고 다듬어 주어 개인적으로나 사회적으로 이상적인 발달과 성취를 이루도록 지원한다.

넷째, 교직은 가르침의 대상인 개인의 행복추구를 넘어 개인이 사회에 공헌하고 기여하는 건강한 사회적 주체로 발달, 성장하는 것을 추구한다. 그러므로 교직은 다른 직업들보다 더욱 사회가 필요로 하는 공동체 윤리에 입각한 공적 활동을 담당한다.

> "내가 되고 싶은 교사는 첫째, 우선 아이를 정말로 사랑하는 교사, 아이를 차별 없이 동등하게 대해주는 교사, 아이의 사소한 것 존중해 주는 교사, 나보다 아이들을 더 생각해 주는 교사가 되고 싶다. 제 3자가 보았을 때, '아, 저 선생님처럼 아이를 대하면 안 되는데'가 아니라 '아, 저 선생님처럼 아이를 지도해야겠다' 라는 생각이 들 수 있도록 아이들의 발달에 도움을 줄 수 있는 교사가 되고 싶다."
>
> 출처: 황성원(2019).

4. 교사와 보육교사의 의미

일반적으로 교사는 '가르치다', '본받다'는 의미의 '교(教)'와 스승, 본받을 어른을 의미하는 '사(師)'가 합쳐진 단어로, 일정한 자격을 가지고 학생을 가르치는 사람을 의미한다. 교사를 비롯한 전문직은 공통적으로 일정한 경험과 자격을 갖추고 사회적으로 꼭 필요한 활동과 서비스를 제공한다. 특히 교사는 사람을 대상으로 하고 그들의 전인격적 측면을 가르침의 대상으로 한다는 점에서 개인적 차원을 넘어 사회 전반에 걸쳐 큰 영향을 미치는 중요한 주체이다.

「영유아보육법」 제2조에서는 보육교사와 원장, 그 외 직원을 포함한 '보육교직원'을 '어린이집 영유아의 보육, 건강관리 및 보호자와의 상담, 그 밖에 어린이집의 관리 · 운영 등의 업무를 담당하는 자'로 정의하고 있으며, 동법 제21조에서는 보육교사를 '자격기준을 갖추고 보건복지부 장관이 검정 · 수여하는 국가자격증을 받은 자'로 규정하고 있다. 즉, 보육교사는 영유아의 보호와 교육에 필요한 교육과정을 이수하고 일정한 자격을 갖추어 어린이집에서 영유아를 가르치는 사람을 의미한다.

보육교사는 어린아이들의 성장과 발달에 큰 영향을 미치는 역할을 하는데, 무엇보다 그들의 안전과 건강을 보호하고 신체적, 지적, 사회적 발달을 촉진하기 위해 적절한 교육과정과 활동을 계획하고 시행한다. 1991년 「영유아보육법」이 제정 · 공포되면서 보호 기능에 치중되었던 탁아의 개념이 보호와 교육 기능을 통합하게 되었고, 이후 보호와 교육을 통합해서 '보육'으로 개념화되었다. 보육교사는 다른 일반 교사와 달리 영유아를 대상으로 발달단계에 따른 '보호'와 '교육' 간 균형을 고려하여 이들의 발달에 적합한 교육 환경을 구성하고 최적의 가르침을 제공하는 사람이다. 이들은 보육의 의미와 목적을 기관에서 구체적으로 실행에 옮기는 사람으로, 영유아를 대상으로 심신의 보호와 바람직한 교육적 활동을 통해 건강한 사회구성원으로 성장할 수 있도록 발달의 기본 청사진을 만든다. 한마디로 보육교사는 영유아의 잠재력을 성장시키고 지 · 덕 · 체를 고루 갖춘 건강한 이상적 인간으로 성장하고 발달할 수 있도록 지원하고 돕는 주체이다. 보육교사는 영유아에 대한 세심한 신체적, 심리적 보호를 통해 가정 안에서 느낄 수 있는 편안함과 따뜻함을 기관에서 누릴 수 있도록 하여 정서적 안정감을 갖도록 지원한다. 뿐만 아니라 영유아의 발달적 욕구에 부합하는 신체적, 사회적, 정서적, 인지적 발달을 촉진하고 강화하는 적절한 교육적 경험과 환경을 제공한다.

대부분 영유아가 보육시설에서 많은 시간을 보내고 있는 상황에서 보육교사는 영유아의 성격과 특성을 파악하고 그에 맞는 교육과 활동을 제공한다. 이를 위해 보육교사는 영유아의 성장과 발달에 필요한 지식과 기술을 습득하고 다양한 교육방법과 교수활동을 통해 영유아와 소통하면서 발달을 적극적으로 지원한다.

5. 보육교사직의 특성

보육교사직은 교직의 일반적인 특성을 공유하면서도 영유아를 대상으로 한다는 점에서 보다 요구되고 갖추어야 할 특성들이 있다. 보편적 복지를 지향하고 보육의 공공성을 중시하는 현 사회적, 정책적 기조에서 영유아 보호와 교육의 문제는 개인과 가정의 책임이 아닌 국가와 사회의 책무가 되었다. 그러므로 가정양육을 대신하여 기관에서 영유아의 보호와 교육을 담당하는 보육교사의 직무에 주어지는 사회적 책임과 역할수행은 더욱 중요하다.

첫째, 영유아를 대상으로 한다.

보육교사는 유아뿐 아니라 아주 어린 연령의 영아를 보호하고 지도한다. 저출산 극복과 사회구조의 변화에 따른 공보육 강화는 가정양육의 많은 부분을 사회로 이전시켰고 보육교사는 그러한 정책이 구현되는 현장에서 광범위한 역할을 한다. 일반 학습자와 달리 영유아는 발달적 특성상 자신의 의사와 감정표현을 명쾌하게 드러내는 데 제약이 있기 때문에 소통과 상호작용이 쉽지 않다. 그러므로 보육교사는 영유아의 얼굴 표정과 몸짓 등의 비언어적 메시지를 빠르게 읽어내고 그 안에 담긴 욕구에 민감하게 반응하는 것이 필요하다. 전생애적 발달에서 영유아기는 발달의 기초가 만들어지고 외부 환경의 영향을 빠른 속도로 흡수하며 회복탄력성(resilience)이 높은 시기이다. 보육교사는 이러한 영유아 발달의 청사진을 기획하고 만드는 주요 역할을 한다.

둘째, 교사에 대한 영유아의 의존도가 높다.

영유아는 발달적으로 미성숙하기에 여러 가지 면에서 독자적으로 생활하는 것이 불가능하며 거의 모든 생활에서 타인의 보호와 도움이 절대적으로 필요하다. 보육교사는 영유아의 건강과 안전을 지켜줘야 하고 신체적, 심리적 요구에 민감해야 한다. 가정 안에서는 부모 등 양육자와 가족이 영유아의 일상생활을 보호하고 지도하며 욕구를 충족시켜 주지만 어린이집에서는 보육교사가 이러한 역할을 수행한다. 보육교사는 간식과 식사, 놀이 활동, 낮잠, 휴식 등 영유아의 하루 일과에서 돌봄과 교육이 필요한 모든 부분에서 일차적 책임을 갖고 일을 한다.

셋째, 영유아 보호와 교육 간 균형을 필요로 한다.

보육교사는 보육의 기본 개념인 보호와 교육의 역할을 모두 수행한다. 어린 영아일수록 돌봄과 보호가 우선시되고 유아로 갈수록 교육이 더 강화되기 쉬운데, 이때 영유아의 연령과 발달시기에 부합하는 적절하고 균형 잡힌 접근을 취하는 것이 필요하다. 다른 교직과 달리 보육교사에 주어지는 돌봄의 역할은 보육교사 고유의 직무특성을 잘 나타내지만, 일부 편향된 시각에서 이 직무의 가치가 제대로 평가받지 못하는 경우도 있다. 그러나 보육교사의 돌봄 직무는 단순한 보호기 아니라 교직의 전문성을 바탕으로 교육과정 안에서 이루어지는 것이며, 보육교사는 돌보는 일과 가르치는 일간의 조화로운 균형을 늘 염두에 둔다.

넷째, 영유아의 전인발달을 도모한다.

보육교사는 인간발달의 모든 영역에서 영유아의 건강한 발달을 지원하는 역할을 한다. 영유아에게는 신체운동, 인지, 언어, 정서, 사회성 등 모든 발달 영역의 조화로운 성취와 통합적 발달이 요구된다. 보육교사는 이러한 전제를 염두에 두고 영유아의 전인적 발달을 지원하고 유도할 수 있는 교육과정과 프로그램을 설계하며 안전한 물리적, 심리적 환경을 구성한다. 특히 표준보육과정과 누리과정에 입각해 국가수준의 교육과정을 적용하여 영유아의 신체운동 · 건강, 의사소통, 사회관계, 예술경험, 자연탐구 등 균형 있는 발달을 도모하고, 영유아가 습득하고 체험해야 할 바람직한 교육적 경험을 준비하여 제공한다.

다섯째, 영유아의 최초 사회생활을 지원한다.

대부분의 영유아는 가정 밖 어린이집에서 하루 일과를 보내면서 사회적으로 합의된 규범과 규칙을 습득한다. 영유아는 또래, 교사 등 가족 외 사람들과 관계를 맺고 상호작용하면서 본격적으로 사회적 관계를 경험하고 지켜야 할 것들을 학습한다. 영유아의 어린이집 최초 이용 시작 시기가 더욱 빨라지고 있는 것은, 그만큼 가정 밖 사회에서의 기본생활지도와 일상생활 적응이 조기에 시작될 수밖에 없음을 시사한다. 어린이집은 영유아가 사회적 대인관계를 시작하고 규범과 규칙을 배워나가는 첫 현장으로 보육교사는 보육과정 속에서 그러한 사회화를 주도하고 진행한다.

여섯째, 부모와 가족의 양육행동을 지원한다.

전통적 관점에서 유아와 자녀양육의 많은 부분이 보육이라는 이름으로 사회로 이전되면서 보육교사는 어린이집에서 가정 내 양육 기능을 일정 부분 담당하고 지원한다. 교사는 영유아의 안정애착 형성, 언어발달, 배설훈련, 식습관, 기타 일상생활지도 등을 부모와의 긴밀한 협조 속에서 교육한다. 또 기관에서의 영유아 행동을 기반으로 영유아 발달과 문제행동 지도 등에 대한 실질적 정보를 부모에게 제공한다. 이처럼 보육교사는 교사로서의 직무를 수행하는 과정에서 종종 부모와 같은 역할을 하게 되기도 한다. 보육교사가 부모의 역할을 일정 부분 대리하고 지원한다는 것은 보육교사의 전문성을 폄훼하는 것이 아니며, 오히려 교사로서의 전문적 자질을 바탕으로 애정적 돌봄과 단호한 훈육 간 균형 잡힌 보육활동과 교수활동을 하게 됨을 의미한다.

일곱째, 공보육 실현의 구심적 역할을 한다.

우리사회에서 보육의 공공성은 모든 영유아에게 동등한 출발선을 보장하고 질 높은 보육환경을 조성하며 발달시기별 최적의 국가 지원을 강화하는 국가의 기본 정책 이념일 뿐 아니라, 인구감소를 막고 저출산 극복을 도모하는 전략적 가치를 갖는다. 이러한 공보육의 목표와 전략이 실질적으로 현장에서 구현되는 것은 무엇보다 보육교사라는 인적 자원의 역할과 직무 수행을 통해서이다. 한 사회의 건강한 유지와 발전은 바로 인간의 전생애적 발달주기와 맞물리는데, 공보육은 이러한 유기적 발달과 연계의 출발을 담당한다.

보육정책에 제시된 보육교직원 전문성 증대

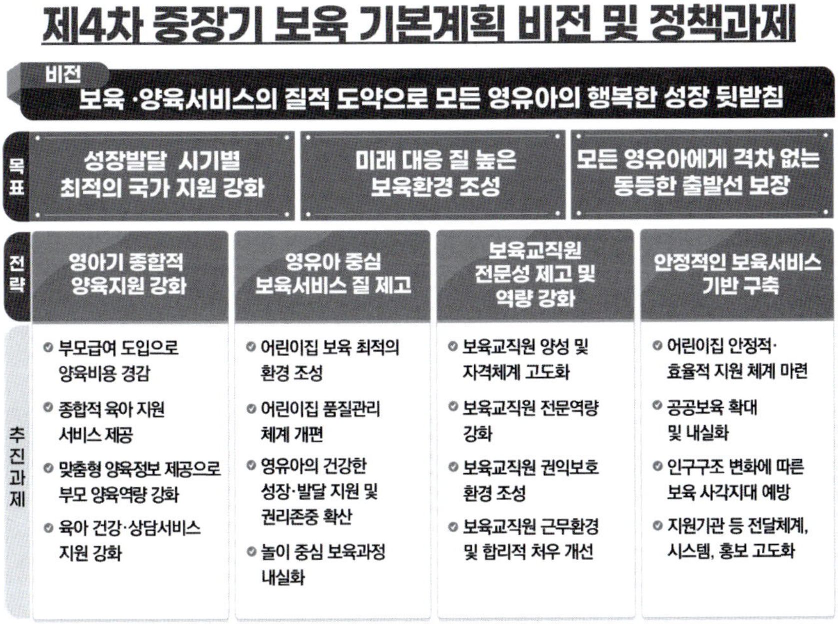

[그림 1-2] 제4차 중장기보육기본계획(2023~2027)

정부가 2022.12.13.에 발표한 제4차 중장기보육기본계획은 '가정과 어린이집에서의 영유아 보육의 질적 도약'을 기조로, 저출산 장기화 등 정책 환경과 보육서비스 수요 변화를 반영한 향후 5년간 영유아 보육정책 방향을 4개 전략 16개 과제로 종합하여 제시하였다. 여기에서 보육교직원과 관련된 전략으로 전문성 제고와 역량강화를 위해 교사 양성 및 자격체계를 개선하고 교직원 권익보호를 위한 시스템을 준비하며, 처우개선의 질적 향상을 제시하고 있다.

"좋은 교사란 첫 번째로 아이들에게 좋은 교사라고 생각한다. 좋은 교사가 되기 위해선 아이들과 잘 교감하고 소통하는 법을 알아야 한다고 생각한다. 아이들에게 무조건 맞춰주는 것이나 혹은 무조건 훈육하는 것이 좋은 방법이 아님을 안다. 아이들도 교사가 눈높이에 맞춰 설명하면 다 이해하고 교사의 말을 들어준다. 그렇기 때문에 아이들도 하나의 인격체임을 인지하고 언어를 사용한 소통을 통해 의견을 맞춰나가는 과정이 무엇보다 중요하다고 생각한다. 교사에 대해 안 좋은 생각을 가지고 있는 사람들의 이야기를 들어보면 학창시절 강압적인 교사에 대한 트라우마가 남은 경우를 많이 보았다. 유년기는 인간의 일생에 있어 가장 중요하다고 해도 과언이 아닌 시기이고, 그렇기 때문에 현 시대의 교사들은 무엇보다 아이들의 이야기를 들어주는 능력이 가장 필요하다고 생각된다."

출처: 안지혜(2020).

6. 보육교사의 교직선택 동기

많은 직업 중 교직을 선택하는 이유가 있듯이 보육교사직을 선택하는 동기도 찾아볼 수 있다. 학자들마다 교직선택 동기를 나누는 기준이 조금씩 차이는 있으나 대표적으로 Huberman(1993)은 여러 관점을 통합하여 동기를 세 유형으로 분류하였다. 보육교사로서의 적성과 교육에 대한 헌신, 영유아에 대한 애정과 상호작용, 가르침에 대한 즐거움 등 내재적 동기로 교직을 선택하는 능동적 동기, 시간적 여유, 경제적 측면, 안정성, 사회적 만족 등을 고려하여 교직을 선택하는 물질적 동기, 주위환경 및 다른 사람의 권유 등 외재적 조건에 의한 수동적 동기가 있다.

보육교사직은 직무가 요구하는 전문적 지식과 기술을 필요로 하지만 종종 현실적으로 근무 여건은 영유아에 대한 무한한 애정과 봉사, 희생에 가까운 태도를 요구한다. 따라서 교사가 어떤 동기에서 어떤 마음가짐으로 보육교사직을 선택하는가는 교사로서의 역할수행뿐 아니라 개인적 삶과 행복감 등 삶 전반에 영향을 미치게 된다.

다수 연구들에서 보육교사 직업선택 동기로 능동적 동기가 우선시 될 때 직무

몰입과 만족도를 높여 교사로서의 적응수준이 높은 것으로 나타난다. 능동적 동기는 영유아를 가르치는 일 자체를 중요한 목적으로 하는 소명의식을 높여주기에, 교사들이 책임을 갖고 역할을 수행하게 만드는 내재적 동기로 작용한다. 그렇지만 직업으로서 교직이 사회적으로 그 가치를 더 인정받고 보육교사의 직업적 자긍심을 높이기 위해서는 내재적 동기가 근간이 되는 능동적 동기만을 강조해서는 안 된다. 보육교사직무에 대한 사회적 인정과 이를 반영한 정당한 보상체계가 법적, 제도적으로 확립되어야 하며 근무여건의 개선이 필요하다. 근무조건과 환경 등이 충분히 개선되고 사회적 지원과 인정이 뒷받침될 때 보육교사의 직업선택 동기는 보다 긍정적으로 작용할 것이다.

'나는 왜 보육교사가 되려고 할까?'

□ 능동적 동기

- 영유아와 접촉하고 상호작용하는 게 좋음
- 교과목이 재미있음
- 교직이 좋음
- 지식에 대한 욕구
- 주변 사람들의 긍정적 영향
- 나의 어린 시절의 긍정적 기억
- 영유아 발달에 대한 긍정적 기여와 성취감
- 사람들에 대한 지도, 지시에 대한 성향과 욕구

□ 물질적 동기

- 다른 직업보다 취업시장 진입이 쉬움
- 경제적 독립과 안정
- 여성 직업으로서 취업경쟁력이 높음
- 시간적 여유

□ 수동적 동기
- 가족과 주변 사람들의 권유
- 특별한 욕구나 고민 없이 선택
- 원래 하고 싶었던 일을 하지 못해 어쩔 수 없이 선택

보육교사의 교직 선택 동기는 사람마다 다르고 그 사람이 보육교사직을 수행하는 데 영향을 미친다. 그런데 이러한 선택 동기가 늘 일관적인 것은 아니고 정확하게 구분되는 것도 아니다. 가령 능동적 동기는 물질적 동기를 일정 정도 포함할 수 있으며, 수동적 동기에서 초임교사를 시작하더라도 시간이 지나면서 능동적 동기나 물질적 동기가 더 부각될 수도 있다.

"나는 인내심이 점차 늘어나는 사람이다. 고등학교 때까지는 무슨 일을 하고 알바를 하다 나에게 맞지 않는다고 생각하면 그만두고 쉽게 포기하면서 못하겠다는 생각을 먼저 했었다. 하지만 대학생이 되어서 대학교에 오면서 선후배 간의 관계나 보육교사가 되겠다고 꿈을 갖고 수업을 듣고 과제를 수행하니까 힘들어도 포기하지 않고 조금만 더 해보자는 생각으로 바뀌게 되었다."

출처: 황성원(2019).

7. 보육교사 발달단계

보육교사는 교직생활을 해 나가면서 자기이해 측면이나 대인관계, 교직 몰입이나 교직 활동 등 여러 면에서 변화를 경험하게 된다. 자격을 갖추고 교직 현장에 나가기 이전 예비보육교사로서의 정체감은 현장 경력과 연차가 쌓이면서 가치관, 정체감, 태도, 교사상 등의 변화를 겪는다. 학생일 때의 기대와 포부는 보육실습을 경험하고 난 이후 긍정적 확신으로 발전하기도 하지만 간혹 그렇지 않기도 하다. 보육교사로서 첫발을 내딛고 이후 베테랑 교사로서의 역량과 업무처리 능력이 발전하면서 직업으로서의 이 일에 대한 만족이나 자신감도 같이 향상되어

직무헌신도가 높아진다. 반면 개인적, 조직적 환경의 다양성, 업무에 따른 스트레스와 소진, 개인의 기대와 현실의 괴리 등으로 직업애착이 감소할 수도 있다. 교사는 주어진 역할과 책임에 따라 고민과 기대가 있고 개인마다 그리고 보육교사 경력 여하에 따라 각기 다른 성장과 발달을 경험하게 된다.

보육교사의 발달과 성장이란 보육교사가 교직을 수행하면서 교수법과 교육관, 가치와 철학, 교사상, 지식과 기능, 자아개념 등이 변화하는 것을 의미한다. 보육교사 발달과정은 곧 교직발달이론으로 살펴볼 수 있는데, 여기에는 교직발달이 경력과 연령에 따라 한 가지 방향으로 이동한다고 보는 단순 · 직선모형과, 개인의 환경적 조건과 조직 환경을 고려해 복합적이고 역동적으로 발전한다고 보는 복합 · 순환적 모형이 있다. 특히 유아교사와 관련해 발달 모형을 제시한 Katz의 교사발달이론과 Huberman의 복합주기이론을 보육교사직에 맞추어 살펴보기로 한다.

1) 단순 · 직선모형

(1) Katz의 교사발달 단계

Katz(1985)는 유아교사가 교직생활을 하는 과정에서 교사의 관심사가 변화해 가는 것에 초점을 두고 그 과정을 생존기, 강화기, 갱신기, 성숙기의 4단계로 구분하였다. 각 시기마다 유아교사가 머무는 기간은 개개인에 따라 차이가 발생할 수 있고, 개인적, 사회적 발달과 욕구, 여건이 다르므로 그에 따른 교사교육이나 지원방안도 달라진다.

1단계: 생존기(survival stage, 1년 차)

교사가 된 후 첫 1년을 생존기라 한다. 교사 자격증 취득 이후 현장에 교사로 부임하여 다양한 경험을 하게 되는 초임교사 시기로, 교사로서 살아남을 수 있을까에 대한 불안과 의구심이 존재하는 단계이다. 예비교사로서 가지고 있던 배움과 지식을 현장에서 활용하고 적용하게 되는 이 시기는 이상과 다른 현실에 부딪

치면서 고민과 갈등이 생기고 자신감이 떨어지고 교직에 대한 불안감이 나타나기도 한다. 처음에 갖고 있던 교직에 대한 이상적 포부와 기대는 현실에서 제대로 발휘되지 못하고, 자신을 바라보는 동료, 원장, 영유아, 학부모의 시선이 부담스럽게 느껴진다. "이것을 어떻게 하지?" "오늘은 어떻게 버틸까?" "사람들이 나를 어떻게 볼까?" "내가 잘할 수 있을까?" 등과 같이 교사로서의 역할에 대한 고민이 많아지고 능력을 잘 발휘할 수 있는지에 대한 자신이 없기 때문에 주위의 동료나 경력이 있는 교사의 격려와 확신, 위로가 필요한 시기이다. 물론 모든 교사가 첫 1년이 다 어려움을 겪는 시기라고 단정 지을 수는 없다. 어떤 교사는 매우 힘든 시기로 경험하고, 또 어떤 교사는 수월하게 이 시기를 지나가는 경우도 있다. 따라서 일률적인 지지나 지원보다는 각 교사의 특성과 여건에 맞춰 적절한 지원이 필요하다. 이 시기 교사의 경우에는 자신의 상황을 잘 이해해 주고 정서적으로 동질감을 느낄 수 있는 구성원이 지지자가 되어 그로부터 도움을 받는 것도 좋은 방법이다. 이와 더불어, 구체적인 교수방법, 교실운영 등에 대해 구체적인 가이드를 받는 것도 좋다. 초임교사는 첫해가 자신에게 충분히 힘들 수 있는 시기라는 것을 인식하고 도움을 받고 지원을 구할 수 있는 스승이나 동료, 친구, 관련 학문 분야의 지식을 탐색하는 것도 필요하다. 이 시기 초임교사의 다양한 수업 전략과 기술, 영유아발달에 관한 지식, 지지적 대인관계 등은 생존기를 지나 다음 단계로 나아갈 수 있는 좋은 자원이다.

> "첫 해에는 주위에서 교사라는 시선에 대해 의식을 많이 했어요. 열정만큼 두려움도 컸어요. 아이들과 상호작용하면서 실수하지 않을까? 모르는 내용을 아이들이 질문하면 어떻게 대답해야 하나? 학부모님이 전화 오면 무슨 말부터 꺼내야 하나? 이런 것들로 많이 두려웠죠.
>
> (…)
>
> 처음 근무를 시작했을 때 행정업무에 대해 노하우가 없어서 항상 허둥지둥했어요. 누가 자상하게 가르쳐주지도 않았구요. 다른 선생님께 참고해서 어깨너머 배웠죠. 경험이 없는 저에게 여러 가지를 한꺼번에 시켜 극심한 스트레스를 받았던 것 같아요."
>
> 출처: 오교선, 이병환(2019).

2단계: 강화기(consolidation stage, 2-3년 차)

교사 경력 약 3년 정도까지를 강화기라고 한다. 이 시기는 어느 정도 교사로서의 역할에 자신감이 생기고 운영의 익숙함으로 인해 안정감을 느낄 수 있는 시기로, 생존기에서 얻은 지식과 경험을 보완하는 단계이다. 교사는 영유아 교수활동에 대한 경험과 기술이 축적되고, 영유아 문제행동지도나 부모상담에 대한 자신감이 축적된다. 강화단계에서 교사는 자신이 잘할 수 있는 교육 분야에서의 특성화를 이루고 자질을 발휘하고자 도약한다. 교사는 자기가 가장 잘할 수 있는 수업 분야의 특성을 살려 교과과정을 구성하고 보다 전문가적 특성을 갖춘 교사로서의 역할을 담당해 나간다. 예를 들어, 기존의 구성된 자료와 매체로 수업을 진행하고 있었다면, 이제는 본인의 전문성과 역량을 발휘해 다양한 멀티미디어 활용, 동작, 음악, 미술 활동 등을 교육과정과 교수활동에 추가로 접목하여 더욱 풍부한 교육 경험을 제공하기도 한다. 이를 통해 교사와 영유아 모두 교육활동 시간이 기다려지고 보람과 성취감을 느끼는 즐거운 시간이 되며 모두가 성장하는 보람 있는 과정이 될 수 있다. 그러므로 이 시기에는 동료교사들과의 상호작용, 기존 경력교사들과의 풍부한 경험 공유, 전문가 재교육을 통한 성장과 발달 지원 등 동료 및 전문가의 조언이 도움이 된다.

> "초임기 때는 주제에 맞는 활동을 찾아 오리기, 붙이기, 그리기 등 수업준비를 많이 하는 것이 수업을 잘하는 능력있는 교사라고 생각했어요. 그래서 수업준비에 고민도 많이 했었던 기억이 나요. 그런데 시간이 갈수록 아이들이 적극적으로 참여하는 활동이 좋은 수업이구나 하는 생각이 들었어요."
>
> 출처: 오교선, 이병환(2019).

3단계: 갱신기(renewal stage, 3-4년 차)

교사 경력이 3,4년 지나게 되면 반복되는 익숙한 일상에 다소 지루함을 경험하고 기존에 해왔던 익숙한 교육방법이나 영유아와의 상호작용 과정에서 새로운 욕구와 호기심이 생기게 된다. 갱신기라고 부르는 이 시기는 교사로서의 자기반성적 성찰을 통해 도약을 하거나 반대로 퇴보하는 갈림길에 서 있다고 볼 수 있다. 교사는 새로운 지식과 교수방법을 배우기 위해 외부 교육기관에서 교육을 받거나 새로운 매체를 익히기 위한 실습과정을 통해 많은 것을 배우고 경험한다. 기존의 익숙한 차원을 넘어 새로운 아이디어를 생각해내고 교육현장에 적용시키려는 욕구를 경험하고 이를 실행하고자 한다. 그러나 자기반성과 이러한 성장 욕구가 없다면 교직 연차는 증가하지만 그에 걸맞는 성장이 수반되지 않기에 교사 직무는 교직이기 보다는 생활을 유지시켜주는 단순 직업으로 존재하고 교사로서의 발전이 이루어지지 않는다. 그러므로 경력이 쌓이는 갱신기의 교사는 교사의 전문성을 위해 끊임없이 배우는 자세로 노력하는 과정이 필요하고 자신의 관심사가 발달단계에 따라 진일보하고 있는지 점검하게 된다. 이 시기 교사에게는 질적 성장과 역량강화를 위해 적절한 보수교육, 재교육이 필요하다.

> "3년 정도 지나니 어린이집 문화도 차음 적응되어 아이들과 함께하는 시간에 대한 불안감도 줄었어요. 하지만 건강은 더 나빠졌어요. 우리 반 아이들 점심식사 챙기느라 불규칙한 식사를 하였고, 아파도 마음 놓고 결근할 수도 없었어요. 많이 아팠을 때는 일을 그만둘까도 고민했었어요."
>
> 출처: 오교선, 이병환(2019).

4단계: 성숙기(maturity stage, 5년 이상)

교사 직무에 입문한 지 약 5년 이후가 되면 성숙기에 진입한 것으로 볼 수 있다. 성숙기는 스스로 자신의 장단점을 인정하고 현실적인 안목을 지니어 성숙한 교사임을 인식하는 단계이다. 이 시기에는 교사로서의 자신만의 철학, 교육과정의 본질에 대한 탐구, 교직의 가치와 직무 헌신, 영유아 발달과 지원 등에 대해 나름대로의 관점이 자리 잡는다. 그러나 모든 교사가 시간이 지났다고 다 성숙기에 도달하는 것은 아니며 교사로서의 발전을 위해 끊임없이 노력하고 탐구해 온 교사의 경우에 성숙기에 진입했다고 본다. 이 시기 교사는 숙달된 경험과 직무 역량 발휘를 통해 자신감과 안정감을 갖추게 된다. 자신의 경험을 조직화하여 후배 교사를 가이드해 줄 수 있고 부족한 부분에 대해서는 자율적으로 채워나가며 자신만의 교육철학을 교육과정에 반영하여 교수활동을 진행하기도 한다. 또한 영유아 문제행동과 생활지도나 부모상담, 여러 교육 활동 문제와 이슈에 직면했을 때 자율적, 독립적으로 생각하고 판단하고 문제를 해결하는 지혜와 해결방식도 가지고 있다. 교사는 현재에 안주하기보다는, 학술세미나와 워크숍 참여, 대학원 진학 등을 통해 좀 더 깊이 있는 전문지식을 함양하고 교사 역량을 향상시켜나가는 것에 초점을 두게 된다.

> "수업준비는 몇 년 동안 반복하다 보니 부담보다는 능숙하게 되었고, 일지에 반성도 선배교사의 도움이 없어도 잘할 수 있게 되었어요. 예전에 수업이 전부라고 생각해서 학부모상담, 행사, 견학 등은 주임교사나 선배교사들이 지시하는대로 거의 했는데, 5년 차가 넘으니 서로 의논도 하고 제안도 하는 여유가 생기게 되었던 것 같아요.
>
> (…)
>
> 자유놀이시간에 여러 사건들이 많이 일어나죠. 활동의 내용보다는 아이들이 살아가는 데 필요한 내용과 방법을 가르치려고 노력하게 되었어요. 예를 들면 사과하는 방법, 양보하는 방법, 정리하는 방법… 이런거요. 초임기 때 수업이 전부라고 생각했는데, 지금 생각해 보니 보육교사로 살아가는 데 수업 외에도 중요한 것들이 많았더라구요."
>
> 출처: 오교선, 이병환(2019).

〈표 1-3〉 Katz의 교사발달 단계

구분	1단계: 생존기	2단계: 강화기	3단계: 갱신기	4단계: 성숙기
특징	업무불안, 좌절감, 무능감을 느끼기 쉬움	교사로서 생존에 대한 확신	반복적인 일에 싫증을 느낌	교직 자신감 확립
관심사	교사로서의 생존 가능성	문제를 가진 영유아와 문제 상황	자신의 교육방법 등에 대한 갱신	영유아와 교육에 대한 신념
교사 지원	이해와 격려, 업무지원, 수업현장 지원	다양한 분야 전문가의 지식 수업현장 도움	새로운 프로그램과 교육적 접근	폭넓은 공부, 학위 취득

2) 복합 · 순환적 모형

(1) Burk, Christensen, Fessler의 교사발달 순환모델

버크와 크리스텐슨, 페슬러는 교사발달이 일방향으로 단선적으로 진행되는 것이 아니라 순환적 · 역동적으로 이루어진다고 보고 교직 경력의 시기를 구별하지 않는다. 교직 주기는 한 단계 후 반드시 다음 단계가 오는 것이 아니며 한쪽 방향으로만 진행되는 것도 아니다. 이들은 교사 발달을 8단계로 나누고 그에 따른 관심사를 제시하였다.

① 교직 이전 단계

특정한 직업을 갖기 위해 준비하는 시기로서 흔히 교사에게 필요한 전문적 지식과 기술을 습득하기 위해 교육을 받는 시기이다. 주로 대학에서 교직 교육과정을 이수하는 예비 교사들이 이에 해당된다.

② 교직 입문 단계

교직 입문 후 몇 년 동안 교직 현장에서 일상적인 활동과 생활에 익숙해져 가는 단계이다. 경력교사들은 새로운 역할 수행을 하고 근무기관을 옮기기도 한다. 교사로서 생존하고 학부모, 동료교사, 원장 등으로부터도 더 폭넓게 인정받고자 노력한다.

③ 능력 구축 단계

교사로서 역량과 능력을 향상시키기 위해 새로운 교수학습방법과 기술, 자료들을 탐색하고 활용한다. 관련 세미나와 워크숍에 적극적으로 참석하여 지식을 넓히고 심도 깊은 공부를 위해 대학원에 진학하기도 한다.

④ 열중과 성장 단계

교직에서 필요한 높은 수준의 역량과 전문 자질을 갖고 있으며 전문가로서 성장하고 발전하려는 성취동기도 높다. 이 단계의 교사는 자신에 대한 믿음을 바탕으로 보다 성실하고 유능한 교사의 역할을 수행하고 더 발전하고자 하는 동기 속에서 꾸준히 노력한다.

⑤ 좌절 단계

교직을 수행하는 과정에서 종종 위기와 좌절을 경험하기도 한다. 교사가 느끼는 좌절감이나 환멸에는 여러 요인들이 영향을 미칠 수 있다. 문제행동을 보이는 영유아를 지도하거나 본연의 업무 이외 과도한 다른 업무량을 처리하는 과정에서 가르치는 일에 대한 자신감이 떨어지기도 하고 교직에 대한 회의가 들기도 한다. 때로 이 단계에서 이직을 생각하기도 한다.

⑥ 안정과 침체 단계

경력이 쌓일수록 교사는 자신이 수행하는 업무에 익숙해지고 대부분의 상황에서 유연하고 효율적으로 잘 대처한다. 일상을 편안하게 만드는 이러한 익숙함에 빠지면 교사는 지금 현재에서 더 나아가고 발전하려는 욕구를 느끼기 힘들게 되고, 현재 상황에 안주하게 된다. 안정감이 지속될수록 새로운 교수법이나 프로그램을 공부하고 적용하려는 욕구는 줄어들고 주어진 업무만을 수행하려고 한다.

⑦ 교직 쇠퇴

다른 직종으로 이직을 꾀하고 교직을 떠날 준비를 하게 된다. 교직을 그만두거나 이직하는 계기가 무엇이냐에 따라 불안이나 분노 등이 있을 수 있지만, 어떤 직종이든 떠나는 시기가 다 있다는 점을 기억하고 가급적 긍정적인 마음가짐을 갖는 게 좋다.

⑧ 교직 퇴직

교사들은 교직을 사임하거나 퇴직하는 등 은퇴를 한다. 여기에는 가르치는 일을 그만두는 경우뿐 아니라 육아나 진학 등을 위한 일시 휴직, 다른 직장으로의 이직도 해당된다.

8. 교직 발달에 영향을 주는 요인

버크와 동료들은 교사발달의 복합 · 순환적 모형을 이야기하면서 이러한 교사발달 혹은 교직발달에 영향을 미치는 요인을 크게 개인적 요인과 조직적 요인으로 구분하여 제시하였다. 개인적 요인으로는 가정, 개인적 성향, 위기 사건, 직업 관심사, 기존 경험 등이 있으며, 조직적 요인으로는 기관 규정, 기관 경영 형태, 사회적 신뢰, 사회적 기대, 전문단체, 교원노조 등이 있다. 이러한 개인적 요인과 조직적 요인 두 범주의 하위 요인들은 개별적으로 존재하는 것이 아니라 서로 영향을 주고받으며 역동적으로 작동한다.

교직 이전 단계부터 시작해 여러 과정을 거쳐 퇴직에 이르기까지 진행되는 교직 발달 과정은 개인적 요인과 조직적 요인과의 상호 유기적 관계 속에서 진행된다. 교직 발달이 단선적으로 진행되지 않는 것은 이처럼 각 발달 시기에 따라 영향을 미치는 요인들이 다를 뿐 아니라 개인적 요인과 조직적 요인이 작용하는 역동이 달라지기 때문이다.

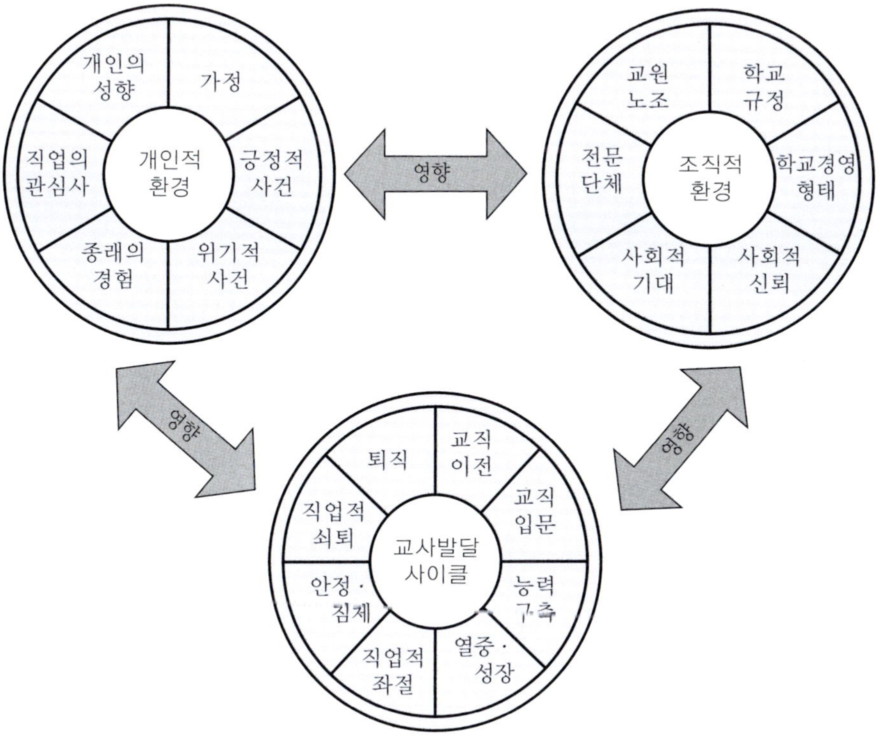

[그림 1-3] 교사발달 사이클 모형

출처: Fessler(1985). 정옥분 등(2017)에서 재인용.

〈표 1-4〉 교직 발달에 영향을 주는 요인

구분	범주	내용
개인적 요인	가정	• 가정 내 지원 체제 • 가정 내 역할 기대 • 재정 상태 • 가족 수 • 가족들의 특별한 요구
	긍정적 사건	• 결혼
	위기적 사건	• 사랑하는 사람의 병이나 사망 • 자신의 병 • 재정적 손실이나 법률적 문제 • 이혼 • 가정 내의 핍박 • 친구나 친척의 어려움
	개인적 경험	• 교육적 배경 • 자녀와의 경험 • 유아교육기관 이외의 개인적인 일 • 다양한 교직 활동 • 전문적 발달을 위한 활동
	개인적 관심사	• 취미 • 종교 활동 • 여행 • 자원봉사 활동 • 스포츠와 체력 관리
	개인적 성장	• 개인의 목표와 포부 • 개인적 가치관 • 인생에서의 우선 순위 • 다른 사람과의 관계 • 지역사회에 대한 느낌
조직적 요인	기관 규정	• 인사 정책 • 종신 임용 제도 • 자격 요건 • 교육과정 운영의 자율성 • 많은 유아들의 연령
	기관 경영 형태	• 분위기 • 교육 철학의 일치 정도 • 의사소통 방식
	신뢰감	• 후원적인 분위기 • 교사에 대한 신뢰 • 재정적인 후원
	유아교육기관에 대한 사회적 기대	• 유아교사에 대한 사회적 이미지 • 유아교육기관과 관련된 법령
	전문 단체	• 관련 학회의 방향 • 학회에서의 활동 및 참여 • 학회에서 제공하는 정보
	교원 노조	• 후원적인 분위기 • 보호 및 안정감 • 교육위원회 및 교육 행성가와의 관계

출처: 박은혜(2009).

2장

보육교사의 역할과 자질

보육교사는 영유아가 본격적으로 가정 밖 사회를 경험하는 과정에서 거의 최초로 만나게 되는 미시 환경으로 영유아의 건강한 성장과 발달을 지원하는 중요한 역할을 한다. 이러한 보육교사에게는 당연히 주어지는 권리와 의무가 있으며, 급변하는 사회의 공보육을 위한 여러 정책적 이슈 속에서 막중한 역할과 함께 필수 자질 등이 요구된다. 본 장에서는 보육교사의 권리와 의무, 교육신념, 보육교사에게 요구되는 인간적 자질과 직업적 자질, 그리고 최근 더 수요가 증가하고 있는 장애영유아를 위한 보육교사에 대해 살펴보고자 한다.

1. 보육교사의 권리와 의무

1) 보육교사의 권리

보육교사의 권리와 가장 직접적으로 관련되는 법으로 「대한민국헌법」, 「근로기준법」, 「산업안전보건법」, 「영유아보육법」을 주목할 필요가 있다. 「대한민국헌법」제10조에서는 '모든 국민은 인간으로서의 존엄과 가치를 가지며, 행복을 추구할 권리를 가진다.'고 명시되어 있다. 첫째, 보육교사는 헌법이 보장하는 보편적 인권을 누릴 수 있는 존재로, 성별, 종교, 장애, 나이, 용모 등 신체조건, 혼인 여부, 임신 또는 출산, 사회적 신분 등에 의해 차별받지 않고 존중받고 보호받을 권리가 있다. 둘째, 근로자로서 보육교사는 「근로기준법」에서 제시한 최소한의 근로조건을 보장받을 권리를 지니고, 「산업안전보건법」에 따른 고객응대 근로자이자 감정노동 종사자로서 업무를 수행하는 과정에서 폭언, 폭행 등으로부터 보호받을 권리를 지닌다. 셋째, 보육교사는 「영유아보육법」상 영유아를 보호하고 교육하는 보육전문가로서 외부로부터 부당한 간섭이나 과도한 요구로 보육활동이 제한되거나 침해받지 않도록 전문적 보육활동에 대해 존중받을 권리를 지닌다.

현재 어린이집은 보건복지부 소관 하에 사회복지기관으로, 유치원은 교육부 소관 하에 학교로 분류되고 있다. 보육교사는 「영유아보육법」 상의 '보육교직원'에 해당되고, 이때 보육교사는 「근로기준법」 상의 '근로자'라는 직업적 신분을 부여받는다. 그런데 보육교사는 영유아기 아동을 보호하고 교육하는 전문가로서 유아를 대상으로 교육부가 제시한 국가수준 교육과정인 누리과정을 운영하는 교육자이고 유아교사와 유사한 업무를 수행함에도 불구하고, 「유아교육법」, 「사립학교법」 등의 법적 적용을 받는 유아교사와 다르게 평가받고 있는 실태이다. 또 「영유아보육법」에서 보육교사의 직무와 책무 등을 비교적 상세히 다룬 것에 반해 보육교사의 권리와 이를 보호하기 위한 법적 조항은 미흡하다. 즉 보육교사는 근로자로서의 권리와 교사에 준하는 권리를 보장받아야 함에도 불구하고, 의무와 책임을 강조하는 분위기 속에서 보육교사 권리에 대한 사회적 인식의 수준은 높지 않다. 「영유아보육법」 제46조, 제47조, 제48조에서는 보육교사와 어린이집 원장의 자격정지 및 자격취소에 대해서는 규정하고 있지만, 반대로 이와 관련해 교사의 신분보장조치를 요구할 수 있는 권리는 없다. 이러한 맥락에서 보육교사의 직무와 역할은 공보육을 실현하는 주역으로서 사회적으로 정당한 평가를 필요로 하고, 보육교사의 권리는 합당한 평가에 따른 바람직한 처우 속에서 인정받아야 한다.

일반적으로 보육교사는 크게 4가지 권리를 가질 수 있다. 신분상 불이익 처분에 대한 신분보장조치 요구 등과 관련한 신분보장권, 영유아관찰 및 생활지도에 대한 자율성, 보육활동의 자율성 등과 관련한 보육과정 운영자율권, 타당한 방식과 내용의 업무분장, 교사의견수렴, 근무평가의 일관성 등과 관련한 어린이집 운영참여권, 적절한 급여와 물리적 환경, 초과근무수당, 대체교사 수급, 연수 및 교육 기회, 휴가사용, 연월차 사용 등과 관련한 근로환경권이 있다. 그러나 아직 현실에서는 이러한 권리가 온전히 수용되고 있는가에 대해서는 여전히 미흡한 점이 많다.

보육교사 권리를 탐색한 경험적 연구(이서영, 양성은, 2018)에 의하면 보육교사들은 자신의 권리를 첫째, '전문직으로서 교육권과 자율권'으로 인식하고 있으며, 둘째, '근무여건 개선 및 복지후생 요구권'이 필요하다고 보고 있으며, 셋째, '고충처리 및 신분보장권'에 대한 권리를 행사할 수 있어야 한다고 보고 있다. '전문직으로서 교육권과 자율권'과 관련하여, 보육교사는 교사로서의 전문성 강화를 위해 지속적인 교육을 받을 수 있고 영유아의 교육을 위해 타인의 간섭과 지시 없이 주도적으로 교육과정과 운영, 교육내용과 교수방법, 평가 등을 판단하고 진행할 수 있어야 한다. '근무여건 개선 및 복지후생 요구권'과 관련해서는 보육교사 업무의 효율성과 근무만족도를 높이기 위해서 적절한 근무여건 개선을 요구하고 보수, 휴가, 업무상 재해, 연월차, 휴게시간, 근무시간, 휴가, 보험가입, 퇴직금 보장 등에 대한 정당한 요구를 할 수 있어야 한다. '고충처리 및 신분보장권'과 관련해서는 보육교사가 업무상황에서 갖게 되는 고충과 불편함을 해소하기 위해 고충 심사를 청구하고, 인사상 불이익을 주거나 징계, 부당해고 등 부당한 처분을 받지 않고 보호받을 권리를 누려야 한다.

각 지방자치단체는 영유아보육법 제4조제4항에 따라 어린이집 보육교직원의 근로여건 개선 및 권익보호를 위하여 노력해야 하며, 이에 필요한 세부사항을 지방자치단체 조례로 정할 수 있다. 2023년 현재 「보육교직원 권익보호 관련 지자체 조례」를 만든 지역은 서울특별서, 서울특별시 구로구, 인천광역시, 대구광역시 달서구, 경기도, 하남시, 전라북도, 충청북도가 있다. 향후 2025년 '유보통합'(유아교육과 보육의 통합)이 확정되어 보육교사와 유아교사의 양성체계 개편과 보육교사의 전문성 강화가 더욱 중요해지는 만큼, 보육교사 권리에 대한 인식 제고와 법적 · 제도적 인정이 필요하다.

〈표 2-1〉 보육교사가 가져야 하는 권리

전문직으로서 교육권과 자율권	주도적으로 교육과정을 운영하고 전문성 강화를 위해 교육을 받을 수 있음
근무여건 개선 및 복지후생 요구권	적절한 근무여건 개선 요구, 여러 복지 후생에 대한 정당한 요구를 함
고충처리 및 신분보장권	인사상 불이익을 받지 않고 보호받을 수 있음

출처: 이서영, 양성은(2018).

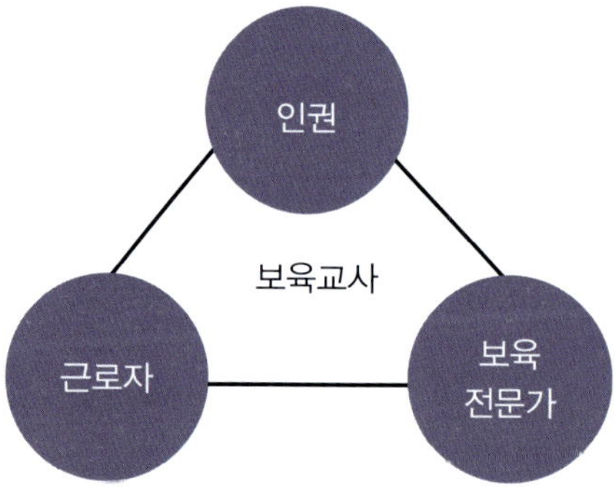

[그림 2-1] 보육교사 권리 접근의 방향

「근로기준법」, 「남녀고용평등법과 일 · 가정 양립지원에 관한 법률」에 근거하여 보육교직원이 가질 수 있는 권리

- 근로계약 체결
- 근로시간 • 휴게시간
- 연장근로의 제한 • 병가처리
- 산재보험 신청, 휴 · 일근로수당 및 보상
- 4시간 근로자의 연차 유급휴가 • 연차 유급휴가
- 시간외근무수당 • 주휴수당 • 휴게시간 • 육아휴직
- 임산부 보호제도에 따른 태아건강검진 • 출산전후휴가 • 육아기 단축 근무
- 가족돌봄휴가 • 유급휴일 보장범위의 확대 • 직장 내 괴롭힘, 징계 및 해고,

"우리는 일상생활부터 아이들을 지도하는 거예요. 그게 교육이잖아요. 그래서 신발 신기, 수저통 정리하기 그런 일상생활이 다 교육에 들어간다고 생각을 하거든요. 아이가 5살이면 스스로 신발을 신게 해야 되잖아요. 우리는 공부하기를 '기다려줘야 된다' 이렇게 배웠는데 엄마는 그거를 교사가 도와주지 않아서 서운해하고 그런 게 있더라고요. 저희는 스스로 할 수 있게끔 아이를 가르쳐야 되는데 부모님들의 양육방식 때문에 오해하고, 불편하게 생각하고, 서운하게 생각하고 그런 면들이 있어서 그런 교육할 권리를 방해받고 있다고 생각했어요."
"CCTV 의무 설치 제도 자체가 보육교사의 동의를 얻은 사항이 아니므로 이미 교사의 권리는 침해됐다고 생각한다."

출처: 이서영, 양성은(2018).

어린이집 근로계약서에 포함되어야 할 내용

- 근무장소 및 업무내용
- 임금 구성항목(급여, 상여금, 수당 등)
- 임금 계산방법
- 임금 지급방법
- 소정근로시간
- 휴일
- 연차 유급휴가
- 업무의 시작과 종료시간, 휴게시간

보육교직원의 근로시간, 휴게시간 관련 규정

• 근로시간

「근로기준법」 제50조에 의하면 근로시간은 근로자가 사용자의 지휘 · 감독 아래에 근로를 제공하는 시간으로, 1주 40시간, 1일 8시간 초과할 수 없음

• 휴게시간

「근로기준법」 제54조에 의하면 휴게시간은 근로시간 도중에 사용자의 지휘 · 감독으로부터 해방되어 근로자가 자유로이 이용할 수 있는 시간으로, 근로시간이 4시간인 경우 30분 이상, 8시간인 경우 1시간 이상 부여함. '근로시간 도중'에 부여해야 하며 너무 짧은 시간으로 분할하는 것은 적절하게 휴게시간을 부여한 것으로 볼 수 없음

- 휴게시간은 조기퇴근 또는 수당지급으로 대체할 수 없음(고용노동부 유권해석)
- 보육시설에서 담임교사가 휴게시간을 사용하는 동안 원장 또는 보조교사가 담임교사의 업무 대행 가능

• 「영유아보육법 시행규칙」 제10조(보육교직원 배치기준)에도 불구하고, 「근로기준법」 제54조에 따른 휴게시간 부여를 위해 영유아의 안전을 저해하지 않는 특정시간(낮잠시간 등)동안에 한하여 예외적으로 아래의 배치기준에 따라 운영할 수 있음

※다만, 담임교사 1인당 아동 수를 예외 적용한 경우에도 가급적 성인 1인당 아동 수는 일반기준을 준수할 수 있도록 원장, 보조교사 등이 해당 시간에 순환 근무하여 영유아를 관찰 · 보호하도록 노력해야 함

(교사 대 아동비율 적용예시)

구분	교사 1인당 아동 수	
	일반기준	보육교사 휴게시간 시 예외
0세	3명	최대 6명
1세	5명	최대 10명
2세	7명	최대 14명
3세	15명	최대 30명
4세 이상	20명	최대 40명

시간 외 근무에 관한 법적 보장

진○○교사 :

아이들 보육하고 다음 날 수업 준비하는 것만 해도 6시가 빠듯한데, 어린이집 평가제까지 준비를 하게 되면 야근은 당연해요. 일을 하다 보니 시간이 점점 늦어져서 퇴근시간이 밤 11시, 12시가 되더라고요. 그런데 야근수당이 전혀 없어요.

연장 · 야간 · 휴일 근로의 정의	유급휴일에 대한 법적 기준
• 연장근로 : 1일 8시간을 초과하여 일한 시간(일급제) 및 주간 근로시간이 40시간을 초과하여 일한 시간(주급제, 월급제, 연봉제) ※당사자 간 합의 시 1주 12시간 한도로 근로시간 연장 가능 • 야간근로: PM 10시~AM 6시 사이 근로 • 휴일근로 : 주휴일(통상적 일요일) 및 관공서 공휴일에 근로	• 상시근로자 5인 이상 사업장은 2022년부터 관공서의 공휴일을 유급휴일로 보장해야 하며, 해당 일에 근로 시 휴일근로에 해당 • 업종 특성상 불가피한 사정으로 공휴일에 근무할 수밖에 없는 경우, 근로자대표와의 서면합의를 통해 공휴일에 근무하는 대신 다른 근로일을 유급휴일로 변경 가능
「근로기준법」 제56조 (연장 · 야간 및 휴일 근로)	「근로기준법」 제57조 (보상휴가제)
① 사용자는 연장근로에 대하여는 통상임금의 100분의 50이상을 가산하여 근로자에게 지급하여야 한다. ② 제 1항에도 불구하고 사용자는 휴일근로에 대하여는 다음 각 호의 기준에 따른 금액 이상을 가산하여 근로자에게 지급하여야 한다. 1. 8시간 이내의 휴일근로: 통상임금의 100분의 50 2. 8시간을 초과한 휴일근로: 통상임금의 100분의 100 ③ 사용자는 야간근로의 대하여는 통상임금의 100분의 50이상을 가산하여 근로자에게 지급하여야 한다.	사용자는 근로자대표와의 서면 합의에 따라 제512조의3, 제52조2항 제2호 및 제56조에 따른 연장근로 · 야간근로 및 휴일근로 등에 대하여 임금을 지급하는 것을 갈음하여 휴가를 줄 수 있다.

출처: 보건복지부, 한국보육진흥원(2023).

보육교사의 휴가 Q&A

Q. 어린이집에서 연차휴가 사용 기간을 지정해 주었는데, 자유롭게 쓰면 안 되나요?

A. 근로기준법 제60조에 따라 근로자는 자신의 연차를 자유로이 사용할 수 있으며, 사용자가 특정 시기를 지정하여 사용하게 해서는 안됩니다.
다만, 어린이집은 연중운영이 원칙이며, 보육공백을 최소화 할 수 있도록 운영되어야 하므로, 어린이집 하계, 동계 휴가기간동안 사용하도록 권유할 수는 있습니다.
(참고) 보건복지부와 경기도에서 보육교사의 휴가, 보수교육 등에 의한 공백을 지원하기 위해 대체교사지원사업을 시행하고 있으니, 활용해보시기 바랍니다. (문의: 지역 시군육아종합지원센터)

Q. 어린이집에서 연차휴가 사용 기간을 지정해 주었는데, 자유롭게 쓰면 안 되나요?

A. 근로기준법 제60조에 따라 근로자는 자신의 연차를 자유로이 사용할 수 있으며, 사용자가 특정 시기를 지정하여 사용하게 해서는 안됩니다.
다만, 어린이집은 연중운영이 원칙이며, 보육공백을 최소화 할 수 있도록 운영되어야 하므로, 어린이집 하계, 동계 휴가기간동안 사용하도록 권유할 수는 있습니다.
(참고) 보건복지부와 경기도에서 보육교사의 휴가, 보수교육 등에 의한 공백을 지원하기 위해 대체교사지원사업을 시행하고 있으니, 활용해보시기 바랍니다. (문의: 지역 시군육아종합지원센터)

Q. 연차휴가를 사용하지 못했는데, 미사용수당 청구할 수 있나요?

A. 근로기준법 제60조에 따라 연차유급휴가는 발생일로부터 1년간 사용 가능하며, 입사후 1년 미만 기간 중 발생한 연차휴가는 입사일로부터 1년 이내 사용 가능합니다.
근로기준법 제61조에 따라 휴가일수의 전부 또는 일부를 사용하지 않은 경우, 그 휴가에 대한 보상으로 사용하지 않은 일수만큼 미사용수당을 지급하여야 합니다.
다만 사용자(원장/대표자)가 서면으로 사용촉진 절차를 거쳤음에도 불구하고 근로자가 연차휴가를 사용하지 않으면, 미사용수당을 지급할 의무가 없습니다.

Q. 보조교사도 연차휴가를 쓸 수 있나요?

A. 정부 지원 보조교사는 기본 근무시간이 일 4시간, 주20시간이므로 근로기준법 제60조(연차 유급휴가)를 적용하여 연차휴가를 주어야 합니다.
보육사업안내에서 보조교사 인건비 지급시 연차 유급휴가 사용일을 근무 일수에 포함하여 인건비를 산정한다고 명시되어 있으므로 연차휴가를 사용할 수 있습니다.
근무중인 어린이집에서 계속 근로한 기간이 1년 미만인 경우 1개월 개근시 1개의 연차 유급휴가가 발생하며, 1년 이상인 경우 연 15개의 연차 유급휴가가 발생합니다.

출처: 경기도육아종합지원센터(2022).

2) 보육교사의 의무

보육교사의 의무는 곧 교직으로서 보육교사의 역할과 같은 맥락 안에서 살펴볼 수 있다. 보육교사의 역할은 곧 보육교사가 직무를 수행하는 과정에서 지니고 준수해야 할 모든 책임과 윤리의식을 포함한다. 「영유아보육법」은 보육교사의 직무와 책무를 규정하고 있는데 이로부터 보육교사가 책임의식을 갖고 수행해야 할 의무를 짐작할 수 있다. 「영유아보육법」에서는 보육과 관련된 사회적 이슈가 생길 때 여러 상황을 판단하여 최상의 보육을 위한 환경으로써 조항을 신설하여 법적, 제도적으로 적용을 히고 있다.

보육교사는 우선적으로 공보육을 실현하는 주요 주체로서 돌봄의 사회화를 구현하며 가족의 기능을 보완하는 역할을 한다. 영유아를 보호하고 교육하는 가운데 이루어지는 상호작용은 영유아의 정서적 안정과 유대감을 공고히 하므로, 부모와의 협력적 관계를 통해 영유아의 건강하고 균형적인 발달을 지원한다. 이러한 보육교사의 역할은 전문성과 역량을 강화하기 위해 받는 교육과 함께 보육교직원에게 부과되는 여러 가지 의무교육들을 통해 더욱 구체화된다.

보육교사의 의무는 보육교사의 역할과 혼용되어 사용되는 경우가 많지만, 궁극적으로 의무는 역할을 온전히 수행하게끔 만들고 역할에 당위성을 부여하는 윤리적 측면을 지니고 있다. 이러한 배경 속에서 보육교사에게 사회적으로 부여되고 보육교사 스스로 자각하고 있어야 할 의무사항들이 있다. 이를테면 아동학대 사건이 빈번하게 발생하고 아동인권과 권리에 대한 인식이 향상되면서 아동학대 예방교육은 모든 보육교직원이 매년 반드시 이수해야 하는 필수 교육이 되었다. 이외에도 어린이집에서 영유아의 건강한 발달과 성장을 지원하기 위해 요구되는 다양한 교육과정이 있다. 쾌적한 어린이집 시설과 환경 구축부터 건강한 먹거리와 음식섭취, 안전한 놀이환경과 등·하원, 응급상황 대처 등 크고 작은 여러 이슈와 관련해 보육교사와 보육교직원이 의무적으로 준수하고 이행해야 하는 사항들이 있다.

〈표 2-2〉「영유아보육법」에 나타난 보육교사의 의무

법 조항	내용	비고
제18조 (보육교직원의 직무)	① 어린이집의 원장은 어린이집을 총괄하고 보육교사와 그 밖의 직원을 지도·감독하며 영유아를 보육한다. ② 보육교사는 영유아를 보육하고 어린이집의 원장이 불가피한 사유로 직무를 수행할 수 없을 때에는 그 직무를 대행한다.	• 어린이집에서 영유아의 안전하고도 충분한 보육과, 보육교직원이 가져야 할 주의의무에 대한 사회적 인식 제고
제18조2 (보육교직원의 책무)	① 보육교직원은 영유아를 보육함에 있어 영유아에게 신체적 고통이나 고성·폭언 등의 정신적 고통을 가하여서는 아니 된다. ② 보육교직원은 업무를 수행함에 있어 영유아의 생명·안전보호 및 위험방지를 위하여 주의의무를 다하여야 한다.	• 어린이집 통학차량 안전사고가 빈번히 발생하면서 이에 따른 보육교직원의 책임인정 강화 • 보육교직원에 의한 아동학대 사건이 사회적 공분을 불러일으키고, 이를 예방하기 위한 법적 책임 강화

「영유아보육법」에 나타난 보육교사 자격정지 관련 사유

• 「영유아보육법」에서는 다음과 같은 상황이 발생할 경우 1년 이내의 범위(아동학대 행위와 관련된 경우에는 5년)에서 보건복지부령으로 정하는 바에 따라 자격을 정지시킬 수 있다.(「영유아보육법」 제47조 참조)

1. 보육교사가 업무 수행 중 그 자격과 관련하여 고의나 중대한 과실로 손해를 입힌 경우
2. 보수교육을 연속하여 3회 이상 받지 아니한 경우

• 보육교사가 「도로교통법」에 의거하여 영유아의 하차 여부 확인에 관한 의무를 준수하지 아니하여 영유아가 사망하거나 신체에 보건복지부령으로 정하는 중상해를 입은 경우 2년 이내의 범위에서 자격이 정지될 수 있음

〈표 2-3〉 보육교직원 의무교육 목록

No.	2023년도 보육교직원 의무교육	교육구분	
		근거	대상
1	아동학대 예방 및 신고의무자에 대한 교육	아동학대범죄의 처벌 등에 관한 특례법	모든 보육교직원
2	아동학대예방교육	2023년 보육사업안내	원장 및 보육교사
3	보육교직원 안전교육	영유아보육법/ 2023년 보육사업안내	모든 보육교직원
4	어린이안전교육	어린이안전관리에 관한 법률/ 2023년 보육사업안내	모든 보육교직원
5	어린이집 놀이시설 안전교육	어린이놀이시설 안전 관리법	어린이놀이시설 안전관리책임자(담당보육교직원)
6	등 · 하원 안전교육	영유아보육법/ 2023년 보육사업안내	모든 보육교직원
7	응급처치교육(심폐소생술 등)	응급의료에 관한 법률	모든 보육교직원
8	교통안전교육(어린이 통학버스 안전교육)	도로교통법	어린이 통학버스 운영자, 운전자, 동승보호자
9	동승보호자 안전교육	영유아보육법/2023년 보육사업안내	

No.	2023년도 보육교직원 의무교육	교육구분	
		근거	대상
10	석면건축물 안전관리인 교육	석면안전관리법	석면건축물안전관리인
11	소방안전 관리자 교육	화재예방, 소방시설 설치 · 유지 및 안전관리에 관한 법률	소방관서에 선임 신고된 소방안전관리자
12	실내공기질관리자 교육	다중이용시설 등의 실내공기질관리법	연면적 430㎡이상인 모든 원장 또는 관리 책임자
13	식품위생교육	식품위생법	50인 이상 집단 급식소의 기관 장 또는 관리책임자
14	조리원, 영양사 위생교육	식품위생법	50인 이상 집단 급식소의 조리사, 영양사
15	개인정보보호 교육	개인정보 보호법	개인정보의 이용 · 활용 등 실질적으로 개인정보를 취급하는 자
16	성폭력 예방교육	성폭력방지 및 피해자 보호 등에 관한 법률	모든 보육교직원
17	성희롱 예방교육	남녀고용평등과 일 · 가정 양립 지원에 관한 법률	사업주 및 모든 직원
18	장애인식개선교육	장애인복지법	모든 보육교직원
19	직장 내 장애인식 개선교육	장애인고용촉진 및 직업재활법	사업주 및 모든 직원
20	긴급복지신고의무자 교육	긴급복지지원법	모든 보육교직원
21	집단시설 종사자 결핵 감염 예방 교육	결핵예방법	모든 보육교직원
22	고농도 미세먼지 · 오존 대응 교육	2023년 보육사업안내	모든 보육교직원
23	어린이집 성 행동문제 대응을 위한 어린이집 성교육 담당자 및 원장 등 역량 강화 교육	어린이집 영유아의 성 행동문제 관리 · 대응 매뉴얼(보건복지부)	성교육 담당자 및 원장
24	장애인 학대 및 장애인 대상 성범죄 예방교육	장애인복지법	모든 보육교직원

2. 보육교사의 교육신념

신념은 '어떤 사상이나 생각을 굳게 믿으며 그것을 실현하려는 의지'(고려대한국어대사전)를 의미한다. 교사가 교육현장에서 학생을 대상으로 전체적인 계획을 짜고 교육과정을 운영할 때 기준이 되는 것은 교사가 가지고 있는 교육신념이다. 보육교사가 보육현장에서 어떠한 가치와 사고관을 갖고 영유아를 가르치고 사람들과 관계 맺는가는 그가 갖고 있는 교육신념에 영향을 받는다. 교육신념은 보육교사가 교직을 수행하는 과정에서 중심을 잡고 자신의 교육철학을 현장에 적용하도록 만들며, 보육교사는 이를 통해 교사로서의 자아존중감과 성취감, 성장욕구를 증진시킬 수 있다. 이러한 교육신념은 단일 개념이 아니라 보육교사의 개인적인 발달사와 성격부터 그가 학교에서 어떤 교육을 받았는가에 따라 달리 형성된다.

보육현장의 하루 일과에서는 많은 활동이 이루어지고 다양한 일들이 발생한다. 놀이상황에서 교구를 놓고 영유아 간 다툼이 일어나고, 집단 활동에서 소소한 갈등이 발생하고 급·간식 시간에 어려움을 호소하는 영유아도 있다. 또 학부모 면담과 관계 형성, 동료교사와의 관계, 어린이집 안에서 업무분장과 진행 등 대부분 많은 경우에서 보육교사의 판단과 의사결정이 필요하다. 이때 교수활동을 비롯해 보육교사가 취하는 모든 선택과 행동에는 그의 교육신념이 반영되기 쉽다. 교육신념은 직무와 관련하여 보육교사가 윤리적 딜레마에 처했을 때도 그의 태도와 견해를 뒷받침해 주는 근거가 된다.

교육신념은 다음과 같이 대표적으로 성숙주의, 행동주의, 상호작용주의 관점에서 살펴볼 수 있다. 교사 각자가 어떤 배경 속에서 공부하고 자격을 취득했는가, 사고방식과 발달사는 어떠한가에 따라 신념이 다르게 형성될 수 있다.

〈표 2-4〉 성숙주의, 행동주의, 상호작용주의 교육 신념 특징

특징	성숙주의	행동주의	상호작용주의
교육 목적	사회정서 발달과 인성발달	학문적 기초 형성	인지발달
아동관	유전적 시간표에 따라 정해진 순서대로 발달하는 수동적인 존재	환경에 의해 영향을 받는 수동적 존재	환경과의 자발적인 상호작용을 통해 발달하는 능동적인 존재
발달관	인간 고유의 생득적 성향의 자연적 계발	외재적 환경의 조작 및 반응을 통한 경험	통합적 과정
동기화	유전적 성숙에 의한 내적 자극	환경의 외적 자극	환경과 유아의 내적 자극
학습관	성숙준비도와 학습동기와의 조화	환경에 의한 동기화	개인과 외적 환경과의 상호작용
교수방법	풍부한 학습 환경 조성	직접적인 교수	풍부한 학습 환경 조성
교사의 역할	간접적 안내자, 격려자, 발달에 대한 지식자	교수, 학습 활동의 준비자	교수 활동 계획자, 관찰자, 모델링
학습 제시 방법	성숙 수준에 도달할 때 제시	가장 단순한 내용 순차적으로 제시	경험을 위한 지식의 구성
실수를 보는 관점	정신적, 신체적 미성숙에 의함	자극이 부적절하게 제시됨	성인의 지식과 질적으로 다른 것으로 인식
학습 결과	제시되지 않음	반복, 모방 및 연습	실수를 통한 내적 지시의 구성

출처: 성은영(2008).

보육교사의 교육신념에 영향을 미치는 요인들

- 개인적 발달사(아동기 경험, 부모-자녀관계, 가족관계 등)
- 학창시절 경험(친구 관계, 교사와의 관계, 중요한 모델로서 교사의 존재 등)
- 성격(외향형 vs. 내향형, 적극적 vs. 수동적 등)
- 개인의 학습 방식
- 대학에서의 교육 경험(교육학적 지식, 선호하는 교과목, 교과교육 지식 등
- 종교
- 가치관

3. 보육교사의 자질

건강한 인간발달의 기틀을 다지는 영유아기를 책임지는 보육교사의 역할과 자질은 중요하다. 영유아의 전인적 발달을 돕기 위한 적절한 돌봄과 양육, 교육을 제공하는 보육교사의 특성상, 교사 개인의 전인격적 성숙과 직업전문성이 요구된다. '교육의 질은 교사의 질을 능가하지 못한다.'는 경구는 보육교사가 갖추어야 할 자질이 어떠해야하는가를 잘 보여준다. 많은 보육교사들이 현장에서 아동들의 교육에 관여하고 있지만 교사로서의 자질과 역량을 모두 갖추고 있는 것은 아니다. 보육교사 자격요건이 규정하는 정규과정을 마치고 동일한 보육교사 자격증을 갖추었다 하더라도, 이것이 그들이 좋은 품성과 자질을 갖춘 유능한 보육교사임을 보증하는 것도 아니다. 가정 내에서도 많은 지식과 풍부한 경제력을 갖춘 부모가 반드시 아이에게 훌륭한 부모가 되는 것이 아니듯이, 보육교사가 아닌 사람들이 오히려 더 유능한 보육교사 같은 인상을 줄 때도 있다. 이는 우리에게 '보육교사는 어떤 태도와 자질을 갖춰야 하는가'라는 생각거리를 제시한다.

자질은 '타고난 성품이나 소질', '어떤 분야의 일에 대한 능력이나 실력의 정도'(국립국어원, 2022)로 정의된다. 보육교사의 자질은 크게 한 인간 주체로서 기본 성품을 강조하는 인간적 혹은 개인적 자질과, 전문보육교사로서 갖추어야 할 직업적 혹은 전문적 자질의 두 가지로 구분하여 설명할 수 있다. 영유아의 '보호'와 '교육'을 동시적으로 수행하는 보육교사의 특성상 보호의 측면을 강조할 때는 교사의 인간적 자질을, 교육의 측면을 강조할 때는 직업적 · 전문적 자질을 강조하기 쉽다. 그러나 이 두 가지는 불가분의 관계에 놓여 있으며 서로 간에도 영향을 미친다.

인간적 개인적 자질	• 영유아에 대한 관심과 애정 • 건강한 신체와 정신 • 열정과 인내심, 유연한 사고 • 주도성과 성취동기 • 배움에 대한 열의 • 포용력과 수용적 자세 • 자기관리 역량	↔	• 영유아발달에 관한 지식과 기술 • 영유아교육에 관한 지식과 기술 • 보육과정에 관한 지식과 운영 능력 • 구체적 실기 역량 • 보육교사로서의 직업윤리와 사명감, 헌신성 • 자기인식과 반성적 사고 • 행정능력	직업적 전문적 자질

[그림 2-2] 보육교사의 자질

1) 인간적 · 개인적 자질

보육교사는 아동양육의 책임이 일정 부분 사회로 이전되면서 아동에 대한 사회적 보호 역할의 주축을 담당하고, 여기에서 보육교사의 사람됨과 태도, 인성 등 인간적 자질의 중요성이 부각된다. 다른 많은 직업뿐 아니라 교직 중에서도 영유아기를 담당하는 보육교사에게 인간적 자질은 그 어떤 것보다도 중요한 태도이다.

보육교사 자질에 대한 예비교사의 인식

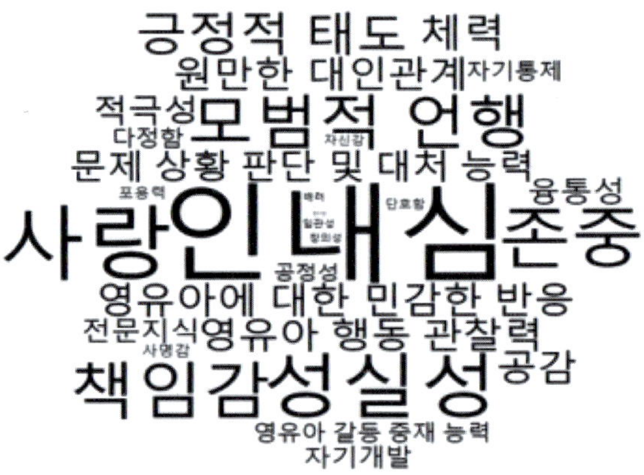

예비교사들은 특히 보육활동을 진행함에 있어 전문적 자질보다는 개인적 자질을 더 강조하고 중시하는 것으로 나타났다.

출처: 박영아(2022).

① 영유아에 대한 관심과 애정

영유아에 대한 관심과 애정은 보육교사가 꼭 갖추어야 할 요소이다. 영유아의 발달 특성상 성인에 대한 의존도가 높고 성인의 양육적 돌봄이 늘 필요한 만큼, 보육교사는 부모와 같은 존재로 그들에게 다가간다. 이를 위해서는 다른 어떤 것보다도 아이들에 대한 애정이 뒷받침되어야 한다. 교사의 따뜻한 태도와 애정, 민감성 등은 영유아에게 신뢰감과 편안함을 주어 안정애착을 증진시킨다. 일상적 돌봄과 많은 에너지를 필요로 하는 보육 현장에서 교사의 따뜻함과 애정 어린 태도는 영유아 상호작용의 질을 좌우한다. 교사가 깊은 인내심을 발휘해야 하는 경우도 많은 만큼 교사는 수용적 태도를 갖추는 것이 좋다. 그러므로 보육교사는 다른 초·중등교사와 비교해 교직에 대한 욕구보다는 어린아이에 대한 애정과 관심이 교사로서의 삶에 더 중요한 가치로 존재하기 쉬우며, 이는 보육교사들이 교직에 헌신하게 되는 원동력이 된다.

② 건강한 신체와 정신

보육교사는 신체적으로 정신적으로 건강하고 안정되어 있어야 한다. 영유아기의 특성상 아이들은 신체활동과 에너지의 방출이 활발하다. 이러한 아이들이 집단으로 존재하는 환경에서 교사는 시종일관 그들에게 주의를 집중해야 하고, 그들의 활동과 움직임, 욕구에 맞추어 움직이게 된다. 보살핌과 일상생활의 안전 및 보호가 중요한 만큼 교사는 영유아를 안아주거나 씻겨주고 신체적으로 밀접한 접촉 속에서 다양한 상호작용을 하게 된다. 교사업무를 수행하는 과정에서 지치지 않고 열성적인 교사는 우선 신체적으로 건강하다. 쉽게 피곤하고 에너지 수준이 낮으면 심리적으로도 지치고 밝은 모습으로 영유아와 상호작용하기 어렵다. 보육현장에서 부모의 대체자로서 역할을 담당하는 보육교사의 정서와 정신건강은 영유아에게 그대로 전이된다. 우울과 불안감이 높고 감정적으로 기복이 있는 교사는 영유아에게 자신의 정서를 투사하기 쉽고 상호작용의 질을 떨어뜨린다. 그러므로 보육교사에게는 늘 신체적 · 정신적 건강이 요구된다.

③ 열정과 인내심, 유연한 사고

열정과 인내심, 유연한 사고는 모든 직업에서 필요한 자질이지만, 특히 보육교사 직무를 수행하는 데 있어서 열정은 많은 교사들이 꼽는 중요 요소이다. 어린 아이는 대체로 교사의 기대대로 움직이는 것이 아니며 언제 어떤 일이 생길지 예측하기 어려운 상황이 늘 존재한다. 이러한 조건에서 영유아는 때로 교사에게 좌절을 초래하고 교사는 신체적으로나 심리적으로 소진되고 위축되기 쉽다. 동료교사와의 관계나 학부모와의 관계에서도 교사들은 종종 스트레스와 부담감을 가지기 쉽다. 이럴 때 자신의 정서를 조절하고 인내할 수 있다면 오히려 교사로서의 자기효능감이 발달될 수 있다. 또한 사전에 계획된 하루 일과와 프로그램을 진행하지만, 예기치 않았던 불확실한 일들이 발생하기도 한다. 영유아는 갑자기 아프기도 하고 친구들과 갈등을 빚기도 하며, 놀이에 참여하지 못하거나 본래 계획한 활동과는 전혀 다른 활동에 몰입하기도 한다. 또 기상 상황이 갑자기 바뀌어 준비한 활동 계획에 차질이 생기기도 한다. 영유아뿐 아니라 학부모와의 관계에서도, 그리고 행정 업무를 처리하는 과정에서도 당혹스러운 일들이 일어날 수 있기 때문에 교사는 당황하지 말고 침착하게 대응하고, 유연한 사고를 하는 것이 필요하다.

④ 주도성과 성취동기

보육교사가 어린이집에서 근무하다 보면 일상은 바쁘게 돌아가지만 간혹 단조롭다는 느낌을 받기도 한다. 보육교사는 성인이 아닌 어린아이와의 상호작용에서 종종 에너지의 고갈을 경험하고, 치밀하게 구조화된 보육 계획이나 교사생활에서 답답함을 느낄 수 있다. 이럴 때 교사에게는 잠시 숨을 돌리고 일상과 교사생활에서 점진적인 변화를 가져 보는 게 도움이 된다. 스트레스를 해소하고 개인적으로 몰입할 수 있는 취미생활을 자기 주도적으로 찾아보고 실행해 보는 것도 좋다. 또 새로운 교수방식이나 새로운 프로그램을 익히고 보육현장에 적용해 보려는 노력은 개인의 성취동기를 자극하고 일상을 전환하는 데 효과적일 수 있다. 교사 개인의 일상에 충분한 탐색과 숙고를 거쳐 새로운 활동을 시도해 보는 등 적절한 주도성과 성취동기의 발휘는 영유아와의 상호작용과 수업의 질을 높일 뿐 아니라 교사로서의 전문성과 자부심을 고취한다.

⑤ 배움에 대한 열의

인간발달과 사회, 교육을 설명하는 지식은 고정되어 있지 않고 시대적 흐름에 따라 새롭게 확장되고 심화된다. 교과목에서 배웠던 이론과 지식이 실제 보육현장에서 그대로 적용되는 것만은 아니며 현장은 기존에 가지고 있던 지식의 순발력 있는 적용과 확장을 요구한다. 영유아와의 상호작용은 종종 예기치 않은 일들을 발생시키기며 초임교사일수록 대처과정에서 당황하기 쉽다. 보육교사는 대개 정상 범주의 평균적인 영유아 발달에 대한 도식을 갖고 있지만 현장에서 만나는 영유아의 발달상황과 욕구는 천차만별이다. 영유아 발달의 다양성은 곧 그들 부모와 가족의 다양한 삶에 대한 이해를 필요로 한다. 그러므로 보육교사는 부모와 가족에 대한 이해가 필요하고 영유아발달과 교육 프로그램, 실무 등에 대한 더 깊고 체계적인 지식을 갖추는 것이 좋다. 보육현장에서 부닥치는 어린아이의 다양한 행동과 발달은 교사에게 그에 상응하는 지식의 반응체계를 요구한다. 무언가를 배우고 지식을 습득한다는 것은 평생에 걸친 과정이다. 배우는 것에 대한 욕구와 열정은 자신이 가르치는 아이들에게도 그대로 전이되어 바람직한 영향을 미칠 수 있다.

⑥ 포용력과 수용적 자세

보육교사는 영유아 이외에도 부모와 기타 다른 보육교직원들과의 다양한 관계 안에서 활동한다. 보육현장에는 영유아뿐 아니라 동료교사, 원장이 있으며, 이외에도 보육활동을 지원하고 구성하는 다른 보육교직원들, 가령 특수교사, 치료사, 간호사, 영양사, 조리원, 특별활동강사 등이 존재한다. 보육교사는 영유아 및 부모들과의 관계에서 갈등을 겪고 보육교직원들과 직 · 간접적으로 교류를 하는 과정에서도 종종 의견 차이와 이로 인한 어려움을 경험할 수 있다. 모든 직종이 그렇듯이 자신과 다른 견해와 입장 때문에 대인관계의 불협화음이 생기기 쉬우며 여기에서 경험하는 좌절과 낙심은 교사의 정신건강과 직업만족도에 영향을 미친다. 그러므로 보육교사는 이런 외부 환경에 대한 수용적 태도와 다름과 차이를 포용하는 자세를 갖는 것이 필요하다.

⑦ 자기관리 역량

보육교사가 보육현장에서 경험하는 많은 일들은 긍정적 정서를 가져오는 것들도 있지만, 반대로 영유아, 동료교사나 원장, 학부모 등과의 관계에서 갈등과 스트레스를 유발하여 불편감을 유발하는 경우들이 있다. 이때 보육교사는 이러한 직무스트레스를 전략적으로 다루어 그 부정적 영향으로부터 거리를 둘 수 있어야 한다. 자신의 정서를 조절하고 행동을 통제할 수 있다는 신념은 '교사 됨'에 관한 가치와 자신감을 고취시킨다. 자신의 삶을 주도적으로 관리하고 조직할 수 있는 힘과 자기조절은 교사로서의 역량강화에 중요하다. 자율성과 인내심을 갖고 일상생활을 돌아보는 반성적 사고와 태도가 도움이 된다. 뿐만 아니라 정서적 · 신체적 욕구를 발산할 수 있는 취미 활동과 자신의 경험을 공유할 수 있는 의사소통 파트너의 존재는 건강한 삶의 활력과 자기관리에 도움이 된다.

2) 직업적 · 전문적 자질

보육교사직의 사회적 가치와 권위를 존중받기 위해서는 보육교사로서의 전문성을 갖추는 것에서 출발한다. 직업적 전문성이 뒷받침될 때 비로소 보유교사로서의 자질과 자격을 온전히 갖추게 된다.

① 영유아발달에 관한 지식과 기술

인간발달의 기틀을 다지는 영유아기 발달에 관한 지식은 보육교사에 최우선적으로 요구되는 전문적 역량이다. 신체운동발달, 언어인지발달, 정서사회성발달 등이 본격적으로 구체화되는 시기인 만큼, 영유아는 모든 면에서 성인과는 다른 발달수준에 놓여 있다. 따라서 발달영역별, 연령대별 발달 지식을 정확히 숙지하고 있어야만 바람직하고 적합한 보육을 계획할 수 있다. 이를테면 보육교사는 영유아의 기질적 차이를 알아야 기질 적합성을 고려한 교수활동을 진행할 수 있다. 애착에 관한 지식이 있어야만 안정애착 형성을 위해 어떻게 환경을 구성하고 보육해야 하는가를 계획할 수 있다. 또 연령대별 발달특성과 함께 정상발달 및 이상발달을 알고 있어야 다양한 아이들의 발달적 욕구에 맞는 보육활동을 진행하고 상호작용에서 적절히 대응하고 문제를 해결할 수 있다. 인지발달이 늦은 아이, 신체활동성이 높은 아이, 언어유창성이 뛰어난 아이, 경계선 지능을 갖고 있는 아이, 발달지연을 보이는 아이 등 교사가 만나는 아이들은 매우 다양하다. 그러므로 보육교사는 영유아발달에 관한 새로운 연구동향을 파악하고 영유아의 발달을 지원하기 위해 필요한 지식과 기술을 갖춰야한다.

② 영유아교육에 관한 지식과 기술

보육교사가 부모와 다른 큰 차이점들 중 하나는 교사는 교육의 의미를 이해하고 보육현장에서 발달 적합한 체계적 교육활동을 구성한다는 점이다. 영유아교육은 학령기와 청소년기의 교육과는 분명히 다르다. 후자는 지식전달이 주요 목적이고, 언어와 문자 활용, 교사 중심의 일방향적 교육, 추상적 개념 설명 등으로 교육이 이루어진다. 그러나 영유아는 발달수준상 더욱 그들의 눈높이에 맞추어야만 제대로 소통이 이루어진다. 이를테면 영유아에게는 구체적이고 직접적인 실물교육이 중요하고 오감을 활용한 감각활동과 신체활동이 필요하다. 영유아의 의사소통방식은 성인하고는 다르므로 교사는 자신의 지식적 차원을 모두 활용해 영유아의 흥미와 의사를 파악하고 그에 맞는 소통을 한다. 그러므로 보육교사에게는 영유아발달에 관한 지식뿐만 아니라 교육 및 교수학습에 관한 지식도 필요하다.

③ 보육과정에 관한 지식과 운영능력

보육과정은 어린이집에서 영유아를 대상으로 이루어지는 모든 교육활동을 포함하는 것으로, 보육의 질을 구성하는 핵심영역이다. 보육교사는 표준보육과정과 누리과정에 관한 지식을 바탕으로 0~5세까지의 연령별 보육과정을 계획하고 구성한다. 보육교사의 중요한 직무는 다양한 보육 프로그램에 관한 지식을 실제 교수학습 과정에서 영유아에게 적용, 운영하는 것이다. 그러므로 교사는 교육환경 구성, 교수방법과 평가에 관한 전문적 지식을 갖춰야 한다. 또 부모에게 필요한 정보를 제공하고 영유아의 건강과 안전을 관리할 수 있어야 한다. 이 과정에서 이루어지는 교사의 모든 활동이 바람직한 영유아교육으로 이어지고 보육의 질을 향상시킨다.

④ 구체적 실기 역량

영유아의 발달특성상 언어와 문자를 통한 교육이나 추상적 개념작용의 습득은 쉽지 않다. 교사-영유아 상호작용과 교육활동은 다수가 놀이 중심으로 이루어지고 감각활동과 신체활동, 구체적인 실물 활용을 통해 이루어진다. 또 단순 지식습득교육이 아닌 음악, 미술, 체육 등 다양한 영역에서의 전인적 발달을 목적으로 하는 만큼, 교사는 이론적 지식만을 가지고 보육활동에 접근할 수는 없다. 수 · 조작놀이, 역할놀이, 언어 · 조형 · 과학 · 음률 · 컴퓨터 영역 등 다양한 흥미영역에서의 활동, 물 · 모래놀이, 동화, 동극, 동시 등 문화활동, 조각, 소조, 소묘, 판화, 콜라주, 직조 등 조형 · 미술활동, 음악감상, 노래 부르기, 악기 다루기, 소리 듣기 등 음악활동, 신체표현과 동작활동, 수 · 과학 활동, 실험 및 관찰 등은 보육교사가 갖추어야 할 구체적 실기 역량이 어떠해야 하는가를 잘 보여 준다.

⑤ 보육교사로서의 직업윤리와 사명감, 헌신성

보육교사는 부모의 대리양육자로서 영유아에게 미치는 교육적 · 정서적 영향이 매우 크다. 도덕성, 소명감, 책임감, 직무헌신 등은 개인적으로 갖추어야 할 자질이기도 하지만, 특히 교직이라는 전문영역에서 요구되는 것들이다. 전 생애에서 발달의 기초를 다지는 영유아 시기에 중요한 환경요인 중 하나는 바로 가정 밖에서 이루어지는 보육 경험이다. 그러므로 이 중요한 보육 경험을 제공하는 보육교사에게 직업윤리와 직무헌신은 더욱 필요한 덕목이라 할 수 있다.

⑥ 자기인식과 반성적 사고

보육교사로서의 자기인식과 반성적 사고(reflective thinking)는 바람직한 구체적 실천을 가능하게 한다. 교사는 객관적 입장에서 자신의 생각과 행동을 돌이켜 고민하고 사고함으로써 자신의 말과 행동, 결정에 책임을 진다. 자신의 부족함과 문제점을 숙고하고 더 나은 대안책을 모색하려는 반성적 사고는 교사로서의 발전과 성장의 밑거름이 된다. 이러한 자기 역량은 자칫 불안정하고 수동적이기 쉬운 교수활동에서 민첩하고 순발력 있는 의사결정을 가능하게 하는 힘이 된다.

⑦ 행정능력

보육의 질 관리를 위해서는 구조화된 평가와 행정시스템이 필요하다. 현재 실시하고 있는 어린이집 평가제는 국가 차원의 주기적인 평가를 통해 보육의 질을 높이고 안심 보육환경을 조성하는 것을 목적으로 한다. 어린이집 운영, 보육과정 운영 등에 대한 평가는 다수의 행정작업을 필요로 하고, 이 과정에서 보육교사의 역량이 발휘되고 더욱 발전하게 된다.

4. 보육교사의 역할

1) 보육교사 역할의 다변화

여성의 사회진출이 보편화되고 사회 구조가 다변화되면서 보육교사의 역할도 사회적 변화를 반영하게 된다. 예전에는 영유아에 대한 보호적 역할이 부각됐다면 이제는 영유아의 발달에 적합한 교육 실제를 운영하고 영유아를 둘러싼 부모, 가족, 지역사회와의 유기적 관계를 조직하고 관리하는 역할까지 더욱 요구되고 있다. Katz(1972)는 영유아를 지도하고 교육하는 교사의 역할을 모성적 역할(maternal model), 치료적 역할(therapeutic model), 교수적 역할(instructional model)로 구분하였는데, 이러한 구분은 현재도 보육교사의 본질적 역할을 구조화하는 기준이 된다.

□ 모성적 역할

대리양육자로서의 역할을 부각시키는 것으로, 보육교사는 영유아에게 심리적 안정감과 신체적 편안함을 제공해 주는 양육자의 역할을 수행한다. 교사는 어린이집에서 영유아에게 집과 같은 따뜻함과 안전감을 준다.

ㅁ 치료적 역할

보육교사는 단순히 영유아를 바라보고 돌보는 차원이 아니라 그들의 놀이와 행동을 관찰하여 그들의 정확한 심리적, 신체적 상태를 파악하고, 영유아가 감정을 표출하고 긴장을 완화할 수 있도록 돕는 치료적 역할을 수행한다. 관찰 · 기록 · 평가하는 역할을 통해 영유아의 건강한 성장과 발달을 지원한다.

ㅁ 교수적 역할

보육교사는 국가수준의 교육과정과 영유아의 발달적 특성, 어린이집과 학부모, 지역사회의 요구와 상황 등을 고려해 준비한 지식과 교육 프로그램을 바탕으로 영유아와의 상호작용을 촉진한다.

장애영유아를 위한 보육교사

「장애아동복지지원법」이 시행되기 이전에는 장애영유아 보육을 위한 교사 자격기준이 모호하였고 이는 장애영유아 보육서비스의 질적 수준에도 영향을 미쳤다. 이에 장애영유아의 특별한 욕구에 적합한 지원을 통합적으로 제공하여 장애영유아의 건강한 성장과 발달을 지원하려는 목적하에 「장애아동복지지원법」이 제정되었다(2011년 제정, 2012년 시행). 이로부터 장애영유아를 위한 보육교사 자격 및 배치에 대한 법적 근거를 마련하고 2015년부터 장애영유아를 위한 보육교사 자격확인서 제도를 도입하였다. 그리고 2016년부터 장애영유아를 보육하는 어린이집에서는 특수교사 및 장애영유아를 위한 보육교사 자격을 갖춘 교사를 배치하고 있다.

2) 장애아통합보육

장애아통합보육은 장애영유아가 일반 영유아와 함께 동등한 인격을 갖춘 존재로 존중받고 인정받으며 사회 구성원으로 동일한 소속감을 지니고 모두가 동등한 선택의 자유를 누리면서 어린이집에서 보육 받는 것을 의미한다. 장애아통합보육 어린이집에서 교사는 영유아의 발달과 장애 정도에 따라 교육과정을 운영하고, 장애영유아와 또래 영유아가 서로 차별 없이 함께 생활하고 놀이하도록 지원한다.

(1) 장애아통합반 운영

장애아통합어린이집은 장애아 기본반을 편성운영하거나 별도로 편성하지 않은 채 3명 이상의 장애영유아를 보육하는 어린이집으로, 일반 어린이집에서 장애아를 보육할 경우 장애아전담교사 배치 등의 지정요건을 갖춰 장애아통합어린이집으로 지정받아 운영을 한다. 장애아와 비장애아를 통합하여 보육하는 데 장애전담교사와 일반보육교사를 각각 1인씩 배치하여야 한다.

장애아통합보육이 시작되던 초기에는 물리적 통합 위주로 장애아동과 비장애아동을 단순히 한 공간에서 지내도록 하거나 하루 일과 중 한 두 가지 활동에 같이 참여시키는 형태의 부분적 통합으로 보육이 이루어졌다면, 최근에는 장애아동이 비장애아동과 동등하게 모든 환경에서 동일한 소속감을 지닐 수 있도록 물리적, 사회적, 교수 활동적 통합을 지향하는 '완전통합보육' 개념으로 발전하고 있다(이소현, 2003). 완전통합보육 안에서 장애아동과 비장애아동은 함께 생활하고 학습하고 모든 프로그램과 보육과정에서 편견 없이 서로 어울리게 된다. 장애에 대한 사회적 인식이 개선되고 통합보육에 대한 성과와 긍정적 효과가 나타나면서 장애아통합보육은 추후 더 늘어날 전망이다.

통합교육은 일반보육교사와 장애영유아를 위한 보육교사가 같은 공간에서 공동의 목표를 갖고 교육 활동을 수행하기 때문에 서로 다른 교육관과 가치관의 차이로 인해 자칫 불필요한 갈등이 생길 수 있다. 따라서 서로의 전문성을 인정하고 상호신뢰를 바탕으로 협력적 관계를 지속적으로 유지하는 것이 필요하다. 장애아통합반 운영에서 교사는 통합교육을 좌우하는 가장 중요한 인적 자원으로, 장애통합 교육에 대한 교사의 인식, 이해도와 몰입은 통합교육의 질을 좌우하는 요인이다(우숙영, 2011). 많은 연구들에서 장애에 대한 보육교사의 긍정적 태도와 인식은 다른 행정적 지원이나 교육과정, 교수전략보다 더 중요한 변인임이 확인되었다.

(2) 장애아통합반 교사의 자질과 역할

특별한 요구가 있는 대상을 지원하기 위한 취약보육을 운영할 때 대부분 교사들은 부담을 느낀다. 장애아통합반을 담당하게 되는 일반 보육교사는 대개 막연한 두려움과 걱정에 사로잡히기 쉽다. 장애에 대한 지식과 대처법을 제대로 알지 못하면 교사로서의 업무수행에 대한 자신감이 떨어지고 소극적이게 된다. 그러므로 보육교사는 먼저 장애인식을 개선하고 장애영유아와 비장애영유아의 차이점, 장애영유아의 특별한 욕구를 이해하고 파악할 수 있어야 한다.

① 장애인식개선교육의 경험과 실천

장애인식개선교육은 장애아통합반을 담당하는 보육교사에 최우선적으로 필요하다. 장애와 장애영유아에 대한 사전지식이 거의 없을 때 대부분 보육교사는 불안감을 느끼며, 장애영유아를 교육하는 과정에서 자신의 부족함이 드러날까 두려워한다. 교사의 이러한 마음상태는 자칫 장애영유아에 대한 부정적 태도로 이어지고 지시적이거나 강압적인 말과 상호작용으로 표출된다. 그러므로 장애인식개선교육을 통해 장애감수성을 키우고 장애아동에 대한 공감과 배려를 강화하고 편견을 깨는 것이 필요하다. 교사가 갖고 있는 장애 및 장애영유아에 대한 올바른 이해와 인식은 자연스럽게 비장애영유아가 장애영유아를 대하는 태도와 배려로 이어진나. 발달의 근간이 형성되는 영유아기에 교사의 올바른 인식과 편견 없는 교육은 장애영유아와 비장애영유아 모두가 이후 발달에서 인권의식과 배려를 갖춘 사회구성원으로 성장할 수 있게 만드는 원동력이 된다.

> "비장애아동 열여섯 명에게 엄청난 피해가 컸어요. 수업 진행도 그렇고 새로운 교구가 들어온다고 하면 교실에 거의 들어올 수가 없었어요. 교구가 거의 다 망가지니까. 장애아동 때문에 조금 많이 화가 나기도 했고 장애아동 때문에 왜 우리 비장애아동 친구들이 피해를 받아야 되나 하는 생각이 있었는데 장애이해 관련 교육 받고 교육에서 알려주신 교수학습 법대로 적용했더니 좀 나아지는 거 보고 놀랐어요."
>
> 출처: 원영미, 전지혜 (2018).

② 장애영유아와 비장애영유아를 동등한 아이로 인식하기

일반 보육교사는 장애영유아를 돌보고 교육하는 과정에서 그들에 대한 배려를 우선시하고 비장애영유아에게도 이러한 관점을 드러내기 쉽다. 하루 일과에서 장애영유아와 비장애영유아 사이에서 갈등이나 문제가 생겼을 때 비장애영유아에게 그 상황의 원인을 묻지만 장애영유아에게는 잘 묻지 않으며, 대개 비장애영유아에게 참거나 양보할 것을 지시한다. 이는 비장애영유아에 대한 배려가 아니라 자칫 소외와 차별로 인식되고 장애영유아에게는 합리적이지 않은 역차별과 모호함을 각인시킬 수 있다. 교사는 장애영유아과 비장애영유아 모두 유사한 욕구를 갖고 동등한 보편적 인권을 가진 존재라는 점을 늘 염두에 둔다.

> "장애인 관련 교육을 어느 날 받고 오면 내가 계속 장애아동을 한 명의 유아로 인정하고 지내야 하는데 어느 순간 그냥 장애아로 인식하고 있구나. 너무 장애아로만 인식했나보다, 한 명의 유아로 인식하고 '비장애 유아에게도 알려줘야겠다'라고 생각하게 되는 것 같아요.".
>
> 출처: 원영미, 전지혜 (2018).

③ 장애영유아에 대한 수용적 태도

하루 일과와 놀이상황에서 장애영유아와 비장애영유아의 상호작용은 장애영유아에 대한 교사의 긍정적이고 수용적인 태도가 큰 영향을 미치는 것으로 많은 연구들에서 나타난다. 교사가 장애영유아를 온정적이고 수용적인 마음가짐으로 대할 때 비장애영유아도 장애영유아를 따뜻한 시선으로 바라보지만, 교사가 거칠고 지시적으로 대하고 강압적으로 가르치려고 할 때 비장애영유아도 이와 유사한 태도로 장애영유아를 대하기 쉽다. 비장애영유아의 교육과정에서도 교사의 수용성과 온정성은 늘 요구되며 이는 일상생활지도나 문제행동 개입에서도 교사가 지니고 있어야 할 바람직한 태도이다. 그런데 장애아통합보육은 장애영유아와 비장애영유아의 관계 속에서 갈등상황 중재나 생활지도의 어려움이 더 크고 장애영유아의 특성을 부정적으로 인식하기 쉬우므로 교사의 높은 수용성이 요구된다. 교사는 아동들에게 늘 관찰과 모방의 대상이 되기 때문에 장애와 장애영유아를 바라보는 교사의 편견 없고 온정적인 시선이 필요하다.

> "교사가 장애아동을 대하는 태도를 보고 다른 애들도 당연히 선생님이 저렇게 대하니까 우리도 그렇게 해도 돼 라고 생각하게 될 것 같아서 더 조심하게 되고 장애아동이 더 섞일 수 있도록 했던 것 같아요. (중략) 공격성이 강한 친구가 장난감을 뺐거나 때렸을 때 내가 친구한테 얘기해 줄 수 있는 말이나 행동에 대해서 얘기를 같이 나누면서 그 상황이 됐을 때 일반 아이들이 긍정적으로 말을 할 수 있게끔 지도했어요. 공격적인 모습이 보여지기 전에 미리 친구의 마음을 읽어주고 행동할 수 있게 하니까 비장애아동들도'내가 나눠 주니까 날 때리지 않네?', '소리 지르지 않네?', '아 내가 이렇게 하니까 친구가 이렇게 반응을 보여 주는구나' 하는 경험을 하게 되니까 장애 아이도 완벽하진 않지만 공격적인 성향이 좀 낮아지고 또 일반 아이도 '아 내가 이 친구한테는 요렇게 해주니까 다른 반응을 하네' 라는 경험을 하면서 계속적으로 연습을 하니까 아이들도 적응하더라고요."
>
> 출처: 원영미, 전지혜 (2018).

④ 장애영유아 교육 전문성

교사가 장애영유아와 이들의 교육에 대한 막연한 불안과 두려움을 극복하기 위해서는 장애에 대한 실질적이고도 구체적인 이해와 지식이 꼭 필요하다. 장애영유아의 특별한 상황과 욕구를 정확히 파악할 때 많은 갈등상황과 문제상황에 대처할 수 있는 힘이 생긴다. 교사는 장애영유아와의 관계에서 비장애영유아가 경험할 수 있는 소외감과 분노, 심리적 역동을 이해하고 고민해야 한다. 또한 장애영유아교육에 필요한 특별한 교수학습방법, 긍정적 행동지원방법, 통합보육의 효과를 높이기 위한 적합한 보육과정과 놀이활동, 장애영유아와 비장애영유아의 긍정적 상호작용을 촉진하는 발문법, 놀이지도 등에 대한 구체적 지식과 실천 역량을 쌓는 것이 필요하다. 장애영유아가 조금씩 적응하고 변화하는 것을 경험하게 되면 이들의 교육에 대한 교사 자신의 부정적 감정에서도 조금씩 벗어날 수 있다. 교사는 관련 교육과 연수 등을 통해 지식을 확장해 나간다.

⑤ 장애영유아 통합교육을 위한 협력적 파트너십

장애아통합반에서 일반보육교사는 장애영유아전담 보육교사와 같이 통합보육을 진행하는데, 이 과정에서 두 교사 간 소통과 협력이 중요하다. 통합보육의 성공은 교사의 노력과 지식만으로 되는 것이 아니며, 비장애영유아, 동료교사, 치료기관, 학부모 등과의 협업과 상호작용이 뒤따라야 한다. 일반보육교사는 장애영유아전담 보육교사와 상황에 따라 탄력성 있게 프로그램과 일과를 운영하고, 통합보육을 지원하는 다양한 주체들과의 협업파트너십을 구축하는 게 필요하다. 종종 현장에서는 장애영유아 교육은 특수교육의 분야이므로 일반보육교사보다는 장애영유아 보육교사의 책임이 더 크다고 여기고 장애영유아에 대한 공동의 교육적 목표를 세우고 실천해 나가는 것에 어려움을 호소하기도 한다. 그러므로 두 교사의 지속적인 소통과 공감, 공동체 의식이 바탕이 되어 서로 간 인식의 차이를 극복해 나가는 과정이 요구된다.

⑥장애영유아에 대한 지나친 온정주의적 시선의 배제

일반 보육교사의 장애민감성 및 장애영유아 수용성과 별개로 장애영유아를 배려와 양보를 받아야 하는 수동적 약자로 간주하는 시각은 경계해야 한다. 장애영유아 스스로 가치 있는 존재임을 느끼게 하는 것도 교사의 중요한 역할이다. 작은 일이라도 그들이 적극성을 발휘하고 어떤 역할을 수행할 수 있는 기회를 제공해서 자존감을 높여주는 것이 장애영유아에게도, 통합반 운영에도 보다 바람직한 효과를 낸다. 또 이들과 상호작용하고 같이 일과를 보내는 비장애영유아의 편견 없는 태도와 행동에 대해서도 교사는 긍정적으로 반응해 줌으로써 비장애영유아를 지원해 주는 자세가 필요하다.

장애영유아 놀이 관찰에서 보육교사의 요구되는 태도

- 장애영유아가 스스로 놀이활동을 계획하고 구성할 수 있는 기회를 제공하는가?
- 장애영유아가 새로운 놀이공간과 놀이자료를 충분히 탐색하고 위험요소를 찾아보고 스스로 안전하게 놀이하는 방법을 습득할 수 있도록 하는가?
- 장애영유아의 호기심과 관심을 유도하기 위한 적절한 질문을 하고 그들의 질문에 적절히 반응하는가?
- 교사의 놀이지도를 최소화하고 장애아동 중심의 놀이를 계획하고 활성화하는가?
- 장애영유아가 놀이에서 보이는 감정, 호기심, 흥미, 탐색대상 등을 관찰하면서 기다려 주는가?
- 장애영유아가 다른 아동과 상호작용하고 관계 형성하는 것을 지원하는가?
- 장애영유아의 놀이 촉진을 위해 함께 놀이에 참여하는가?

〈표 2-5〉 일반보육교사와 장애전담교사의 협력적 역할

통합교사의 협력	
일반보육교사	장애전담교사 (장애영유아를 위한 보육교사, 특수교사)
• 장애 유아의 문제의 본질과 심각성에 대하여 의견을 제공하고 목표 행동을 설정하는 데 도움을 준다. • 장애 유아를 위한 교수전략이나 사회적 통합에 대한 문제들을 장애 영유아를 위한 보육교사와 함께 협력하여 해결한다. • 교육과정에 대하여 장애 영유아를 위한 보육교사의 자문 역할을 담당한다. • 집단 관리 기술에 대하여 장애 영유아를 위한 보육교사의 자문 역할을 담당한다.	• 다양한 측면에서 장애 유아의 행동을 관찰하여 행동 분석에 대한 정보를 제공한다. • 장애 유아를 위한 교수 방법이나 사회적 통합과 관련된 다양한 서비스를 기획하고 조정한다. • 통합적이고 개별화된 교육 방법에 대하여 일반보육교사들의 자문 역할을 담당한다. • 장애 유아나 그들 가족의 욕구에 대한 의견을 파악하여 전달한다.

출처: 조윤경, 홍은주(2006).

사도 강령((師道 綱領))

제1장 스승과 제자

스승의 주된 임무는 제자로 하여금 고매한 인격과 자주 정신을 가지고 국가 사회에 봉사할 수 있는 유능한 국민을 육성하는 데 있다. 그러므로,

1. 우리는 제자를 사랑하고 그 인격을 존중한다.
2. 우리는 제자의 심신 발달이나 가정의 환경에 따라 차별을 두지 아니하고 공정하게 지도한다.
3. 우리는 제자의 개성을 존중하며, 그들의 개인차와 욕구에 맞도록 지도한다.
4. 우리는 제자에게 직업의 존귀함을 깨닫게 하고, 그들의 능력에 알맞은 직업을 선택하도록 지도한다.
5 우리는 제자 스스로가 원대한 이상을 세우고, 그 실현을 위하여 정진하도록 사제동행한다.

제2장 스승의 자질

스승은 스승다워야 하며 제자의 거울이 되고 국민의 사표가 되어야 한다. 그러므로,

1. 우리는 확고한 교육관과 긍지를 가지고 교직에 종사한다.
2. 우리는 언행이 건전하고 생활이 청렴하여 제자와 사회의 존경을 받도록 한다.
3. 우리는 단란한 가정을 이룩하고 국법을 준수하여 사회의 모범이 된다.
4. 우리는 학부모의 경제적 · 사회적 지위를 이용하지 아니하며 이에 좌우되지 아니한다.
5. 우리는 자기 향상을 위하여 전문적인 지식과 전문화된 기술을 계속 연마하는 데 주력한다.

제3장 스승의 책임

스승은 제자 교육에 열과 성을 다하여 맡은 바 책임을 다하여야한다. 그러므로,

1. 우리는 사회의 일원으로서 모든 책임과 임무를 다한다.
2. 우리는 교재 연구와 교육 자료 개발에 만전을 기하여 수업에 최선을 다한다.
3. 우리는 생활 지도의 중요성을 인식하여 제자들이 올바른 사람이 될 수 있도록 지도의 철저를 기한다.
4. 우리는 교육의 성과를 공정하게 평가하고 이를 교육에 충분히 활용한다.
5. 우리는 제자와 성인들을 위한 정규 교과 외의 활동에 적극 참여한다.

제4장 교육자와 단체

교육자는 그 지위의 향상과 복지의 증진을 위하여 교직 단체를 조직하고 적극 참여함으로써 단결된 힘을 발휘할 수 있다. 그러므로,

1. 우리는 교직 단체의 활동을 통하여 교육자의 처우와 근무 조건의 개선을 꾸준히 추진한다.
2. 우리는 교직 단체의 활동을 통하여 교육자의 자질 향상과 교권의 확립에 박차를 가한다.
3. 우리는 편당적, 편파적 활동에 참가하지 아니하고 교육을 그 방편으로 삼지 아니한다.
4. 교직 단체는 교육의 혁신과 국가의 발전을 위하여 다른 직능 단체나 사회 단체와 연대 협동한다.

제5장 스승과 사회

스승은 제자의 성장 발달을 돕기 위하여 학부모와 협력하며, 학교와 사회와의 상호작용의 원동력이 되고 국가 발전의 선도자가 된다. 그러므로,

1. 우리는 학교의 방침과 제자의 발달 상황을 가정에 알리고, 학부모의 정당한 의견을 학교 교육에 반영시킨다.
2. 우리는 사회의 실정을 정확하게 파악하고 지역사회의 생활과 문화 향상을 위하여 봉사한다.
3. 우리는 사회의 요구를 교육 계획에 반영하며 학교의 교육 활동을 사회에 널리 알린다.
4. 우리는 국민의 평생 교육을 위하여 광범위하게 협조하고 그 핵심이 된다.
5. 우리는 확고한 국가관과 건전한 가치관을 가지고 국민 의식 개혁에 솔선수범하며, 국가 발전의 선도자가 된다.

「사도강령」: 교원이 지켜야 할 규범.

1982년 5월 15일 스승의 날을 맞아 대한교육연합회에서 만들어 선포함

3장

보육교사의 양성

본 장에서는 보육교사의 양성과정을 관련 자격증 취득과 인사와 복무, 전문성과 자격 관리를 통해서 알아보고자 한다. 보육교사는 국가에서 제시한 일정 자격을 취득해야지만 어린이집에서 채용이 가능하므로 다음에 대해서 살펴보고자 한다.

1. 보육교직원 자격

2005년도 국가자격증 제도가 도입되기 이전까지는 어린이집 보육교직원의 전문성에 대한 적절한 평가가 이루어지지 않기도 하였으며, 단순히 자격을 갖추면 인정해 주는 인정 제도로서 운영이 되었다. 그러나 이에 대해서 국가 자격증 제도 도입의 필요성이 한국보육진흥원(2012)을 중심으로 나타나면서 국가자격증 제도 도입을 통해 어린이집 원장 · 보육교사의 자질 및 전문성을 향상시키고 어린이집 원장 · 보육교사에 대한 사회적 인식을 제고하고 궁극적으로는 보육서비스의 질적 수준 향상에 기여하고자 하였다.

이에 따라서 전문적이고 세부적인 자격검정 및 자격증 교부 체계를 구축하고 어린이집 원장과 보육교사 자격관리의 효율성 및 투명성을 제고하기 위해 국가자격증 제도를 도입하게 되어 국가가 어린이집 원장 · 보육교사의 자격을 관리하도록 되었다. 우선, 「영유아보육법」이 개정되어 '보육교사 자격증' 에 대한 법률적 근거를 마련하였고, '어린이집 원장 자격증'의 법률적 근거를 마련하여 2006년 이후부터 시행되었다. 이에 따라서 2023년 보육사업안내에 기반하여 보육교직원의 자격에 대해서 구체적으로 알아보면 다음과 같다.

1) 보육교사의 자격기준

보육교사는 자격기준(영유아보육법 시행령 제21조)에 해당하는 자로서 보건복지부 장관이 검정 · 수여하는 국가자격증을 받아야 하고 다음과 같은 자격 기준을 갖는다.

〈표 3-1〉 보유교사 자격 기준

등급	자격 기준
보육교사 1급	1. 보육교사 2급 자격을 취득한 후 3년 이상의 보육업무 경력이 있는 사람으로서 보건복지부장관이 정하는 승급교육을 받은 사람
	2. 보육교사 2급 자격을 취득한 후 보육 관련 대학원에서 석사학위 이상을 취득하고 1년 이상의 보육업무 경력이 있는 사람으로서 보건복지부장관이 정하는 승급교육을 받은 사람
보육교사 2급	1. 전문대학 또는 이와 같은 수준 이상의 학교에서 보건복지부령으로 정하는 보육관련 교과목 및 학점을 이수하고 졸업한 사람
	2. 보육교사 3급 자격을 취득한 후 2년 이상의 보육업무 경력이 있는 사람으로서 보건복지부장관이 정하는 승급교육을 받은 사람
보육교사 3급	고등학교 또는 이와 같은 수준 이상의 학교를 졸업한 사람으로서 보건복지부령으로 정하는 교육훈련시설에서 정해진 교육과정을 수료한 사람

또한 보육 교사는 다음 내용 중 하나에 해당이 되어야 하며, 자격을 취득하기 위한 다음의 교과목을 이수해야 한다.

- 「고등교육법」에 의한 전문대학, 대학 등에서 보육관련 교과목 및 학점을 이수하고 전문학사학위 이상을 취득한 사람
- 「학점인정 등에 관한 법률」에 따라 학점은행제로 보육관련 교과목 및 학점을 이수하고 전문학사학위 이상을 취득한 사람
- 다른 법률에서 졸업 시 전문대학 이상의 학력이 인정되는 시설에서 보육관련 교과목 및 학점을 이수하고 전문학사학위 이상을 취득한 사람
- 시행규칙 제12조제1항의 규정에 의한 보육관련 교과목 중 총 17과목 51학점 이상 이수하고 졸업하는 경우 보육교사 2급 자격증 취득 가능

〈표 3-2〉 보육교사 자격 취득을 위한 교육영역별 교과목 및 이수학점

교과 영역		교과목	이수과목 (학점)
교사 인성 영역	필수 교과목	보육교사(인성)론, 아동권리와 복지	2과목 (6학점)
보육 지식과 기술 영역	필수 교과목	보육학개론, 보육과정, 영유아발달, 영유아교수방법론, 놀이지도, 언어지도, 아동음악(또는 아동동작, 아동미술), 아동수학지도(또는 아동과학지도), 아동안전관리(또는 아동생활지도)	9과목 (27학점)
	선택 교과목	아동건강교육, 영유아 사회정서지도, 아동문학교육, 아동상담론, 장애아 지도, 특수아동 이해, 어린이집 운영관리, 영유아 보육프로그램 개발과 평가, 보육정책론, 정신건강론, 인간행동과 사회환경, 아동간호학, 아동영양학, 부모교육론, 가족복지론, 가족관계론, 지역사회복지론	4과목 (12학점) 이상
보육 실무 영역	필수 교과목	아동관찰 및 행동연구, 보육실습	2과목 (6학점)
전체		17과목 51학점 이상	

2016년부터 보육교사 2급 자격기준의 변경이 이루어져 2017년 1월 이후에 입학한 사람은 다음과 같이 대면 교과목을 이수해야 한다. 해당 과목당 8시간 이상 출석수업, 1회 이상 출석 시험 실시하도록 하였으며 이는 다음 표에 제시한 바와 같다.

〈표 3-3〉 보육교사 자격 취득을 위한 대면교과목

구분	교과목
인성 영역	보육교사(인성)론, 아동권리와 복지
보육 지식과 기술 영역	놀이지도, 언어지도, 아동음악(또는 아동동작, 아동미술), 아동수학지도(또는 아동과학지도), 아동안전관리(또는 아동생활지도)
보육 실무 영역	아동관찰 및 행동연구, 보육실습

2) 원장의 자격 기준

어린이집 원장은 어린이집 운영을 하기 위한 능력뿐만 아니라 영유아발달에 대한 전문적 지식, 이론, 보육 철학 등을 갖고 있어야 한다. 어린이집 원장 자격기준(시행령 제21조)에 해당하는 자로서 보건복지부장관이 검정 · 수여하는 국가자격증을 받아야 한다. 원장 자격을 갖추기 위한 조건은 다음과 같다.

〈표 3-4〉 어린이집 원장의 자격 기준

구분	교과목
일반 기준	• 보육교사 1급 자격을 취득한 후 3년 이상의 보육 등 아동복지업무 경력이 있는 사람 • 「유아교육법」에 따른 유치원 정교사 1급 자격 또는 같은 법에 따른 특수학교(유치원 과정을 말한다)의 정교사 자격을 취득한 후 3년 이상의 보육 등 아동복지업무 경력이 있는 사람 • 유치원 원장의 자격을 가진 사람 • 「초 · 중등교육법」에 따른 초등학교 정교사 자격 또는 같은 법에 따른 특수학교(초등학교 과정을 말한다)의 정교사 자격을 취득한 후 5년 이상의 보육 등 아동복지업무 경력이 있는 사람 • 「사회복지사업법」에 따른 사회복지사 1급 자격을 취득한 후 5년 이상의 보육 등 아동복지업무 경력이 있는 사람 • 「의료법」에 따른 간호사 면허를 취득한 후 7년 이상의 보육 등 아동복지업무 경력이 있는 사람 • 국가 또는 지방자치단체에서 7급 이상의 공무원으로 보육 등 아동복지업무에 5년 이상 근무한 경력이 있는 사람
가정어린이집	• 일반기준에서 정한 자격을 갖춘 사람 • 보육교사 1급 이상 자격을 취득한 후 1년 이상의 보육업무 경력이 있는 사람
영아전담 어린이집	• 일반기준에서 정한 자격을 갖춘 사람 • 간호사 면허를 취득한 후 5년 이상의 아동간호업무 경력이 있는 사람
장애아전문어린이집	• 일반기준에서 정한 자격을 갖춘 사람으로서 다음의 어느 하나에 해당하는 사람 - 대학(전문대학을 포함)에서 장애인복지 및 재활관련학과를 전공한 사람 - 장애영유아 어린이집에서 2년 이상의 보육업무 경력이 있는 사람

3) 기타 보육교사의 자격기준

(1) 장애영유아를 위한 보육교사 자격기준

장애영유아를 위한 보육교사 자격기준은 다음과 같다.

- 「장애아동복지지원법 시행령」 제5조제2항의 규정에 의한 자격기준을 갖추어야 함
  - 「영유아보육법」 제21조 제3항에 따른 보육교사 2급 이상의 자격증을 소지한 사람
  - 보건복지부령으로 정하는 특수교육 또는 재활관련 교과목 및 학점을 「고등교육법」 제2조에 따른 학교에서 이수하거나 「학점인정 등에 관한 법률」 제7조에 따라 인정받은 사람
- 특수교육 또는 재활 관련 교과목 및 학점 기준
  - 「장애아동복지지원법 시행규칙」 제12조[별표3]의 규정에 의한 특수교육 또는 재활관련 교과목 및 학점을 이수해야 함

    (2012. 8. 4. 이전 편입하거나 입학한 사람은 8과목(16학점) 이상 이수)

    (2012. 8. 5. 이후 편입하거나 입학한 사람은 8과목(24학점) 이상 이수)
  - 이때, 편입 및 입학 기준은 '특수교육 또는 재활 관련 교과목 및 학점'을 최초 이수한 「고등교육법」상 학교에 입학한 시기 또는 「학점인정 등에 관한 법률」에 따라 교과목 최초 이수시점을 기준으로 함

〈표 3-5〉 장애영유아 보육교사 자격증 취득을 위한 기본 교과목

기본 교과목	특수교육학개론, (특수아)통합교육, 개별화 교육계획, 언어치료학개론, 장애영유아교수방법론, 특수아(장애아)부모교육론, 특수아 행동지도, 지적장애아교육, 청각장애아교육, 정서장애아교육, 학습장애아교육, 지체부자유아교육, 언어발달장애, 자폐장애교육, 특수아 상담 및 가족지원, 특수교육 측성 및 평가, 시각장애아교육, 장애아동보육론, 감각장애아교육, 특수교구교재제작, 장애아보육실습, 장애아보육교사론, 발달지체영유아 조기 개입
학점	8과목(24학점) 이상

* 2012년 8월 5일 이후에 편입하거나 입학한 사람.

(2) 시간제 보육교사

시간제 보육이란, 시간단위로 보육 서비스를 이용하고 이용한 시간만큼 보육료를 지불하는 보육서비스를 의미하며 이러한 시간제 보육교사의 자격 요건은 다음과 같다.

〈표 3-6〉 시간제 보육교사 자격 요건

구분	어린이집	어린이집 외 시간제보육 제공기관
직종(직위)	보육교사(담임교사)	
채용기관 및 관리	어린이집	육아종합지원센터
채용조건	• 보육교사 자격 소지자(1~3급) • 경력: 총 보육경력 3년 이상 • 영아보육 특별직무교육 기 이수자 채용 원칙 *불가피하게 사전 이수하지 못한 경우에는 채용 후 6개월 이내에 이수할 수 있도록 지속적으로 독려	
담당업무	• 시간제보육서비스 제공 및 부모상담 등 • 그 외 시간제보육 관련 업무 * 차량운행, 어린이집 행사 등 시간제보육과 관계없는 지원업무 수행 불가 * 육아종합지원센터의 직원이 보육교사 자격이 있는 때에는「근로기준법」에 따른 휴게시간을 이용하는 보육교사(담임교사)의 업무를 대행하기 위한 범위 내에서 보육교사의 업무를 겸임할 수 있음	

4) 보육교사 자격증 취득

보육교사 자격증은 보건복지부 장관이 수여하도록 되어 있으며, 영유아보육법」 제51조의2 및 시행령 제26조의2에 근거하여 자격 검정 및 발급기관은 한국보육진흥원이다.

자격 검정 일반원칙으로는 영유아보육법 시행령 제21조에 의한 자격기준을 갖추었는지 여부를 신청자가 제출한 서류로 심사하여 검정하며, 자격검정 및 자격증 발급 관련 중요사항은 어린이집 보육교직원 자격검정위원회의 심의 · 의결을 통해 결정한다.

보육교사 자격증 신청 과정

<table>
<tr><th>신청절차</th><th>내용</th><th>주체</th></tr>
<tr><td>회원가입</td><td>· 보육교직원 통합정보 홈페이지 회원가입 및 로그인</td><td>신청인</td></tr>
<tr><td>발급신청서작성</td><td>· 자격종류 (보육교사/어린이집 원장/장애영유아를 위한 보육교사)선택
· 학력 등 세부사항 입력
· 신청자 증명사진 파일(jpg, gif) 등록</td><td>신청인</td></tr>
<tr><td>수수료 결제</td><td>· 수수료 10,000원
· 신용카드, 실시간 계좌이체, 가상계좌 등 선택하여 납부
· 서류접수 이후에는 자격증 신청 취소 및 수수료 환불 불가</td><td>신청인</td></tr>
<tr><td>서류 제출</td><td>· 자격종류 및 자격기준 별 제출서류 확인
* '자격기준 및 제출서류' 메뉴에서 확인 가능
· 자격 신청 구비서류를 한국보육진흥원으로 등기우편 제출</td><td>신청인</td></tr>
<tr><td>자격검정</td><td>· (처리기한) 수수료결제 및 서류도착일로부터 14일이내
* 단 공휴일, 서류보완에 소요되는 기간 및 특수사례 심의기간은 처리 기간에 미포함
· 제출서류를 통한 자격요건 충족여부 확인
<table>
<tr><th>자격요건</th><th></th><th>내용</th></tr>
<tr><td>충족</td><td>인정</td><td>자격요건 충족으로 자격 인정됨</td></tr>
<tr><td rowspan="3">불충족</td><td>보류</td><td>보완서유 제출을 통해 재검정 진행</td></tr>
<tr><td>특수사례</td><td>검정위원회 안건 의견을 통해 검정 진행</td></tr>
<tr><td>불안정</td><td>자격요건 불충족으로 자격 인정불가</td></tr>
<tr><td colspan="3">* '보류' 로 검정된 날로부터 30일 이내에 보완서류 미제출시 불안정 대상</td></tr>
</table>
</td><td>진흥원</td></tr>
<tr><td>자격증(자격확인서)발급</td><td>· 자격 인정 건의 자격증/자격확인서 제작 및 발송</td><td>진흥원</td></tr>
</table>

출처: 한국보육진흥원 홈페이지(https://chrd.childcare.go.kr).

2. 보육교직원의 임명과 복무

1) 보육교직원의 임명

(1) 보육교직원 임명권자

① 어린이집 원장

국공립 어린이집의 경우 특별자치시장 · 특별자치도지사 · 시장 · 군수 또는 구청장이 임면하며, 법인, 단체 또는 개인에게 위탁 운영하는 경우로서 교직원 임면권을 수탁자에게 위임한 경우에는 수탁자가 임면한다. 사회복지법인, 법인 · 단체 등, 직장, 가정, 민간 어린이집 등은 어린이집 설치자, 협동어린이집의 경우 조합을 결성하여 설치 · 운영하는 대표자가 임면한다.

② 보육교사 등 기타 직원

원장의 제청으로 법인 · 단체의 대표자 또는 어린이집 설치자(교직원 임면권을 위임받은 수탁자 포함)가 임면하며, 사회복지법인어린이집의 경우 관련 법령(사회복지사업법 제21조)에 따라 대표자는 원장을 제외한 보육교사 등 기타 직원 겸직이 불가하다.

(2) 보육교직원 채용

① 어린이집 원장

- 어린이집 원장 자격기준을 갖춘 자로써 어린이집 원장 국가자격증을 발급받은 자를 채용. 다만, 자격증 발급을 신청하고 자격검정이 완료되어 자격증 발급이 예정된 자(자격번호가 부여된 자)는 자격증 발급 조건부로 채용 가능하다. 또한, 어린이집 원장은 전임해야 하므로 상근이 어려운 경우 채용대상에서 제외된다.

  – 보육교사

- 보육교사 자격기준에 해당하는 자로서 보육교사 국가자격증을 발급받은 자를 채용. 다만, 자격증 발급을 신청하고 자격검정이 완료되어 자격증 발급이 예정된 자(자격번호가 부여된 자)는 자격증을 발급받은 것으로 본다.
- 보육교사의 출산휴가, 육아휴직, 병가 등의 보육공백 발생 시 채용하는 대체교사(임시교사)도 보육교사 자격기준을 갖춘 자이어야 한다.

– 장애영유아를 위한 보육교사, 특수교사, 치료사, 간호사, 영양사, 조리원(조리사) 등

- 장애영유아를 위한 보육교사, 특수학교 교사, 치료사, 간호사, 영양사 자격증(면허증) 소지자를 채용하는 것을 원칙으로 하며, 간호사의 경우 간호조무사 채용도 가능하며, 이 경우 간호조무사 자격증 소지자로 한정한다.
- 상시 1회 50인 이상에게 식사를 제공하는 어린이집의 조리원 중 1인 이상은 조리사 면허소지자이여야 한다.

(3) 채용방법

- 국가 또는 지방자치단체로부터 보육교직원의 인건비를 보조받는 어린이집의 경우 보육교직원의 채용은 공개경쟁을 원칙으로 한다.

– 단, 국 · 공립어린이집의 경우 국가 또는 지방자치단체의 장이 선발고사 등을 통하여 별도로 보육교사를 채용 · 배치할 수 있다.

- 보육교직원 채용 시 임금, 근로시간 및 그 밖의 근로조건 등을 명시한 근로계약을 체결해야 하되, 이 경우 근로계약과 관련하여 부당한 내용(결혼, 출산, 육아휴직 등으로 인한 퇴직요구 등)이 포함되어서는 아니 되며, 관할 행정기관은 이를 적극 지도 · 감독해야 한다.

– 근로계약은 가능한 한 '기간의 정함이 없는 근로계약' 체결을 원칙으로 한다.

– 근로자 상시 5인 이상 30명 미만 사업장의 관공서 공휴일 유급 휴일 보장(근로기준법 개정 시행 '22.1.1.)에 따라 근로계약 체결시에 어린이집의

연도 전환 시기 등을 고려하여 3월 1일(삼일절)의 근로계약 기간 포함 여부에 대해 사전 협의가 누락되지 않도록 주의할 필요가 있다.

- 동일 어린이집에서 겸임하는 경우, 어린이집 운영 상황에 따라 별도 또는 일괄로 임면보고 및 근로계약 가능하다.

• 보육교직원을 채용할 경우에는 반드시 아래 구비서류를 제출받아 자격의 적격 여부를 판단하고, 관련 서류를 보관해야 한다.

〈표 3-7〉 보육교직원 채용 시 구비서류

어린이집 교직원	공통서류
보육교직원	• 인사기록카드〈시행규칙 별지 제7호 서식〉 • 주민등록등본 • 채용신체검사서(공무원 채용 신체검사서 준용 가능) • 보수교육 수료증(또는 '장기미종사자 직무교육 이수증')
원장 및 보육교사	• 원장 및 보육교사 국가자격증 사본 - 국가자격증 발급 예정자는 자격증 취득 후 자격증 사본 구비
장애영유아를 위한 보육교사, 특수교사 및 치료사	• 장애영유아를 위한 보육교사, 특수학교 교사 자격증, 치료사 자격을 증명하는 서류
간호사 · 영양사 · 조리사 등 자격(면허)을 요하는 교직원	• 해당 자격증(면허증) 사본 ※간호사 채용 시, 면허신고증도 제출해야 함

2) 보육교직원의 복무

보육교직원의 복무관리 및 전문성을 유지하기 위한 보수교육은 다음과 같다.

(1) 보육교직원의 복무관리

① 교직원의 근무시간

• 어린이집 원장의 근무시간은 평일 8시간을 원칙으로 함. 다만, 어린이집의 운영시간(평일 12시간 원칙)을 고려하여 연장 근무할 수 있다.

– 어린이집 원장이 1일 8시간 근무하는 경우에는 보육교사 중 원장 업무를 대행할 자를 지정하여 어린이집 운영에 지장이 없도록 해야 한다.

• 어린이집 원장(교사겸직원장 포함)이 휴가, 병가, 보수교육 참여 등 불가피한 사유로 직무를 수행할 수 없는 경우 보육교사가 그 직무를 대행할 수 있는 기간은 15일(연속, 휴일 제외) 이내로 제한하며 실제 대행 시작 일을 기준으로 15일을 초과할 경우 대체원장을 배치해야 한다.

– 다만, 교사겸직원장이 1일 이상 담임교사의 직무를 수행할 수 없는 경우 보육공백 방지를 위해 담당 반에 대체 보육교사를 배치해야 한다.

• 보육교사 등 기타 교직원의 근무시간은 평일 8시간을 원칙으로 하되, 연장보육 전담교사의 근무시간은 평일 4시간을 원칙으로 한다.

※보육교사 등 보육교직원의 근무시간 및 근로조건 등은 근로기준법 등 노동관계법령에 따라야 하며 이를 위반하는 경우가 발생하지 않도록 주의함.

② 교직원의 휴가 등 기타 복무 관리

• 보육교직원의 휴가는 보육 공백을 최소화할 수 있도록 순번제로 실시하고, 보수교육, 출산휴가 등으로 어린이집의 원장, 보육교사 또는 그 밖의 보육교직원의 공백이 생기는 경우에는 이를 대체할 수 있는 대체원장, 대체교사 또는 그 밖의 인력을 각각 배치해야 한다.

• 「근로기준법」 제54조(휴게)에 따라 사용자(어린이집 원장 또는 대표자)는 근로자(보육교직원)의 근로시간이 4시간인 경우에는 30분 이상, 8시간인 경우에는 1시간 이상의 휴게시간을 근로시간 도중에 주어야 한다.

– 담임교사가 휴게시간을 사용하는 동안 원장 또는 보조교사가 담임교사의

업무 대행 가능하다.

- 보육교직원의 휴가, 휴일, 휴식 등 근로시간과 관련이 있는 사항에 대하여서는「근로기준법」등 노동관련 법령에 따른다.
- 고용, 산전후휴가, 육아휴직 등과 관련이 있는 사항에 대하여서는「남녀 고용평등과 일 · 가정 양립 지원에 관한 법률」의 규정 준용한다.
- 담임교사가「남녀 고용평등과 일 · 가정 양립 지원에 관한 법률」제19조의2(육아기 근로시간 단축) 및 제22조의3(가족돌봄 등을 위한 근로시간 단축)에 따른 근로시간 단축제도를 활용하는 경우, 사용자는 보육공백을 대체할 인력을 신규 채용하거나 기존 인력(다른 반 담임교사, 보조교사, 연장보육 전담교사 등) 활용하여 배치해야 한다.

③ 보육교직원의 권익보호

- 지방자치단체는 영유아보육법 제4조제4항에 따라 어린이집 보육교직원의 근로여건 개선 및 권익보호를 위하여 노력하여야 한다.

  ※ 시 · 도 또는 시 · 군 · 구는 보육교직원의 권익보호를 위해 필요한 세부사항을 지방자치단체 조례로 정할 수 있다.

보육교직원 권익보호 관련 지자체 조례

- 서울특별시 보육교직원 권익 보호 및 지원에 관한 조례 [조례 제8239호, 2021. 12. 30., 제정]
- 서울특별시 구로구 보육교직원 권익보호 및 지원에 관한 조례 [조례 제1639호, 2022. 3. 31., 제정]
- 인천광역시 보육교직원 권익 보호 및 지원에 관한 조례[조례 제6900호, 2022.11.9., 제정]
- 대구광역시 달서구 보육교직원 권익 보호에 관한 조례 [조례 제1639호, 2022. 3. 21., 제정]
- 경기도 보육교직원 권익보호 및 증진을 위한 조례[조례 제7412호, 2022. 4. 21., 일부개정]
- 하남시 보육교직원 권익 보호 및 증진에 관한 조례[경기도하남시조례 제2102호, 2022. 11. 30., 제정]
- 전라북도 보육교직원 권익보호 및 증진을 위한 조례[조례 제5021호, 2021. 11. 3., 제정]
- 충청북도 보육교직원 권익 보호 및 지위 향상 조례 [조례 제4736호, 2022. 4. 8., 제정]

3. 보육교사의 전문성과 자격 관리

1) 보육교사의 전문성 (보수교육)

보육교사의 전문성을 유지하고 향상시키기 위해서 보수교육을 실시하며 이는 보육교직원의 자질향상을 위해 실시하는 교육으로서, 보육에 필요한 지식과 능력을 유지 · 개발하기 위하여 보육교직원이 정기적으로 받는 직무교육과 보육교사가 상위 등급의 자격(3급→2급, 2급→1급)을 취득하기 위해 받아야 하는 승급교육 및 어린이집 원장의 자격을 갖추기 위하여 받아야 하는 사전직무교육을 의미한다.

(1) 보수교육 구분

① 보수교육 종류

〈표 3-8〉 어린이집 원장의 보수교육

<table>
<tr><th colspan="5">직무교육</th><th>사전직무교육</th></tr>
<tr><td colspan="2">일반직무교육</td><td colspan="3">특별직무교육</td><td rowspan="2">어린이집 원장 사전직무교육</td></tr>
<tr><td>기본교육/심화교육</td><td>장기 미종사자 교육</td><td>영아보육 직무교육</td><td>장애아보육 직무교육</td><td>방과후보육 직무교육</td></tr>
</table>

〈표 3-9〉 보육교사 등의 보수교육

<table>
<tr><th colspan="5">직무교육</th><th colspan="2">사전직무교육</th></tr>
<tr><td colspan="2">일반직무교육</td><td colspan="3">특별직무교육</td><td rowspan="2">2급 보육 교사 승급 교육</td><td rowspan="2">1급 보육 교사 승급 교육</td></tr>
<tr><td>기본교육/심화교육</td><td>장기 미종사자 교육</td><td>영아보육 직무교육</td><td>장애아보육 직무교육</td><td>방과후보육 직무교육</td></tr>
</table>

〈표 3-10〉 교육구분별 보수교육 대상자

교육구분			교육대상	교육시간	비고
직무교육	일반직무교육	보육교사	현직에 종사하고 있는 보육교사로서 보육업무 경력이 만 2년을 경과한 자와 보육교사 직무교육(승급교육 포함)을 받은 해부터 만 2년이 경과한 자	40시간	매 3년마다
		원장	어린이집 원장의 직무를 담당한 때부터 만 2년이 지난 경우	40시간	이수하고자 하는 자
		장기미종사자	만 2년 이상 보육업무를 수행하지 아니하다가 다시 보육업무를 수행하고자 하는 보육교사 또는 원장 자격 취득자	40시간	이수하고자 하는 자
	특별직무교육	영아보육	영아보육을 담당하고 있는 일반직무교육 대상자와 영아보육을 담당하고자 하는 보육교사 및 어린이집 원장	40시간	이수하고자 하는 자
		장애아보육	장애아보육을 담당하고 있는 일반직무교육 대상자와 장애아보육을 담당하고자 하는 보육교사 및 어린이집 원장	40시간	이수하고자 하는 자
		방과 후 보육	방과 후 보육을 담당하고 있는 일반직무교육 대상자와 방과후 보육을 담당하고자 하는 보육교사 및 어린이집 원장	40시간	이수하고자 하는 자
승급교육	2급 승급교육		보육교사 3급의 자격을 취득한 후 보육업무 경력이 만 1년이 경과한 자	80시간	이수하고자 하는 자
	1급 승급교육		보육교사 2급의 자격을 취득한 후 보육업무 경력이 만 2년이 경과한 자 및 보육교사 2급의 자격을 취득한 후 보육 관련 대학원에서 석사 학위를 취득한 경우 보육업무 경력이 만 6개월이 경과한 자	80시간	이수하고자 하는 자
원장사전직무교육	–		「영유아보육법」 시행령 [별표1] 제1호의 가목부터 라목(일반, 가정, 영아전담, 장애아전담 어린이집 원장)까지 어느 하나의 자격을 취득하고자 하는 자	80시간	이수하고자 하는 자

– 보수교육 내용

공통 사항

● 보육교직원 보수교육 대상자가 육아종합지원센터와 어린이집안전공제회가 주관하는 안전교육 및 아동학대예방교육을 수료한 경우, 동일연도 내 보수교육 건강 · 안전 영역 중 해당 과목을 이수한 것으로 인정하여 면제

※ 〈서식 II-13〉 보수교육 교과목 수강면제 신청서에 명시된 교과목 면제 가능

※ 안전사고 예방, 아동학대 · 성폭력 · 실종 예방 및 사후처리 중 해당 과목 인정

영역	교육명	시간	보수교육 면제 교과목	비고
안전교육 및 아동학대예방 교육	• 보육교직원 안전교육(기본, 심화, 영아담당교사,유아교사) – 어린이집 안전관리, 어린이집 안전사고 대비 및 대응, 어린이집 안전사고 사례, 안전사고 예방을위한 영유아 안전교육 등	2시간	• 안전사고 예방 교육 • 안전사고 예방 및 대응	매 1년 마다
	• 아동학대 예방교육 – 아동학대, 성폭력, 실종 예방 및 사후관리, 영유아기 정신건강(정상 및 비정상 심리, 성 발달 포함)관련 교육 등	3시간	• 아동학대 • 성폭력, 실종예방 및 사후관리	매 1년 마다

※ 절차: ① 아동학대예방 · 안전관리 교육 후 즉시 수료자 명단 통보(중앙육아종합지원센터/안전공제회→시 · 도→교육기관)→② 보수교육 대상자의 교과목 면제 신청(보수교육 대상자)→③ 명단 확인 및 교육면제(교육기관)

• 교육영역 별 이수시간을 고려하여, 보수교육기관에서 일부 교과목 선택하여 운영 · 개설 가능

(예시) 「보육활동 운영의 실제」와 「가족 및 지역사회 협력」영역의 경우 교과목 일부 선택 이수 가능

• 「건강 · 안전」영역의 응급처치 관련 교육은 심폐소생술, 응급처치 실습 등

이론보다 실습 위주로 교육하도록 함

- 「건강 · 안전」 영역 교육에서 「긴급복지지원법 시행규칙」 제2조의3 에 따른 긴급지원 신고의무자에 대한 내용을 1시간 이상 포함하여 교육하도록 함
- 특별직무교육 내 건강 · 안전영역에서 어린이집 성문제 대응교육을 포함하여 실시하도록 함
- 「건강 · 안전」영역에 '식품알레르기, 아나필락시스 및 응급처리등'의 내용을 포함하여 교육하도록 함
- 「보육통합정보시스템 이해 및 실제」 교과목은 한국사회보장정보원에서 강사 Pool 및 교육자료 제공 등 교육 협조

2) 보육교사의 자격 관리 (유지, 취소, 징벌 등)

(1) 자격 정지

보육교사의 자격정지는 특별자치시장 · 특별자치도지사 · 시장 · 군수 · 구청장에 의해서 처분되며, 기준은 다음과 같다.

〈표 3-11〉 자격정지 처분 기준

위반행위	근거 법조문	처분기준		
		1차 위반	2차 위반	3차 위반
가. 보육교사가 업무 수행 중 그 자격과 관련하여 고의나 중대한 과실로 다음의 어느 하나의 손해를 입힌 경우	법 제47조 제1항 제1호			
1)영유아에게 중대한 생명 · 신체 또는 정신적 손해를 입힌 경우		자격정지 1년(「아동복지법」 제3조제7호에 따른 아동학대행위인 경우에는 5년)	자격정지 1년(「아동복지법」.제3조제7호에 따른 아동학대행위인 경우에는 5년)	자격정지 1년(「아동복지법」 제3조제7호에 따른 아동학대행위인 경우에는 5년)
2) 비위생적인 급식을 제공하거나 영유아 안전 보호를 태만히 하여 영유아에게 생명 · 신체 또는 정신적 손해를 입힌 경우		자격정지 6개월	자격정지 1년	자격정지 1년
3) 그 밖의 경우		자격정지 2개월	자격정지 4개월	자격정지 6개월
나. 법 제23조의2에 따른 보수교육을 연속하여 3회 이상 받지 아니한 경우	법 제47조 제1항 제2호	자격정지 1개월	자격정지 3개월	자격정지 6개월
다. 보육교사가 「도로교통법」제53조제3항부터 제5항까지에 따른 영유아의 하차 여부 확인에 관한 의무를 준수하지 아니하여 영유아가 사망하거나 신체에 제39조제3항에 따른 중상해를 입은 경우	법 제47조 제2항	자격정지 2년	자격정지 2년	자격정지 2년

이에 따르는 처분의 절차는 다음과 같다.

자격정지 사유 발생	• 영유아보육법 제46조 내지 제47조 규정에 의한 어린이집 원장·보육교사의 자격정지 사유 발생
⇩	
행정처분 여부의 결정	• 사유의 경중을 판단하여 행정처분을 부과할 것인지에 대한 여부 결정
⇩	
청문의 통지	• 청문개시 10일 전까지 통지 • 청문의 내용에는 처분을 하고자 하는 내용 및 법적근거, 청문주재자의 소속·직위·성명, 청문의 일시 및 장소, 청문에 응하지 아니하는 경우의 처리 등의 내용이 포함되어야 함
⇩	
청문실시	• 행정절차법의 규정을 준수하여 청문 실시
⇩	
자격정지 기간의 결정	• 특별자치시장·특별자치도지사·시장·군수·구청장은 위반행위의 동기·내용 및 횟수 등을 참작하여 1/2범위 내에서 경감·가중 가능
⇩	
자격정지 처분	• 처분을 하고자 하는 원인이 되는 사실과 처분의 내용 및 법적근거 등 처분의 이유를 명확히 제시하고, 문서로 시행
⇩	
사후조치	• 어린이집 대표자: 원장의 자격정지 시 그 직을 대리할 어린이집 원장을 두어야 함 • 어린이집 원장: 보육교사의 자격정지 기간동안 그 업무를 대행할 보육교사를 채용해야 함 • 보육통합정보시스템에 자격정지 처분 사항 입력 • 특별자치시장·특별자치도지사·시장·군수·구청장에게 자격정지 결정사항 통보·자격정지자가 채용되는 사례가 없도록 관리 • 한국보육진흥원에 자격정지 결정사항 공문 통보, 사후관리 철저 지시 • (성명, 생년월일, 정지시작·종료일, 처분근거 법조문(예, 제47조 제1항제1호 등 해당 호까지 기재 요망) 반드시 포함)

(2) 자격 취소

보육교사의 자격취소는 특별자치시장 · 특별자치도지사 · 시장 · 군수 · 구청장에 의해서 처분되며, 사유는 다음과 같다.

1. 거짓이나 그 밖의 부정한 방법으로 자격증을 취득한 경우
2. 자격 취득자가 업무 수행 중 그 자격과 관련하여 고의나 중대한 과실로 손해를 입히고 금고 이상의 형을 선고받은 경우
3. 「아동복지법」 제3조제7호의2에 따른 아동학대관련범죄로 처벌을 받은 경우
   *보육교사와 어린이집 원장 둘 다 취득한 경우에는 두 자격 모두 취소(법제처 법령해석 총괄과-1310,'08. 8. 22)
4. 제22조의2에 따른 명의대여 금지 등의 의무를 위반한 경우
5. 자격정지처분기간 종료 후 3년 이내에 자격정지처분에 해당하는 행위를 한 경우
6. 자격정지처분을 받고도 자격정지처분기간 이내에 자격증을 사용하여 자격 관련 업무를 수행한 경우
7. 자격정지처분을 3회 이상 받은 경우
8. 제46조제4호*에 해당하여 금고 이상의 형을 선고받은 경우
   *거짓이나 그 밖의 부정한 방법으로 보조금을 교부받거나 보조금을 유용한 경우

이에 따르는 처분의 절차는 다음과 같다.

자격취소 사유 발생	• 원장 및 보육교사의 자격취소 사유 발생(법 제48조 위반)
⇩	
사실여부 확인 (시 · 군 · 구)	• 시 · 군 · 구 보육담당자는 어린이집 지도 · 점검 등을 통하여 사실여부를 확인하고 필요할 경우 관련자의 확인서 등을 확보
⇩	
청문 통지 및 실시 (시 · 군 · 구)	• 청문 실시 10일 전 당사자에게 청문 출석 통지 • 행정절차법의 규정을 준수하여 청문 실시

자격취소 처분 (시 · 군 · 구)	• 자격취소 사유, 청문실시 결과를 근거로 자격취소 여부 결정 및 처분

⇩

자격취소 처분 통지 및 사후조치 (시 · 군 · 구)	• 당사자에게 자격취소 처분 결정 통지 • 보육통합정보시스템에 자격취소 처분사항 입력 • 전국 시 · 도지사 및 시 · 군 · 구청장에게 자격취소 결정사항 통보, 자격취소자가 채용되는 사례가 없도록 관리 • 한국보육진흥원에 자격취소 결정 사항 통보, 사후관리 철저 지시(성명, 생년월일, 자격취소일, 처분근거 법조문(예, 제48조 제1호 등 해당 호까지 기재 요망) 반드시 포함)

〈참조〉

1) 일반직무교육

가) 보육교사

영역	일반직무교육(기본 과정)		일반직무교육(심화 과정)	
	교과목	시간	교과목	시간
인성 · 소양 (8시간)	• 보육교사와 인권 - 인권에 대한 이해(성인지 교육내용 포함) - 교사와 아동의 인권 존중 이해	3	• 보육교사의 인문적 소양 - 행복한 교사되기(성인지 교육내용 포함)	3
	• 보육교사의 직무역량 강화 - 보육교사 직무 이해 - 보육교사 의사소통기법 훈련	3	• 보육교사의 직무역량 강화 - 보육교사 리더십 키우기 - 기관 구성원간 멘토링 실행	3
	• 보육교사의 건강관리 - 보육교사의 신체 · 정신건강 이해 · 관리	2	• 보육교사의 건강관리 - 보육교사의 신체 · 정신건강 이해 · 관리	2
건강 · 안전 (9시간)	• 안전사고 예방교육 - 재난대비, 교통안전, 응급처치	3	• 안전사고 예방교육 - 재난대비, 교통안전, 응급처치	3
	• 보건위생관리 - 감염병 및 약물오남용, 응급처치	3	• 보건위생관리 - 감염병 및 약물오남용, 응급처치	3

영역		일반직무교육(기본 과정) 교과목	시간	일반직무교육(심화 과정) 교과목	시간
건강 · 안전 (9시간)		• 아동학대, 성폭력, 실종 예방 및 사후관리 - 아동학대의 이해 - 성폭력 및 실종 예방 교육 - 어린이집 성문제 대응교육	3	• 아동학대, 성폭력, 실종 예방 및 사후관리 - 아동학대의 이해 - 성폭력 및 실종 예방 교육 - 어린이집 성문제 대응교육	3
전문 지식 기술 (23시간)	장애 및 다문화 실제 (4시간)	• 다문화교육 이해와 실제 - 현장사례 중심 분석	2	• 다문화교육 과정 심화 - 다문화프로그램 개발	2
		• 장애통합보육 운영 실제 - 개별화 프로그램 이해, 개발	2	• 장애통합보육 운영 실제 - 개별화 프로그램 적용 및 부모 협력 강화	2
	보육 활동 운영의 실제 (16시간)	• 영유아 관찰 및 기록 실제 - 신체 · 인지 · 언어 · 정서 등 발달 관찰 및 사례 분석	3	• 영유아 관찰 기록의 활용 - 관찰 기록 분석 및 영유아 발달 평가와 상담 활용능력 키우기	3
		• 영유아 부적응 행동의 이해 - 부적응 행동 유형의 이해(불안, 위축, 공격, 주의산만 등)	2	• 영유아 행동 유형별 발달지원 - 부적응 행동 예방과 지도	2
		• 보육정보 탐색의 적용과 사례 - 인터넷 등 정보활용방법, 보육통합정보시스템 이해	2	• 보육교사의 놀이참여 및 확장 · 연계 - 영유아 놀이 관찰, 개입을 통한 확장 및 연계 교수학습방법	2
		• 보육정보 탐색의 적용과 사례 - 인터넷 등 정보활용방법, 보육통합정보시스템 이해	3	• 보육교사의 놀이참여 및 확장 · 연계 - 영유아 놀이 관찰, 개입을 통한 확장 및 연계 교수학습방법	3
		• 디지털시대의 교수매체 활용 및 적용 - 인터넷, 스마트기기 등의 교수매체로서의 활용 방법 이해 및 실습	3	• 영유아 프로그램 계획 및 운영 - 보육대상 및 철학에 따른 보육프로그램 운영	3

<table>
<tr><th colspan="2" rowspan="2">영역</th><th colspan="2">일반직무교육(기본 과정)</th><th colspan="2">일반직무교육(심화 과정)</th></tr>
<tr><th>교과목</th><th>시간</th><th>교과목</th><th>시간</th></tr>
<tr><td rowspan="6">전문 지식 기술 (23시간)</td><td rowspan="4">보육 활동 운영의 실제 (16시간)</td><td>• 영유아 인성교육의 실제
- 기본생활습관지도 및 활동에 따른 인성교육 실제 사례</td><td>3</td><td>• 영유아 인성교육의 심화
- 기관 및 영유아의 발달특성에 인성교육 계획 실습</td><td>3</td></tr>
<tr><td>• 영아교사의 상호작용 전략(선택)
- 영아 발달, 흥미, 놀이에 따른 교수방법 학습</td><td>3</td><td>• 어린이집시설 · 설비관리(선택)
- 어린이집 시설 · 설비 관리 능력 학습</td><td>3</td></tr>
<tr><td>• 유아교사의 상호작용 전략(선택)
- 유아 발달, 흥미, 놀이에 따른 교수방법 학습</td><td>3</td><td>• 동료 수업 멘토링(선택)
- 동료교사간 수업지원능력 학습</td><td>3</td></tr>
<tr><td>• 보수교육기관 자체개발 교과목(선택)</td><td>3</td><td>• 보수교육기관 자체개발 교과목(선택)</td><td>3</td></tr>
<tr><td rowspan="2">가족 및 지역 사회 협력 (3시간)</td><td>• 부모-교사 의사 소통의 이해와 실제(선택)
- 부모-교사간 의사소통이해 및 갈등상황시 소통능력 함양</td><td>3</td><td>• 열린 어린이집 계획 및 운영(선택)
- 열린어린이집 개념과 환경 구성
- 열린어린이집 계획과 운영 실제</td><td>3</td></tr>
<tr><td>• 부모 개별 면담 기법(선택)성공적인 부모 면담 위한 대화법</td><td>3</td><td>• 지역사회연계 프로그램 사례 분석(선택)
- 지역 내 육아인프라 활용능력 함양</td><td>3</td></tr>
<tr><td colspan="2">계</td><td>15과목</td><td>40</td><td>15과목</td><td>40</td></tr>
</table>

나) 원장

영역		일반직무교육(기본 과정)		일반직무교육(심화 과정)	
		교과목	시간	교과목	시간
인성 · 소양 (8시간)		• 보육철학과 윤리 - 원장의 역할과 윤리(성인지 교육내용 포함)	3	• 아동권리와 보육철학 - 보육철학과 보육이념 및 아동권리 이해(성인지 교육내용 포함)	3
		• 원장의 건강관리 - 건강의 개념 및 건강관리 - 신체 · 정신건강관리의 이해	3	• 원장의 건강관리 - 성인기의 건강관리, 건강한 생활습관, 스트레스와 건강	3
		• 보육교직원의 인문적 소양 - 행복에 대한 인문학적 고찰	2	• 보육교직원의 문화적 소양 - 예술적 소양 증진을 위한 지역 문화인프라 연계 교육	2
건강 · 안전 (9시간)		• 안전사고 예방 및 대응 - 안전사고 사례별 예방법 - 재난대비, 교통안전 등 관련 법규 및 안전사고관린 자체 매뉴얼 작성법 - 안전사고 처리 절차	3	• 안전사고 예방 및 대응 - 안전사고 사례별 예방법 - 재난대비, 교통안전 등 관련 법규 및 안전사고관린 자체 매뉴얼 작성법 - 안전사고 처리 절차	3
		• 보건위생관리 - 응급처치, 질병관리, 감염병 및 약물 오남용, 위생관리	3	• 보건위생관리 - 응급처치, 질병관리, 감염병 및 약물 오남용, 위생관리	3
		• 아동학대, 성폭력, 실종 예방 및 사후관리 - 아동학대, 성폭력, 실종 이해 및 예방을 위한 지원 - 아동보호서비스체계 - 어린이집 성문제 대응교육	3	• 아동학대, 성폭력, 실종 예방 및 사후관리 - 아동학대, 성폭력, 실종 이해 및 예방을 위한 지원 - 아동보호서비스체계 - 어린이집 성문제 대응교육	3
전문지식기술 (23시간)	장애 및 다문화 관리 (4시간)	• 다문화교육 프로그램 이해와 실제 - 현장사례 중심 분석	2	• 다문화교육 프로그램 개발 - 다문화교육 프로그램의 현황 분석 및 개발	2
		• 장애통합보육 운영 실제 - 기관 내 장애통합보육의 운영 이해 - 개별화교육프로그램의 실제	2	• 장애통합보육을 위한 운영관리 - 기관 내 특수교사 및 담임교사의 협력 지원	2

영역		일반직무교육(기본 과정)		일반직무교육(심화 과정)	
		교과목	시간	교과목	시간
전문 지식 기술 (23시간)	기관 운영의 실제 (16시간)	• 어린이집 내 영유아 관찰과 평가 - 영유아 놀이와 행동 관찰 기록 방법 - 관찰기록을 통한 아동평가 이해	3	• 아동발달진단도구의 이해와 활용 - 기관에서 교사가 활용할 수 있는 아동발달진단 도구 및 방법 이해	3
		• 보육계획과 보육일지 작성 관리 - 보육교사 지도 원리 및 보육계획 수립 지도 - 보육일지 작성 원리 및 작성 지도	2	• 보육 프로그램 개발 및 평가 - 보육프로그램의 이해 및 개발 실제 - 영아반·유아반 프로그램 평가	2
		• 영유아 생활지도를 위한 교사교육 - 영유아 생활지도의 기초와 교사교육 - 영유아 생활지도의 실제에서의 교사지원	2	• 교사교육 프로그램 개발 및 운영 - 교사교육 프로그램 개발을 위한 개념 및 중요성 - 교사교육 프로그램 운영의 실제	2
		• 교수매체 선정과 평가 - 교수매체의 유형, 구입시 선정기준, 제작시 고려사항 - 교육적 가치 평가, 활용도 및 효율성 평가	2	• 보육과정 디지털활용능력 개발 - 어린이집 운영관리와 디지털 활용의 실제 및 실습	2
		• 원장의 대외협력 관리 - 원장의 대외협력 직무에 대한 이해 - 부모 및 지역사회의 요구 대처관리	2	• 원장의 리더십과 조직관리 - 원장의 리더십 유형 점검 - 리더십 유형별 조직관리 특성 및 바람직한 리더십	2
		• 영상정보처리기기(CCTV)의 관리 및 운영 - CCTV 관련 규정 및 법규 이해 - CCTV 열람관리 방법 - CCTV 관련 개인정보 유출 예방 관리	2	• 개인정보보호와 디지털매체 윤리의 실제 - 개인정보보호 관련법에 대한 이해 - 어린이집 내 개인정보 관리 방법 - 디지털매체 사용 예절과 윤리(사례 중심 이해)	2

영역		일반직무교육(기본 과정)		일반직무교육(심화 과정)	
		교과목	시간	교과목	시간
전문 지식 기술 (23시간)	기관 운영의 실제 (16시간)	• 우수 보육프로그램 사례(선택) - 우수 보육프로그램의 최신 동향 - 보육프로그램의 개선	2	• 우수 보육프로그램 동향(선택) - 우수 보육프로그램의 최근 연구동향, 사례 분석 - 우수 보육프로그램 개발 및 지원방안	2
		• 보수교육기관 자체개발 교과목(선택)	3	• 보수교육기관 자체개발 교과목(선택)	3
	가족 및 지역사회 협력 (3시간)	• 부모자원 활용 계획과 운영(선택) - 어린이집 운영에 부모참여 활성화를 위한 부모자원 활용 계획과 운영 방법	3	• 부모 요구 조사 및 활용(선택) - 연간운영계획 및 의사결정을 위한 부모 요구조사 방법 및 활용 이해	3
		• 어린이집과 지역사회 자원 연계의 실제(선택) - 지역사회 연계 참여 - 지역사회 연계 실제	3	• 어린이집과 지역사회 자원 연계 계발(선택) - 지역사회 연계 활용 - 지역사회 연계활동 계획	3
계		16과목	40	16과목	40

다) 장기 미종사자

영역 (시간)	어린이집 원장		보육교사	
	교과목	시간	교과목	시간
인성·소양 (8시간)	• 아동권리와 인권 - 아동복지와 인권의 이해 - 아동권리와 학대	4	• 보육교사의 역할과 윤리 - 보육교사의 역할 - 보육교사의 윤리	4
	• 원장직무의 이해 및 윤리 • 원장직무 이해 • 원장의 윤리 경영	4	• 아동복지와 인권 - 아동복지와 인권의 이해 - 아동권리와 학대	4

건강 · 안전 (4시간)	• 영유아 건강 · 안전 - 영유아 건강 · 안전교육 계획 및 관리(어린이집 성문제 대응 교육 포함) - 영유아 안전사고 예방 및 대응 - 친환경 급식 및 영양관리 - 시설 · 설비 안전관리	4	• 영유아 건강 · 안전 - 영유아 건강 · 안전교육(어린이집 성문제 대응 교육 포함) - 영유아 안전사고 예방교육 - 보육교사의 건강	4
전문 지식 기술 (28시간)	• 보육정책의 최신 동향 - 보육정책에 대한 관점 - 우리나라 보육정책의 변화, 최근 동향 및 이슈 - 보육정책의 전망과 과제	4	• 영유아 관찰 및 평가 - 영유아 관찰의 이해 - 영유아 평가의 이해 - 영유아 평가 방법의 종류 - 관찰법 이해 및 적용 - 포트폴리오 평가 이해	4
	• 보육관련 법규의 이해 - 영유아보육법, 아동복지법, 근로기준법 등	4	• 영유아 행동지도 - 영유아 문제행동의 이해 - 영유아 문제행동 예방과 지도	4
	• 어린이집 인사관리 - 인사관리의 주요 단계 및 내용 - 인력개발을 위한 교직원 재교육, 복지, 평가 등	4	• 영유아 긍정적 상호작용 - 영유아 존중 상호작용의 이해 - 영유아 놀이 상호작용의 실제	4
	• 재무회계 관리 - 재무회계의 중요성, 재무회계 관리 기본 원칙 이해, 재무회계 운영과정(예산 · 집행 · 결산)	4	• 영유아 행동의 발달적 이해 - 영아 발달(신체 발달 · 인지 발달 · 정서 발달) - 유아 발달(신체 발달 · 인지 발달 · 사회성 발달)	4
	• 조직관리와 리더십 - 어린이집 조직 특성의 이해 - 건강하고 효율적인 조직 관리를 위한 원장의 리더십	4	• 보육계획 수립 - 보육계획 수립의 원리 - 보육계획 수립의 실제	4
	• 어린이집 개인정보보호 관리 및 보육통합정보시스템 이해 - 개인정보관리 계획수립 및 관리점검 - 보육통합정보시스템 이해 및 실제	4	• 보육일지 작성의 실제 보육일지의 이해 - 보육일지 작성 방법 - 보육일지 작성 실습	4
	• 보육프로그램 개발과 운영 - 보육프로그램의 특성 이해 및 운영 지원	4	• 표준보육과정 - 표준보육과정의 변천과 기초 - 표준보육과정의 구성과 관련 자료	4
계	10과목	40	10과목	40

2) 보육교사 승급교육

<table>
<tr><th colspan="2" rowspan="2">영역</th><th colspan="2">2급 승급교육</th><th colspan="2">1급 승급교육</th></tr>
<tr><th>교과목</th><th>시간</th><th>교과목</th><th>시간</th></tr>
<tr><td colspan="2" rowspan="3">인성 · 소양
(11시간)</td><td>• 아동복지와 인권의 이해
- 사례중심 아동권리에 대한 민감성 증진</td><td>4</td><td>• 아동복지와 인권의 실제
- 사례중심 아동권리에 대한 민감성 증진</td><td>4</td></tr>
<tr><td>• 보육교사의 역할과 윤리
- 보육교사 2급의 역할 및 직업윤리</td><td>4</td><td>• 보육교사의 역할과 윤리
- 보육교사 1급의 역할 및 직업윤리</td><td>4</td></tr>
<tr><td>• 보육교사의 건강관리와 힐링
- 보육교사의 신체 및 정신건강 이해
- 실습중심 질환 예방법 및 대처법</td><td>3</td><td>• 보육교사의 건강관리와 힐링
- 보육교사의 신체 및 정신건강 이해
- 실습중심 질환 예방법 및 대처법</td><td>3</td></tr>
<tr><td colspan="2" rowspan="4">건강 · 안전
(12시간)</td><td>• 영유아 건강안전교육 계획 및 실행
- 건강안전교육 계획 및 실행 실습</td><td>3</td><td>• 영유아 건강안전교육 계획 및 실행
- 건강안전교육 계획 및 실행 실습</td><td>3</td></tr>
<tr><td>• 안전사고 예방교육
- 재난대비, 교통안전, 응급처치</td><td>3</td><td>• 안전사고 예방교육
- 재난대비, 교통안전, 응급처치</td><td>3</td></tr>
<tr><td>• 보건위생관리
- 감염병 및 약물 오남용, 응급처치</td><td>3</td><td>• 보건위생관리
- 감염병 및 약물 오남용, 응급처치</td><td>3</td></tr>
<tr><td>• 아동학대, 성폭력, 실종 예방 및 사후관리
- 아동학대 예방 기초, 개입과정
- 성폭력, 실종 예방 교육
- 어린이집 성문제 대응교육</td><td>3</td><td>• 아동학대, 성폭력, 실종 예방 및 사후관리
- 아동학대 이해 및 어린이집에서의 아동학대
- 성폭력, 실종 예방 교육
- 어린이집 성문제 대응교육</td><td>3</td></tr>
<tr><td rowspan="2">전문
지식
기술
(55시간)</td><td rowspan="2">장애 및
다문화
실제
(8시간)</td><td>• 다양한 가정의 영유아 이해
- 다양한 가정의 이해
- 다양한 가정 영유아의 특성에 따른 발달적 지원 방법</td><td>4</td><td>• 다문화 가정의 영유아 지원
- 다문화 가정 영유아의 생활 및 발달지원, 보육 지원 등 사례중심</td><td>4</td></tr>
<tr><td>• 장애영유아의 이해
- 발달기 영유아의 다양성 이해
- 영유아 선별, 장애진단, 중재의 중요성</td><td>4</td><td>• 장애영유아의 이해 및 지원
- 특수 영유아 특성별 지도
- 기관 내 장애영유아 지원 관리 방안</td><td>4</td></tr>
</table>

영역		2급 승급교육		1급 승급교육	
		교과목	시간	교과목	시간
전문 지식 기술 (55시간)	보육활동 운영의 실제 (39시간)	• 영유아 관찰 사례 이해 및 실제 - 관찰의 기초, 관찰 기록 이해 - 일상생활 및 놀이행동, 상호작용 관찰 실습	4	• 영유아 관찰 및 평가 - 관찰도구의 활용 - 관찰 기록을 평가에 활용하는 방안	4
		• 대소집단활동 운영 - 대소집단활동 운영을 위한 교수학습방법	4	• 대소집단활동 운영의 실제 - 대소집단활동 운영 실습	4
		• 신체 · 예술(음률)활동 운영 - 신체 · 예술영역 발달의 이해 - 신체 · 예술활동 운영 방법	4	• 신체 · 예술(음률)활동 운영의 실제 - 신체 · 예술(음률)활동 운영 실습	4
		• 언어 · 수과학활동 운영 - 언어 · 수과학영역 발달의 이해 - 언어 · 수과학활동 운영 방법	4	• 언어 · 수과학활동 운영의 실제 - 언어 · 수과학활동 운영 실습	4
		• 역할 · 쌓기놀이활동 운영 - 역할 · 쌓기놀이영역 발달의 이해 - 역할 · 쌓기놀이활동 운영 방법	4	• 역할 · 쌓기놀이활동 운영의 실제 - 역할 · 쌓기놀이활동 운영 실습	4
		• 보육계획 수립 및 보육일지 작성 - 보육계획의 원리, 연계성 있는 보육계획 - 보육일지 작성의 원리, 일과계획 작성, 일과의 실행과 평가 작성	4	• 보육일지 작성의 실제 - 보육일지 작성 실습	4
		• 표준보육과정의 이해 및 평가 - 제3차 어린이집표준보육과정 총론, 0–1세 보육과정(6개 영역 목표, 내용체계), 2세 보육과정(6개 영역 목표, 내용범주, 내용) - 표준보육과정 운영평가	4	• 보육실습 지도의 적용과 사례 - 보육실습 지도의 의의, 계획, 운영, 평가	4
		• 누리과정의 이해 및 평가 - 3–5세 누리과정 5개 영역 목표, 내용범주, 내용 - 누리과정 운영평가	4	• 어린이집의 개인정보보호 관리 - 개인정보보호 관련법에 대한 이해 - 개인정보가 포함된 문서 관리 - CCTV 관련 개인정보 관리	4

<table>
<tr><th colspan="2" rowspan="2">영역</th><th colspan="2">2급 승급교육</th><th colspan="2">1급 승급교육</th></tr>
<tr><th>교과목</th><th>시간</th><th>교과목</th><th>시간</th></tr>
<tr><td rowspan="4">전문 지식 기술 (55시간)</td><td rowspan="2">보육 활동 운영의 실제 (39시간)</td><td>• 영유아 행동의 발달적 이해
- 사례중심 발달영역별 영유아 행동의 이해 및 지원</td><td>4</td><td>• 영유아 문제행동 조기발견
- 영유아 사회 · 정서발달과 적응 지도
- 발달적 지원과 치료적 접근이 필요한 영유아 이해
- 사례중심 문제행동 지원방법</td><td>4</td></tr>
<tr><td>• 실내외 놀이 환경 구성
- 실내외 놀이 환경 구성의 기본 요건, 원리, 실제 및 평가</td><td>3</td><td>• 어린이집 환경 구성 및 관리
- 어린이집 환경 구성의 원리 및 관리 실제</td><td>3</td></tr>
<tr><td rowspan="2">가족 및 지역사회 협력 (8시간)</td><td>• 다양한 부모–자녀 관계의 이해
- 가족형태의 다양화, 부모역할, 건강한 부모–자녀 관계 형성</td><td>4</td><td>• 부모참여 계획 및 실행
- 부모참여의 실제 및 활성화 방안</td><td>4</td></tr>
<tr><td>• 부모참여 및 상담 실제
- 부모참여활동 계획
- 부모상담을 위한 준비 및 실습</td><td>4</td><td>• 지역사회 연계활동 계획 및 운영
- 보육과정, 장소, 활동에 따른 지역사회 연계활동 계획</td><td>4</td></tr>
<tr><td colspan="2">평가시험</td><td>• 2급 승급교육 평가시험</td><td>2</td><td>• 1급 승급교육 평가시험</td><td>2</td></tr>
<tr><td colspan="2">계</td><td>• 21과목+평가시험</td><td>80</td><td>• 21과목+평가시험</td><td>80</td></tr>
</table>

3) 어린이집 원장 사전직무교육

영역		교과목	시간
인성 · 소양 (11시간)		• 아동권리와 아동학대 - 아동권리 이해 및 UN아동권리협약 이해 - 아동학대 예방	4
		• 원장직무의 이해 및 윤리 - 원장직무 이해 및 윤리 경영	4
		• 원장의 건강관리와 힐링 - 만성질환 및 스트레스 관리법 등	3
건강 · 안전 (18시간)		• 영유아의 건강안전교육의 계획 및 관리 - 사례중심 건강안전교육 계획 및 관리	3
		• 안전사고 예방 및 대응 - 안전사고 사례별 예방법 - 재난대비, 교통안전 등 관련 법규 및 안전사고관련 자체 매뉴얼 작성법 - 안전사고 처리 절차	3
		• 보건위생관리 - 응급처치, 질병관리, 감염병 및 약물오남용, 위생관리	3
		• 아동학대, 성폭력, 실종 예방 및 사후관리 - 아동학대, 성폭력, 실종 이해 및 예방 - 신고의무자의 역할 - 어린이집 성문제 대응교육	3
		• 친환경 급식 및 영양관리 - 급식 운영의 관리사항 및 준수사항 - 영영아기 · 영유아기의 영양관리	3
		• 시설 · 설비 안전관리 - 어린이집 시설 · 설비 안전관리 원리 - 어린이집 시설 · 설비 기준 - 실내 · 외 시설의 안전평가 기준과 평정	3
전문 지식 기술 (48시간	장애 및 다문화 관리 (8시간)	• 다문화가정과 연계한 영유아 지원 - 다문화가정 영유아 교육 및 부모교육	4
		• 장애통합보육의 운영관리 - 장애통합보육 프로그램 및 인력 관리	4
	기관 운영의 실제 (32시간)	• 보육정책의 최신 동향 - 보육정책에 대한 관점 - 우리나라 보육정책의 변화, 최근 동향 및 이슈 - 보육정책의 전망과 과제	3

<table>
<tr><th colspan="2">영역</th><th>교과목</th><th>시간</th></tr>
<tr><td rowspan="11">전문
지식
기술
(48시간)</td><td rowspan="8">기관
운영의
실제
(32시간)</td><td>• 보육 관련 법규의 이해
- 영유아보육법, 아동복지법, 근로기준법 등</td><td>3</td></tr>
<tr><td>• 어린이집 인사관리
- 인사관리의 주요 단계 및 내용
- 인력개발을 위한 교직원 재교육, 복지, 평가 등</td><td>3</td></tr>
<tr><td>• 재무회계 관리
- 재무회계의 중요성, 재무회계 관리 기본 원칙 이해, 재무회계 운영과정(예산 · 집행 · 결산)</td><td>3</td></tr>
<tr><td>• 조직관리와 리더십
- 어린이집 조직 특성의 이해
- 건강하고 효율적인 조직관리를 위한 원장의 리더십</td><td>3</td></tr>
<tr><td>• 사례별 발달지원 및 전문가 연계
- 영유아 발달지원 및 관리 실제
- 지역사회 의료전문가와의 네트워크 방법</td><td>3</td></tr>
<tr><td>• 보육교직원의 수업 멘토링
- 보육교직원의 수업 능력 지원</td><td>4</td></tr>
<tr><td>• 보육프로그램 개발과 운영
- 보육프로그램의 특성 이해 및 운영 지원</td><td>4</td></tr>
<tr><td>• 어린이집의 개인정보보호 관리
- 개인정보보호 관련 법규의 이해
- 개인정보관리계획 수립 및 관리 점검
- 개인정보 유출 시 대응 방안</td><td>3</td></tr>
<tr><td rowspan="3">가족 및
지역사회
협력
(8시간)</td><td>• 보육통합정보시스템 이해 및 실제
- 보육통합정보시스템 이해
- 보육통합정보시스템 실제</td><td>3</td></tr>
<tr><td>• 부모참여 계획 및 운영
- 부모교육, 부모상담, 운영위원회 등</td><td>4</td></tr>
<tr><td>• 어린이집과 지역사회 자원의 연계
- 지역사회 자원 파악 및 활용 사례</td><td>4</td></tr>
<tr><td colspan="2">평가시험</td><td>• 원장 사전직무교육 평가시험</td><td>2</td></tr>
<tr><td colspan="2">계</td><td>23과목+평가시험</td><td>80</td></tr>
</table>

4) 특별직무교육

<table>
<tr><th colspan="2">영역</th><th>영아보육</th><th>장애아보육</th><th>방과후보육</th></tr>
<tr><td colspan="2">인성 · 소양 영역</td><td>• 보육교사의 건강관리
• 영아보육교사의 역할과 윤리
• 아동권리와 영아학대 예방</td><td>• 장애아동 복지와 장애 인식개선
• 장애아 보육교사의 역할과 윤리
• 아동권리와 장애아 학대예방</td><td>• 현대사회 변화와 방과후보육의이해
• 방과후보육교사의 역할과 윤리
• 아동권리와 아동학대 예방</td></tr>
<tr><td colspan="2">건강 · 안전 영역</td><td>• 영아 건강교육
• 영아 안전사고 예방교육
• 보건위생관리</td><td>• 장애아급식 및 영양관리
• 장애아 안전사고 예방 및 대응
• 장애아 보건위생관리</td><td>• 초등학생의 보건 · 위생관리
• 초등학생의 안전사고 예방 및 대응</td></tr>
<tr><td rowspan="3">전문
지식
기술</td><td>보육활동
운영의
실제</td><td>• 영아 일상생활지도 I
• 영아 일상생활지도 II
• 표준보육과정 운영의 실제
• 영아 놀이지도
• 감각탐색활동 영역
• 역할 · 쌓기 영역
• 신체활동 영역
• 언어 영역
• 예술(음률,미술) 활동
• 실외놀이 활동
• 영아 적응프로그램
• 영아행동관찰과 평가
• 영아와의 상호작용 실제</td><td>• 장애아의 이해 I
• 장애아의 이해 II
• 일반보육과정에 기반한 장애영유아 교수방법 I
• 일반보육과정에 기반한 장애영유아 교수방법 II
• 운동발달 교수방법
• 의사소통 발달 교수방법
• 사회성 발달 교수방법
• 인지발달 교수방법
• 자조기술 발달 교수방법
• 개별화교육프로그램 작성
• 개별화교육프로그램 실행 및 평가
• 긍정적 행동 지원</td><td>• 초등학생의 발달적 특성
• 초등학교 교육과정의 이해
• 초등학생을 위한 교수–학습방법
• 학습지도
• 숙제 및 과제 지도
• 놀이지도
• 방과 후 교육 프로그램에 대한 이해 I
• 방과 후 교육 프로그램에 대한 이해 II
• 방과 후 교육 프로그램에 대한 이해 III
• 초등학생 생활지도
• 초등학생 문제행동 지원</td></tr>
<tr><td>가족 및
지역사회
협력</td><td>• 영아 부모 상담 실제</td><td>• 장애 영유아 가족지원
• 지역사회 연계</td><td>• 초등학생 부모와의 상담 및 연계
• 방과후 아동을 위한 지역사회연계</td></tr>
<tr><td>장애 및
다문화
연계</td><td></td><td></td><td>• 학령기 장애아동의 이해와 교사지원
• 다문화사회와 아동</td></tr>
<tr><td colspan="2">계</td><td>20과목, 40시간(과목당 2시간)</td><td>20과목, 40시간(과목당 2시간)</td><td>20과목, 40시간(과목당 2시간)</td></tr>
</table>

Part 2 보육교사의 직무

4장

보육과정 운영

어린이집에서 보육교사는 하루일과를 적절하게 운영하는 것으로 영유아의 최적의 발달을 이끌어 낼 수 있다. 특히, 영아반과 유아반에서는 영유아의 발달 수준과 흥미를 바탕으로 가정과 같이 정서적으로 안정감이 있고 편안한 하루를 보낼 수 있도록 함과 동시에 영유아 중심, 놀이중심의 보육과정을 운영한다. 본 장에서는 이러한 중요한 의미를 갖는 보육과정 운영에 대해서 알아보고자 한다.

1. 하루 일과 운영의 이해

1) 하루 일과 운영의 원리

어린이집에서의 일과 운영이란 영유아가 교사와 생활하면서 어린이집에서 경험하는 일련의 보육 활동을 순서와 시간 단위로 구분하여 실행하는 것을 의미한다. 그러므로 영유아가 교사와 어떠한 상호작용을 하고 경험하는 지 등에 대한 체계적인 계획을 의미한다. 어린이집에서의 일과 운영은 등원, 실내외 활동, 점심과 간식, 휴식 및 낮잠 시간을 기본으로 이루어진다. 어린이집에서의 하루 일과 운영은 표준보육과정과 누리과정에 근거하여 이루어져야 하며, 영유아에게 안정감을 줄 수 있는 규칙성과 일관성을 가지고 계획하고 운영하도록 한다.

일과 계획과 운영을 위한 원리는 다음과 같다(Decker & Decker, 1976).

- 일과 운영은 보육 계획에 기초하여 영유아의 발달 수준, 영유아의 개별 요구, 교사의 보육 목표, 어린이집의 보육 철학을 반영해야 한다. 특히, 영유아의 기본적인 욕구 충족과 신체 보호를 중심으로 하루 일과가 이루어지며 이러한 활동을 진행하면서 다양한 경험이 이루어지도록 한다.
- 일과 운영은 기본생활 습관 형성, 놀이 활동, 정리정돈, 간식과 점심, 낮잠, 집단활동, 실외 놀이 등이 포함을 하며 균형적인 일과가 이루어지도록 계획한다.
- 하루일과의 순서와 시간을 규칙적으로 운영하여 영유아가 정서적으로 안정감을 가지고 활동을 할 수 있도록 하고, 특히, 영유아가 예측할 수 있는 일과를 운영하는 것으로 일관성을 갖는다.
- 일과 운영에서 놀이 시간에 영유아의 흥미와 관심에 따라서 활동이 이루어질 수 있도록 하여 개별적 욕구를 충족할 수 있도록 융통성을 보여야 한다. 날씨, 상황, 영유아의 컨디션이나 건강상태에 따라서 교사는 일과 운영의 유연성을 갖는 것이 중요하다.

– 일과 운영에 있어서 오전과 오후 활동이 연계되도록 하고, 일과의 마무리에는 오늘의 보육 활동을 평가하면서 마무리한다.

어린이집 보육 시간

<table>
<tr><th>시간</th><th>1</th><th>2</th><th>3</th><th>4</th><th>5</th><th>6</th><th>7</th><th>8</th><th>9</th><th>10</th><th>11</th><th>12</th><th>13</th><th>14</th><th>15</th><th>16</th><th>17</th><th>18</th><th>19</th><th>20</th><th>21</th><th>22</th><th>23</th><th>24</th></tr>
<tr><td rowspan="5">구분</td><td colspan="9"></td><td colspan="6">기본보육
(9:00–16:00)</td><td colspan="4">연장보육
(16:00–19:30)</td><td colspan="5"></td></tr>
<tr><td colspan="19"></td><td colspan="5">야간 연장보육
(19:00–24:00)</td></tr>
<tr><td colspan="6">야간 12시간 보육</td><td colspan="13"></td><td colspan="5">(19:30–익일 07:30)</td></tr>
<tr><td colspan="6"></td><td colspan="13">휴일보육(일요일, 공휴일 07:30–19:30)</td><td colspan="5"></td></tr>
<tr><td colspan="24">24시간 보육(7:30–익일 7:30)</td></tr>
</table>

출처: 보육지원체계 개편에 따른 어린이집 운영안내, 보건복지부 (2021).

2) 하루 일과 운영의 계획

〈 영아반 하루 일과 예시 〉

<table>
<tr><th>시간</th><th>기본 보육</th><th colspan="2">연장 보육</th></tr>
<tr><td>07:30~09:00</td><td>동원 및 통합보육</td><td colspan="2"></td></tr>
<tr><td>09:00~10:20</td><td>실내(외) 자유놀이</td><td colspan="2"></td></tr>
<tr><td>10:20~10:50</td><td>손 씻기 및 화장실 가기(기저귀 갈이)
오전 간식(또는 이유식)</td><td colspan="2"></td></tr>
<tr><td>10:50~11:30</td><td>바깥놀이</td><td colspan="2"></td></tr>
<tr><td>11:30~12:40</td><td>손씻기 및 화장실 가기(기저귀 갈이)
점심 및 이닦기)</td><td colspan="2"></td></tr>
<tr><td>12:40~14:30</td><td>낮잠 및 휴식
(보조교사 지원 시 교사 휴게시간)</td><td colspan="2"></td></tr>
<tr><td>14:30~15:00</td><td>손 씻기 및 화장실 가기(기저귀 갈이)
오후 간식(또는 이유식)</td><td colspan="2"></td></tr>
<tr><td>15:00~16:00</td><td>실내 자유놀이
기본보육 아동 하원</td><td colspan="2">연장반 전담교사 출근
(인수인계 및 휴게시간)</td></tr>
<tr><td>16:00~16:30</td><td rowspan="2">기본보육 아동 통합보육 및 하원
(교사 휴게시간)</td><td>연장반 아동(아동 수 확인)
개별 옷, 가방 등 정리</td><td rowspan="2">자유놀이
및 휴식</td></tr>
<tr><td>16:30~17:00</td><td>인사나누기
손 씻기 및 화장실가기
(기저귀 갈이)</td></tr>
<tr><td>17:00~18:00</td><td>기본보육 준비 및 행정 업무</td><td colspan="2">자유놀이 및 휴식(쉼)
일상생활(손 씻기, 화장실 가기 등)
연장보육 아동 하원</td></tr>
<tr><td>18:00~19:30</td><td>퇴근</td><td colspan="2" rowspan="2"></td></tr>
<tr><td>19:30</td><td></td></tr>
</table>

출처: 중앙육아종합지원센터.

〈 유아반 하루 일과 예시 〉

<table>
<tr><th>시간</th><th>기본 보육</th><th colspan="2">연장 보육</th></tr>
<tr><td>07:30~09:00</td><td>동원 및 통합보육</td><td colspan="2"></td></tr>
<tr><td>09:00~10:30</td><td>실내(외) 자유놀이 / 오전 간식</td><td colspan="2"></td></tr>
<tr><td>10:30~10:40</td><td>정리정돈 및 화장실 가기</td><td colspan="2"></td></tr>
<tr><td>10:40~11:10</td><td>대 · 소집단 활용(도는 자유놀이)</td><td colspan="2"></td></tr>
<tr><td>11:10~12:20</td><td>바깥놀이 / 손 씻기</td><td colspan="2"></td></tr>
<tr><td>12:20~13:20</td><td>점심 및 이 닦기</td><td colspan="2"></td></tr>
<tr><td>13:20~14:30</td><td>낮잠 및 휴식
(4~5세는 자유놀이 및 휴식,
보조교사 지원 시 교사 휴게시간)</td><td colspan="2"></td></tr>
<tr><td>14:30~15:00</td><td>손 씻기 및 오후 간식</td><td colspan="2"></td></tr>
<tr><td>15:00~16:00</td><td>실내 자유놀이
기본보육 아동 하원</td><td colspan="2">연장반 전담교사 출근
(인수인계 및 휴게시간)</td></tr>
<tr><td>16:00~16:30</td><td rowspan="2">기본보육 아동 통합보육 및 하원
(교사 휴게시간)</td><td>연장반 아동(아동 수 확인)</td><td rowspan="2">자유놀이
및 휴식</td></tr>
<tr><td>16:30~17:00</td><td>개별 옷, 가방 등 정리</td></tr>
<tr><td>17:00~18:00</td><td>기본보육 준비 및 행정 업무</td><td colspan="2" rowspan="2">자유놀이 및 휴식(쉼)
일상생활(손 씻기, 화장실 가기 등)
연장보육 아동 하원)</td></tr>
<tr><td>18:00~19:30</td><td>퇴근</td></tr>
<tr><td>19:30</td><td></td><td colspan="2">퇴근</td></tr>
</table>

출처: 중앙육아종합지원센터.

2. 영아반 하루일과 운영과 보육교사의 역할

영아반은 0세반, 1세반, 2세반으로 구성되며, 발달적으로 영아기는 전 생애 발달로 보았을 때 급성장하는 시기로 다양한 변화를 겪게 된다. 그러므로 하루일과를 운영하는 데 있어서 그 어느 시기보다 교사의 발달적 지식과 민감한 관찰이 요구되는 시기이다. 특히, 영아기는 자신의 요구를 언어로 유창하게 표현할 수 없으므로 영아의 개별적 특성과 흥미를 고려하는 것은 필요하다. 연령이 어릴수록 보호와 안전이 강조되는 보육활동이 이루어지며, 연령이 높아질수록 더 다양한 경험이 보육활동에 포함이 된다. 각 어린이집에서의 영아반의 전체 정원, 연령별 반 구성 등에 대한 고려를 바탕으로 하루일과가 운영되어야 한다.

영아반 교사는 등원 이후부터 하원하는 때까지 가정에서와 같이 식사, 낮잠, 배변 활동 등이 원만하게 이루어질 수 있도록 해야하며 표준보육과정에 기반을 둔 영아중심, 놀이중심의 보육 활동을 운영하도록 한다.

1) 등원

영아반의 등원 시간 전에 교사는 보육실의 물리적 환경을 점검하고, 보육계획안에 제시한 활동에 대한 놀이지원 자료를 준비한다. 교사는 등원 시에 영아를 따뜻하게 맞이하도록 하고, 전날 하원 이후의 건강 상태, 투약 의뢰 여부, 기분, 배변 상태, 식사 여부 등에 대해서 정보를 파악한다. 영아와의 관계만큼이나 등원을 하는 부모나 조부모 등 양육자와의 긍정적인 관계를 맺는 것이 중요하며 자연스러운 분위기에서 등원할 수 있도록 한다.

2) 간식 및 점심

영아의 건강이나 영양을 우선적으로 고려하여 간식과 점심시간 활동이 이루어져야 할 것이며, 이 시기에는 음식에 대한 다양한 경험과 관심을 갖는 것을 주요 목적으로 하고 있으므로 강요하지 않는 편안한 분위기에서 식사를 하도록 한다. 수유와 이유를 하는 0세반의 경우에는 개별적 요구를 반영하도록 하고, 이후 간식과 점심을 먹게 되었을 때는 스스로 먹을 수 있는 습관을 갖도록 한다. 또한 식사 전후에 손을 씻고, 식후에는 양치질을 하는 등의 기본 생활습관이 형성될 수 있도록 활동한다.

3) 기저귀 갈이 및 배변 활동

영아기 기저귀 갈이와 배변 활동은 그 어느 시기보다 중요한 시기이므로 교사의 관심이 필요하다. 교사는 위생적이며 안전한 환경에서 기저귀를 갈 수 있도록 하고, 최소 15개월 이후 2세 전후로 하여 대소변을 가리는 배변 훈련이 시작이 되었을 때는 수용적인 태도로 훈련이 완성될 수 있도록해야한다. 이때는 가정과의 연계가 중요하고, 부모와의 원만한 소통을 통해서 영아에게 배변훈련을 강압적으로 강요하거나 일방적으로 진행하는 것을 지양하도록 해야 한다. 영아가 신체적으로 준비가 되고, 화장실에서 배변하는 것에 대한 관심을 보이기 시작할 때 훈련을 시작하는 것이 바람직하다.

4) 낮잠 및 휴식

다른 발달 시기보다 영아기의 낮잠 및 휴식시간이 길기 때문에 교사는 이 활동 또한 다른 보육활동과 마찬가지로 비중을 두고 운영하는 것이 필요하다. 우선, 영아 각자의 수면 패턴과 시간이 있으므로 이를 관찰을 통해서 파악하고 존중하도록 하고, 편안하고 안정감 있는 분위기에서 자거나 쉴 수 있도록 한다. 3월에 등원을 시작한 직후 적응기간이나 그 이후에도 영아가 자신만의 애착이불이나 인형이 있을 경우 갖고 오는 것을 허용하고, 영아가 수면에서 깨었을 때 교사는 항상 그 자리에 있어야 하고, 다른 영아에게 불편을 주지 않도록 편안하게 다시 자거나 아니면 깨어 있을 수 있도록 배려한다. 또한 영아의 그날의 건강 상태에 따라서 수면 시간이나 수면의 질이 달라질 수 있으므로 이를 충분히 고려하여 낮잠과 휴식이 이루어지도록 해야 한다. 예를 들어, 감기에 걸린 영아가 많을 경우 수면을 충분히 이루지 못하는 경우가 있고 낮잠시간 동안 발열 증상이 나타날 수도 있으므로 이를 미리 고려하여 영아의 낮잠시간을 운영해야 한다.

영아에게 휴식시간은 영아가 원하는 시간 언제든지 주어져야 하며, 보육실 내의 휴식영역에서 편하게 쉴 수 있게 하거나 원하는 장소에서 쉴 수 있도록 한다. 실외 활동 시에는 그늘 영역에서 수시로 휴식을 취할 수 있도록 하여 놀이 활동과 휴식이 적절하게 이루어질 수 있도록 한다.

5) 실내 자유 놀이

실내 자유 놀이 활동 시에는 영아의 발달상태와 수준을 파악하고 이를 기초로 활동을 계획한다. 놀이 중심 보육과정에서 강조하는 바는 영아 개인의 일상경험과 흥미, 동기 등이 반영되는 놀이를 중요시하고 교사는 이에 따라서 영아의 놀이를 지지하는 것이다. 교사는 이를 위하여 보육실의 환경을 조성하고, 영아가 스스로 자신의 활동을 선택할 수 있도록 한다. 보육실에는 다양한 흥미영역과 교재교구, 놀잇감이 구비되어 있어야 하고 놀이가 교사 주도로 이루어지는 것이 아닌 영아의 주도로 이루어질 수 있도록 구성한다. 구체적으로는 신체활동 영역, 기저귀 갈이 영역, 휴식 영역, 언어 영역, 감각 탐색 영역 등에서 자유로운 놀이 활동이 일어날 수 있도록 지원한다.

6) 실외 자유 놀이

영아의 하루 일과 중에서 실외 자유 놀이 시간은 햇볕을 쬐고 바람을 느끼는 등의 자연환경에 노출이 된다는 점에서 중요한 시간이다. 날씨가 좋지 않은 경우 대부분은 보육실 안에서 활동을 해야 되기 때문에 교사는 실외 자유 놀이 시간의 의미에 대해서 잘 알고 있어야 한다. 실외 자유 놀이는 단순히 영아가 산책을 하거나 자연을 느끼는 것뿐만이 아니라 실내 자유 놀이의 연장으로 볼 수 있으며 영아가 현재 관심 있어 하는 주제를 실외에서도 주도적으로 이끌어 나갈 수 있도록 지원한다. 실외에서는 식물기르기, 자연물 탐색하기, 공간을 활용한 대근육 놀이 하기 등 실내에서는 하기 어려운 활동이 가능하므로 이에 대한 다양한 준비를 하도록 한다. 아직 걷기 어려운 영아의 경우 유모차를 타고 이동하도록 하며, 이때는 안전사고가 일어나지 않도록 지속적으로 관찰하고 주의를 하는 것이 필요하다.

실외 자유놀이는 날씨나 온도에 따라서 영향을 받게 되어 있으며 개방된 물리적 공간의 경우에는 안전사고가 일어날 수 있으므로 환경을 미리 점검하고, 주기적으로 관리하는 것이 필요하다. 또한 휴식 영역이 마련되어 있는지 확인해야 하고, 혹시라도 동적인 활동보다는 정적인 활동을 하고 싶어 하는 영아가 있다면 휴식 영역에서 자신이 원하는 놀이를 할 수 있도록 한다. 실외 활동을 위해서 교사는 기본적인 구급약품, 휴지, 물티슈 등을 필수적으로 준비해서 이동하도록 한다.

7) 정리 정돈 및 전이 시간

자유놀이 시간에 급히 놀이를 중단시키거나 교사가 준비한 활동을 하기 위해서 영아를 기다리게하는 활동은 지양한다. 영아가 정리 정돈을 스스로 할 수 있는 때가 되도록 기다리며, 인지적으로 이를 이해하기 시작하였을 때 다양한 놀이를 통하여 정리 정돈이 이루어지도록 한다. 각 반만의 정리정돈 노래를 만들거나, 언어유희를 통해서 정리정돈 시간이 되었음을 알리고 영아가 정리 정돈 시간 또한 다음 놀이를 위한 준비단계로 인식하게 하여 긍정적인 활동이 되도록 한다.

전이 시간에는 영아가 할 수 있는 활동이 무엇인지 알려주고, 손유희나 간단한 노래를 하면서 즐기운 마음으로 다음 활동으로 넘어갈 수 있도록 한다. 교사가 활동 시간을 촉박하게 계획하여 영아가 당황하지 않도록 하고 편안하고 정서적으로 안정된 시간이 되도록 한다.

8) 귀가 및 가정과의 연계

귀가 시간에는 그날 하루 있었던 일들에 대해서 부모와 함께 이야기 나누며, 하루를 정리하고 오늘 있었던 특별한 일이나 내일이나 이번 주에 특별히 가정과 연계해야 될 내용이 있다면 안내를 한다. 영아의 여벌 옷, 손수건, 기저귀, 준비물 등 개별용품에 대해서 준비할 수 있도록 하고, 부모와 공유되어야 할 사항에 대해서는 구체적으로 이야기를 나눈다. 사전에 귀가동의서에 작성되어 있는 양육자와 귀가할 수 있으며, 그 외의 타인과의 하원은 원칙적으로 금지하여 안전하게 귀가할 수 있도록 한다. 귀가 시 인사를 할 때는 영아와 부모 모두와 즐겁게 인사를 나누도록 하고, 만일 교사가 직접 하원을 못하게 되는 경우 다른 교사에게 전달할 사항을 미리 공유해 놓도록 한다.

평가제에 기반한 교사의 일과 운영 (예시 : 등하원)

등원 시 영유아를 반갑게 맞이하고, 하원시 안정된 분위기에서 귀가하도록 지도함

✔ 교사는 영유아가 등원할 때 형식적으로 인사하지 않고, 영유아에게 다가가거나 영유아를 바라보며 개별 영유아의 이름을 부르거나 미소로 반갑게 맞이함

✔ 부모와 헤어지지 못하고 힘들어하는 영유아의 경우, 부모와 급하게 헤어지지 않도록 기다려주고 영유아의 마음을 공감해줌

- 교사는 등원하는 영유아에게만 집중하여 다른 영유아를 소홀히 하지 않음

✔ 일부 영유아가 귀가를 시작하더라도 남아있는 영유아들이 편안하고 안정적인 분위기에서 시간을 보낼 수 있도록 자연스럽게 일과를 진행함

출처: 2023 어린이집 평가 지표 교육 자료.

3. 유아반 하루일과 운영과 보육교사의 역할

유아반은 만 3세 반, 4세 반, 5세 반으로 구성되며, 유아기에는 자조 기술이 발달하게 되어 스스로 할 수 있는 일과활동이 늘어나며 교사에 대한 의존율이 영아기보다는 낮아진다. 의사소통 능력이 증가하면서 자신의 의견과 요구사항을 교사에게 보다 명확하게 이야기할 수 있게 되어 자신이 원하는 활동에 집중할 수 있게 된다. 영아기에는 교사의 도움을 받아서 해야 하는 활동이 많았다면 이제는 유아와 유아 간의 상호작용 빈도가 늘어나고 이에 따라 놀이가 세분화 되고 수준도 높아지게 된다. 그러므로 유아반 교사는 이러한 유아의 발달적 특성을 고려하여 보육실 환경을 구성하고 각 흥미 영역이 유아의 흥미와 호기심을 충족시킬 수 있도록 해야 한다.

1) 등원

유아가 등원하기 전 교사는 보육실의 환기를 시키고, 온도와 습도를 파악하며 위험요소는 없는지 확인하도록 한다. 유아와 인사할 때는 유아와 부모 모두와 개별적으로 인사하도록 하고, 유아가 스스로 이야기하고 싶은 것이 있다면 충분히 이야기할 수 있도록 시간을 제공한다. 부모와는 유아의 건강상태나 정서적 상태를 점검하고, 반갑게 맞이하여 유아가 하루의 시작을 긍정적으로 할 수 있게 한다. 만일 유아가 기분이 안 좋은 상태로 등원을 했다면 등원 전에 어떠한 일이 있었는지 상세히 알아보고 기분이 좋아질 수 있도록 휴식 영역으로 안내하거나 이야기를 나누어 본다. 부모와는 대화를 통하여 가정에서의 특이사항이나 있었던 일들에 대해 이야기를 나누고 투약이나 귀가 시간의 변화 등에 대한 필요한 정보를 얻는다. 유아가 자신의 옷이나 가방 등을 정리하는 데 있어서 도움이 필요하다고 하면 돕고, 스스로 하고 싶어 한다면 스스로 할 수 있도록 격려한다.

2) 간식 및 점심

교사는 간식이나 점심시간 전에 유아가 손을 씻을 수 있도록 하고, 배식을 할 때는 개별 유아의 식사량이나 선호 음식, 알레르기 반응 등을 고려하여 한다. 식사 중에는 유아가 이야기하기를 원한다면 식사를 방해하지 않는 한도 내에서 음식에 대해서 이야기하거나 오늘 있었던 활동 중에 인상 깊었던 것, 재미있었던 것, 아쉬웠던 것 등에 대해서 자유롭게 이야기할 수 있도록 한다. 모든 유아에게 식사 시간에 편안하고 행복한 시간이 될 수 있도록 하고 개별 유아의 식사 속도를 배려하고, 건강 상태에 따라 식사량도 달라질 수 있음에 대해서 알아둔다. 유아기는 활동량이 늘어나기 때문에 식사 시간에도 자리에 앉아서 음식을 먹는 것을 힘들어하는 경우가 있을 수 있는데, 스스로 음식을 자리에 앉아서 먹을 수 있도록 지도한다. 식습관은 한 번 형성되면 바뀌는 것이 어렵기 때문에 식사 시간에 지켜야 할 기본적인 타인에 대한 배려와 식사에 대한 긍정적인 태도를 형성할 수 있도록 한다.

유아의 개별 식사 속도가 달라서 일찍 식사를 마친 경우에는 원하는 활동을 할 수 있도록 하되, 다른 유아의 식사를 방해하지 않도록 안내한다.

3) 화장실 가기

화장실을 가는 활동은 단순해 보이지만, 유아에게 일과 중에서 중요한 일로 일상적으로 자유롭게 이루어질 수 있도록 한다. 즉, 유아가 원하면 언제든지 화장실을 갈 수 있도록 하고, 식사 전후에는 이에 대해서 미리 알리고 유아가 화장실을 이용할 수 있게 안내한다. 화장실에서는 안전사고가 언제든지 일어날 수 있으므로 주의하도록 하고, 화장실에서 하는 활동에 대해서 알기 쉽게 순서대로 그림으로 화장실 벽면에 안내를 할 수도 있다. 손을 씻는 활동 또한 화장실을 나오기 직전에 항상 해야 하는 활동으로 지도하며, 유아가 스스로 청결하고 위생적인 생활을 할 수 있도록 한다.

4) 낮잠 및 휴식

활동량이 많은 유아의 경우 낮잠을 선호하기도 하지만, 낮잠 자기를 거부하는 유아도 있을 수 있다. 이때는 강제로 낮잠을 재우려하지 말고 일단 쉴 수 있도록 하는 것이 낫다. 이때는 알림장을 통해서 유아가 충분히 낮잠을 자지 않아 평소보다 일찍 졸릴 수 있다는 것을 알리는 것이 도움이 된다. 유아의 수면에 적절한 채광, 온습도를 조절하고, 개별 유아가 자신의 자리에서 잠을 잘 수 있도록 하여 필요하다면 유아들이 좋아하는 자장가나 동화를 들으면서 잠에 들 수 있다. 낮잠 시간에 보육실에 유아만 있는 상황은 없어야 하며 교사는 유아가 안전하고 편안히게 잠을 자고 있는 지 수시로 확인할 필요가 있다. 화장실을 가지 못해서 중간에 일어나는 유아를 위해서는 화장실에 다녀올 수 있도록 안내하고 다시 잠에 들 수 있도록 한다.

낮잠 시간 Q & A

궁금해요

Q 만3세 이하 영유아는 낮잠시간을 계획, 실행해야 하는데 일부 영유아의 경우, 잠들기 힘들어 하거나 부모님이 낮잠 재우는 것을 원하지 않습니다. 어떻게 해야 할까요?

A 영유아는 발달 특성상 낮잠을 자거나 편안히 쉬면서 새롭게 에너지를 충전하는 휴식의 시간이 반드시 필요합니다. 영유아가 피곤해지면 짜증을 내거나 또래와 다투기 쉽고, 졸음이 올 때 넘어지는 등의 안전사고가 나기 쉬우므로 하루 일과 중 낮잠시간을 계획하여 운영해야 합니다. 다만, 영유아마다 개별적인 특성이 있으므로, 모든 영유아를 일괄적으로 재우기보다는 잠들기 힘들어하는 영유아의 경우 편안하게 누워 휴식을 취할 수 있는 기회를 제공하는 것이 바람직합니다. 이때, 낮잠을 자는 다른 영유아에게 방해가 되지 않도록 배려하여 주시기 바랍니다.

출처: 2023 어린이집 평가 지표 교육 자료.

5) 실내 자유 놀이

유아중심 · 놀이중심의 보육과정에 근거하면 유아의 놀이를 지원하기 위해서는 유아가 주도할 수 있도록 운영하도록 한다. 이를 위해서는 교사는 개방성을 가지고 기존의 교사주도활동을 지양하는 것이 필요하다. 예를 들어, 교사가 대집단 활동을 계획했지만 실행하지 않을 수도 있으며, 때로는 이를 원하는 유아만 참여할 수도 있고, 심지어 활동을 바꾸어 진행할 수도 있다. 뿐만 아니라 실내 놀이에서 영역별 활동 인원수를 제한하지 않고 자유롭게 놀이하도록 할 수 있다(보건복지부, 2021).

영유아는 놀이하면서 자연스럽게 세상과 교감하며 성장해 간다. 놀이는 시작과 끝이 정해져 있는 것이 아니라 이어지고 끊어지며 새롭게 생성되어 가는 연속적 과정이며 이는 곧 배움의 과정과 같다. 교사는 영유아의 놀이를 배움의 과정으로 이해하고 영유아의 놀이를 지원해야 한다. 표준보육과정에서는 영유아가 놀이를 통해 경험하는 배움을 각 영역과 연결 지어 이해할 수 있도록 안내하고 있다. 표준보육과정 각 영역의 내용은 어린이집에서 경험해야 할 의미 있고 가치 있는 배움의 내용으로 구성되어 있다. 이는 교사가 가르쳐야 할 내용이 아닌 영유아가 즐겁게 놀이하면서 배우는 내용이다. 교사는 영유아의 놀이에서 나타나는 통합적 경험을 영역별 내용과 연결해 보면서 영유아의 놀이를 통한 배움을 이해할 수 있다.

교사가 주도하는 교육과정		유아가 주도하는 교육과정
· 교사가 계획하는 일과 · 교사가 먼저 정하는 생활주제 · 교사가 계획하는 활동 · 교사가 결정하는 흥미영역 구성	➡	· 놀이가 중심이 되는 일과 · 유아가 놀이에서 관심을 가지는 주제 · 계획을 최소화 · 유아 주도 놀이를 중심으로 흥미영역 개선

출처: 제4차 어린이집 표준보육과정 해설서.

6) 실외 자유 놀이

실외 자유 놀이는 자연환경 속에서 일이나는 활동으로 큰 규모의 놀이기구를 통해서 신체활동을 할 수 있으며, 자전거타기, 대집단 게임 활동 등 다양한 활동이 이루어질 수 있다. 또한 사계절이 뚜렷한 우리나라의 경우 계절의 변화를 알 수 있고, 온도의 차이, 자연물의 변화 등을 세밀하게 관찰 할 수 있는 기회를 제공한다. 교사는 유아 각자가 활동에 참여할 수 있도록 격려하고, 놀이촉진자로서의 역할에 중점을 두도록 한다. 또한 물리적으로 안전한 공간을 제공해야 하고, 신체 활동의 반경이 넓어지는 유아의 경우 교사의 시야가 머무는 곳까지 활동할 수 있도록 하고, 실외 자유 놀이를 실행하기 전에 지켜야 할 규칙에 대해서는 유아와 함께 이야기를 나누며 정하여 스스로 지킬 수 있는 동기를 부여한다.

영아와 마찬가지로 다음의 사례와 같이 실외 활동과 실내 활동이 연계될 수 있도록 놀이를 지원한다.

새를 잡고 싶어! - 산책에서 우연한 만남을 놀이로 이어가기

- 2019. 10. 24. ~ 11. 12
- 3세
- 어린이집 주변 동네 공원
- 새를 잡고 싶어!

실외 놀이 시간. 여기 저기 흩어져서 놀이하던 유아들이 한 곳으로 모여들었다. 그리고 한 곳으로 향하는 시선을 따라갔더니 공원 공터 앞에 있는 조형물의 꼭대기에 비둘기가 앉아 있었다.

몇 마리의 새 움직임을 보던 유아들이 한 켠에서 둥지를 만들기 시작했다.

하민 : (풀을 가져와 쌓으며) 이걸 해줘야 푹신푹신 해요.

소율 : 이걸 납작하게 눌러줘야 새가 와요. 새는 크잖아요. 작으면 새가 못 와요.

주변의 풀을 뜯어와 집을 만들던 하민, 소율, 세민이. 한참을 둥지를 만들었으나 그 장소에 계속 유아들이 만든 둥지를 놓을 수는 없기에 유아들이 만들었던 둥지 재료들을 봉지에 챙기고, 혹시 둥지를 만들기 위해 더 필요한 재료가 있으면 챙겨서 교실에 가서 둥지를 또 만들기로 했다.

공원에서 가져온 자연물 외에도 교사는 판과 점토를 지원해 주었다.

유아들에게 어제 몇몇 유아들이 만들었던 둥지를 소개해주고, 함께 살펴본 후에 실외에서 둥지를 만들 수 있도록 판, 점토를 챙겨 실외로 나갔다. 실외에서 하던 작업은 실내로도 옮겨와 그대로 이어가기도 했다.

출처: 2019 개정 누리과정 놀이운영사례집.

궁금해요

Q 실외 놀이를 1시간 계획하였으나 유아의 놀이 흐름에 따라 실외 놀이를 30분 연장하여 실시한 날에도 실내 놀이를 2시간 이상 실시해야 하나요?

A 어린이집에서는 영유아들이 놀이에 충분히 몰입하고, 의미 있는 배움의 기회를 가질 수 있도록 놀이시간을 편성·운영하는 것이 중요합니다.
따라서 영유아의 흥미, 놀이 흐름 등에 따라 실외 놀이시간을 기준시간 이상으로 연장하여 진행할 수 있습니다.
이때, 유아반에서는 바깥놀이를 매일 1시간 이상 실시했는지를 확인하고 있으므로, 실외 놀이 1시간을 포함하여 총 놀이시간을 3시간 이상으로 운영해야 합니다.
해당 사례에서는 유아반에서 실외 놀이가 1시간 30분 이루어졌으므로, 실내 놀이를 1시간 30분 이상으로 운영할 수 있습니다.

출처: 2023 어린이집 평가 지표 교육 자료.

7) 정리 정돈 및 전이 시간

교사는 유아가 정리 정돈을 할 수 있는 보육실을 구성하는 것이 중요하다. 예를 들어서 놀잇감이 보관되어 있는 교구장에 놀잇감의 사진 등을 붙여서 사진만으로도 유아가 스스로 정리를 할 수 있도록 지원한다. 또한 놀이가 진행이 되고 있는 중에는 놀이를 중단하거나 방해하지 않고, 하루 일과를 미리 유아에게 알려주되, 융통성 있게 일과를 운영한다. 교사는 정리 정돈을 할 때 유아와 함께 정리를 하는 것으로 시범을 보일 수 있으며, 정리가 어려운 유아의 경우에는 일방적으로 정리를 요구하는 것이 아니라 왜 정리를 하는 것이 좋은지와 다음 놀이를 위해서는 정리 정돈이 필요하다는 것에 대해서 간단하게 설명하고 동기를 부여한다.

전이 시간에는 활동과 활동 사이에 유아가 원하는 활동을 짧고 명확하게 할 수 있어야 하며, 평소 교사와 유아들 간에 할 수 있는 다양한 활동을 마련해 놓는 것이 좋다. 손유희, 노래부르기, 노래 듣기 등 다양한 활동이 활용될 수 있다.

8) 귀가 및 가정과의 연계

교사는 귀가 전 유아에게 오늘 일과 중에서 부모와 공유해야 할 특별한 일이 있었다면 이를 공유할 준비를 해 놓고, 유아와도 이 부분에 대해서 귀가 시에 함께 이야기를 나누도록 한다. 부모와 유아 모두를 보면서 이야기를 나누는 것이 좋고 짧은 시간이더라도 부모가 궁금해하거나 알고 싶어하는 부분이 있다면 충분히 설명하도록 한다. 귀가 시간에 전달하지 못한 사항은 추후에 보완하여 전달하도록 한다. 연간, 월간, 주간, 일간 계획 안에 근거하여 가정과의 연계가 필요한 부분이 있다면 공유하도록 한다.

5장

보육환경 구성

어린이집에서의 보육환경은 단순히 물리적인 환경이 아니라 놀이를 촉진하고 영유아의 또래 관계를 증진시키는 등 보육활동에 다양한 영향을 미친다. 또한 실내외, 흥미영역을 중심으로 놀이가 다양하게 이루어질 수 있도록 안전한 환경을 제공하는 것이 중요하다. 그러므로 본 장에서는 이러한 중요성을 고려하여 보육환경 구성에 대해 알아보고자 한다.

1. 보육환경 구성의 이해

1) 영아반 보육환경 구성의 원리

보육 환경은 영유아와 보육교사가 하루 일과를 보내는 장소와 놀잇감을 중심으로 한 물리적 환경을 뜻한다. 안정감 있는 보육실과 놀잇감이 잘 갖추어진 어린이집의 환경은 영아 발달의 최적화를 이루기 위해서는 필수적인 요건이다. 특히, 놀이중심의 환경이 이루어질 수 있도록 영아의 자발적 놀이를 촉진하기 위한 환경 구성이 중요하다. 이를 이루기 위한 구성 원리는 다음과 같다.

- 영아의 건강과 안전을 우선으로 발달에 적합한 환경을 제공한다. 쾌적하고 위생적인 공간과 설비, 놀잇감이 마련되고, 지속적으로 청결하게 관리되어야 한다.
- 영아가 자신의 '집'처럼 정서적으로 편안함을 느끼는 환경을 제공한다. 어린이집의 명칭의 기원 또한 영유아가 자신의 집처럼 안정감을 느끼면 지낼 수 있도록 만든 것이므로 이에 따라서 편안함을 제공한다.
- 영아의 활동에 안전한 공간을 제공한다. 보육 공간은 영아가 탐색하며 활동할 수 있을 만큼 충분히 넓어야 하며, 직립하고, 걸음마를 배우는 동안 활동성이 증가하는 영아의 발달 특성을 고려한 공간배치가 필요하다.
- 영아가 적극적으로 탐색할 수 있는 다양성이 있는 환경을 제공한다. 놀이중심의 보육과정을 실현하기 위해서 적극적으로 탐색하고 놀이를 자발적으로 선택할 수 있는 다양한 놀이 영역과 놀잇감을 제공한다.
- 영아의 기본생활과 놀이가 적절하게 이루어질 수 있도록 환경을 구성한다. 영아는 수유 및 이유, 식사, 낮잠, 기저귀 갈이 등 안전과 위생이 강조되는 영역이 필요하며 이와 구분하여 놀이를 할 수 있는 충분한 공간 또한 필요하다.

2) 유아반 보육환경 구성의 원리

적절한 교재와 교구가 갖추어진 어린이집의 물리적 환경은 프로그램의 질적 수준에 영향을 미치는 중요한 요인이다. 환경 구성은 유아의 심리적 안정, 신체적 안전, 발달적 적합성, 다양성을 고려하여 구성하는 것이 바람직하며, 그 원리는 다음과 같다.

- 공간은 유아가 활동할 수 있을 만큼 충분히 넓어야 한다.
- 시설 설비와 교구는 유아의 연령 및 신체 발달에 적합하여 유아가 성인의 도움 없이 스스로 사용하고 정리할 수 있도록 한다.
- 유아에게 매력적이고 교육적으로 의미 있는 활동을 제공하도록 환경을 구성한다. 이를 위해 유아에게 활동선택권을 주는 다양한 흥미 영역을 실내외 공간에 배치할 수 있다.
- 청결하고 안전한 환경을 제공하고, 적정 온도나 습도를 유지해야 한다.
- 환경은 유아의 발달 특성에 적합하여야 한다. 예를 들면, 유아의 연령이 낮을수록 일상적이고 개별적인 보살핌을 위한 환경 구성이 필요하고, 감각적인 경험의 기회가 많이 포함되는 환경을 제공한다.
- 유아가 장시간 어린이집에 머물 경우, 혼자 놀거나 쉴 수 있는 공간이 필요하며, 일상적인 보살핌이나 낮잠을 위한 물건이나 놀잇감 보관을 위한 저장 공간을 마련한다.

2. 영아반 보육환경 구성과 보육교사의 역할

보육실은 영아의 개별 흥미와 발달 수준을 반영하기 위해서 다양한 흥미 영역으로 구성을 한다. 대소집단 활동이 가능하고 정적 동적 놀이가 다양하게 이루어질 수 있도록 하며 영역의 구분은 영유아의 의견을 반영하여 조성한다.

1) 일상생활 영역

(1) 수유 및 식사 공간

- 0~1세의 경우, 수유기에는 성인의 도움을 받아 수유하기에서 이유식, 아기 의자에 앉아서 식사하기 등의 순서로 발달하게 되므로 영아의 월령에 따라서 공간을 융통적으로 운영한다.
- 이유식을 하는 경우 각 영아가 자신의 의자에서 먹을 수 있도록 격려하고, 월령이 높아질수록 스스로 숟가락을 이용하여 식사하도록 돕는다.
- 만 1~2세의 경우 식사 시간에 같은 자리에 앉아서 식사할 수 있도록 하고, 식탁(낮은 책상)을 위생적으로 관리하도록 한다.
- 조리실은 영유아 모두에게 중요한 공간으로 항상 깨끗하게 유지한다.

(2) 배변 공간

- 기저귀 갈이공간에는 되도록 독립적으로 내구성이 좋은 기저귀 갈이대를 설치해야 하며 편안하고 따뜻한 느낌이 들도록 구성한다.
- 기저귀 갈이대는 영아가 눕기에 적당한 크기가 되도록 하고 고정된 매트를 사용한다.
- 기저귀나 물티슈, 소독제를 보관하는 서랍장에는 각 영아의 기저귀를 개별 보관하도록 하고 각 영아가 필요로 하는 물품도 개별로 보관하도록 한다.
- 기저귀를 버리는 쓰레기통은 기저귀만 버리는 별도의 통을 준비하고 밀폐하여 위생적으로 관리한다.

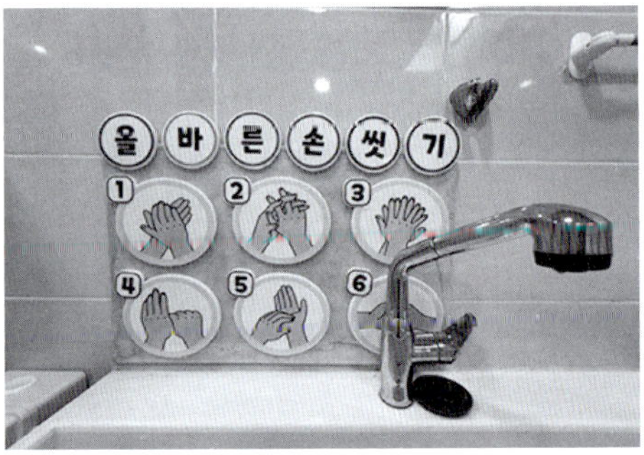

(3) 낮잠 및 휴식 공간

- 낮잠 및 휴식 공간은 영아가 피곤을 느낄 때 쉴 수 있는 공간으로 조용하고 편안한 공간으로 구성한다.
- 채광을 적절하게 조정할 수 있도록 커튼이나 블라인드를 설치하도록 하고, 수면과 휴식을 위한 가장 적절한 채광을 제공하도록 한다.
- 어린이집 적응기간에는 애착 이불이나 인형을 가져올 수 있으며, 불안함을 느끼는 영아가 편안하게 낮잠을 잘 수 있도록 돕는다.
- 낮잠 이불과 매트는 별도의 공간에서 관리하도록 하고, 수납장에서 꺼내고 다시 넣을 때 충분한 공간을 마련하여 영아의 동선을 방해하지 않도록 한다.
- 0세 영아의 경우 모빌 등을 활용할 수 있으며, 자장가 등을 이용하여 정서적으로 안정감 있는 공간으로 구성한다.
- 휴식 공간의 경우 등을 기댈 수 있는 넓은 쿠션을 준비하고 언제든 영아가 원하면 휴식을 할 수 있도록 놀이 공간과 구별된 별도의 공간이 마련되어 있어야 한다.

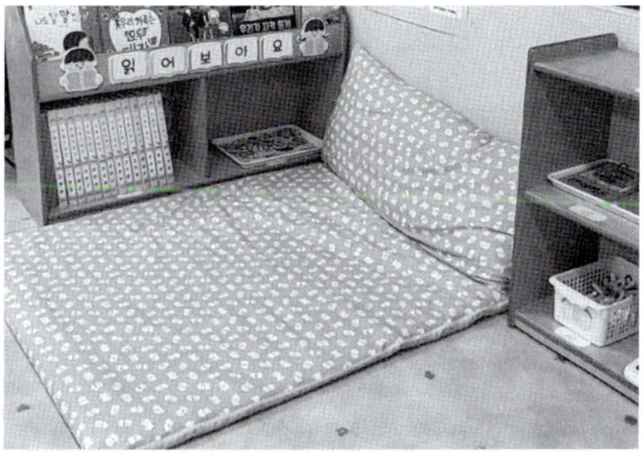

2) 놀이 영역

(1) 신체영역

영아기는 대소근육이 급속하게 발달하면서 자신의 몸을 끊임없이 움직이기 시작하기 때문에 자신이 원하는 신체활동을 할 수 있는 공간을 제공하는 것이 중요하다. 특히, 보육실 내에서 다른 활동에 방해가 되지 않는 범위 내에서 영아가 오르고 내리고, 타고, 밀고, 뛰고 길 수 있는 안전한 공간을 제공한다.

〈표 5-1〉 영아반 신체영역

0~1세	2세
• 잡고 걸을 수 있도록 벽을 따라 설치된 봉 • 잡고 서서 밀고 걸을 수 있는 바퀴 달린 장난감 • 실내용 미끄럼틀, 그네, 흔들말, 세발자전거나 붕붕차 • 낮은 계단과 경사로, 건너뛰거나 통과하는 장애물 • 영아용 침대에서 사용 가능한 놀이기구 • 스펀지 블록, 공	• 실내 미끄럼틀, 종합 놀이대 • 이동식 목마, 자동차, 끌차 • 공, 후프, 볼풀 놀이대 • 낮은 계단과 경사로, 건너뛰거나 통과하는 장애물

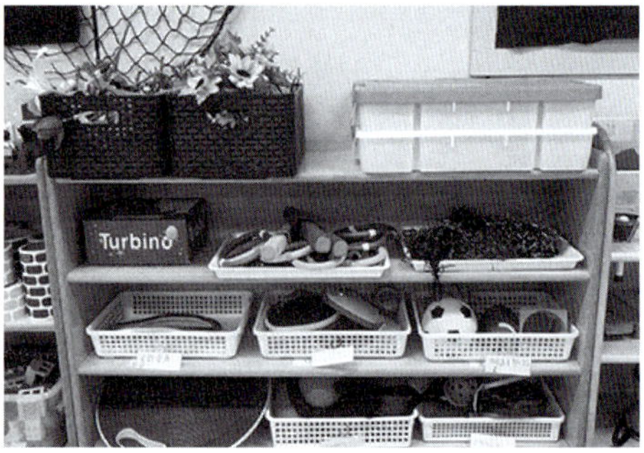

(2) 언어 영역

- 영아의 언어발달 영역은 영아의 언어발달 수준을 고려하여 구성되어야 하며, 지속적으로 언어적 상호작용이 이루어질 수 있도록 한다.
- 언어 영역은 보육실에서 가장 밝은 곳에 위치하도록 하고 조용한 공간에 배치한다.

- 넓은 쿠션, 낮은 소파 등을 제공하여 영아가 교사와 함께 혹은 영아끼리 편안한 자세로 책을 볼 수 있도록 한다.
- 책꽂이는 전면 책장을 이용하여 글을 아직 읽지 못하는 영아가 책의 표지만으로도 책을 선택할 수 있도록 한다.
- 영아를 위한 언어 영역에는 촉감책, 오감을 자극하는 책, 헝겊책, 두꺼운 종이 재질의 작은 책 등을 위주로 준비한다.
- 만 2세부터는 언어 발달의 급성장기로 말하기, 듣기, 읽기, 쓰기에 대한 자료를 다양하게 제공하고, 또래와의 의사소통도 활발하게 일어날 수 있는 놀잇감을 제공한다.
- 그림책뿐만 아니라 다양한 인형, 손가락 인형, 동물 모양 모자 등을 활용해서 동화책의 주인공으로 변신할 수 있도록 제공한다.

〈표 5-2〉 영아반 언어영역

0~1세	2세
• 낮은 소파나 푹신한 등받이 쿠션, 방석, 책장이나 상자 • 단순한 그림책, 감각 그림책, 스펀지책, 헝겊책 등 영아용 그림책 • 손인형, 그림이나 사진 • 모형 전화기나 카세트 • 끼적이기 도구(영아용 크레파스 등)	• 낮은 소파나 푹신한 등받이 쿠션, 방석, 책장 • 다양한 주제의 그림책, 사진책 • 포스터, 동시판, 노래판, 팜플렛, 전단지, 메뉴판 • 끼적이기 도구(크레파스, 색연필 등) • 스티커 북 • 자석 글자 놀이

(3) 감각 탐색 영역

- 영아는 오감을 통하여 세상을 탐색하고, 세상에 대한 관심과 호기심이 매우 강한 시기이므로 이러한 욕구를 충족하도록 한다.
- 특히 0세에는 모든 놀잇감을 입으로 가져가려고 하기 때문에 이 시기에는 입에 넣어도 안전한 놀잇감을 제공하고, 매일 놀잇감 소독을 통해서 위생적으로 관리한다.
- 눈과 손의 협응이 진행되는 시기이므로 다양한 놀이감을 통해서 이러한 기능이 적절하게 발달할 수 있도록 한다.
- 소근육 발달이 정교해지면서 다양한 감각 탐색 놀이를 할 수 있으므로 영아의 손이 닿기 좋은 위치에 놀잇감이 위치하도록 하고, 교구장에서 낮은 책상으로 놀잇감을 가지고 와서 활동이 이어질 수 있도록 동선을 고려하기도 한다.
- 영아의 흥미가 있으며 실내에서도 안전하게 기를 수 있는 동식물을 별도의 공간을 마련하여 키울 수 있다.

〈표 5-3〉 영아반 감각 탐색 영역

0~1세	2세
• 모빌, 딸랑이, 손에 쥘 수 있는 놀잇감, 오뚝이 • 건드리면 다양한 소리가 나는 놀잇감, 상자 블록, 누르면 작동하는 놀잇감 • 다양한 질감의 인형, 여러 가지 재질과 크기의 공 • 모양 블록, 모양 끼우기 통, 고무나 플라스틱 재질의 고리 끼우기 등	• 여러 가지 조작 놀잇감(소형 블록, 구슬 꿰기 놀잇감, 레고 등) • 퍼즐 및 분류 놀잇감 • 실내에서 키울 수 있는 동식물, 돋보기 • 교구대와 바구니, 쟁반

(4) 역할 및 쌓기 영역

- 영아기에는 상징놀이가 서서히 나타나기 시작하면서 단순한 모방 놀이에서 점차적으로 복잡한 역할놀이가 진행된다.
- 영아가 경험한 것에서 놀이가 시작되므로 이 영역에서는 다양한 역할이 나타날 수 있도록 기존 가정과 연계하여 사용하던 놀잇감을 배치하기도 하고, 가족의 역할을 모방하거나 직업을 간접적으로 체험해 볼 수 있는 자료를 제공한다.
- 쌓기 영역에서는 다양한 놀잇감을 통해서 여러 방법으로 쌓기 놀이를 할 수 있도록 한다.
- 역할과 쌓기 영역에서의 놀이가 활발하게 이루어지기 위해서는 공간이 넓게 제공될 필요가 있으며 영아와 영아끼리 상호작용을 격려하도록 한다.
- 쌓기 놀이에서는 주로 기차놀이, 주차장 만들기, 도로 만들기 등 탈것과 연계된 활동이 자주 등장하므로 이를 고려하여 놀잇감을 제공한다.

〈표 5-4〉 영아반 역할 및 쌓기 영역

0~1세	2세
• 다양한 인형(인형놀이를 위한 인형, 봉제인형) • 밀고 당기는 놀잇감(쇼핑용 손수레, 유모차, 자동차) • 부엌용품, 청소용품 등의 역할 놀잇감 • 다양한 크기, 색, 모양의 쌓기 놀잇감 • 쌓기놀이에 함께 할 수 있는 모형 자동차 및 인형	• 다양한 인형(인형놀이를 위한 인형, 봉제인형) • 밀고 당기는 놀잇감(쇼핑용 손수레, 유모차, 자동차) • 부엌용품, 청소용품 등의 역할 놀잇감 • 크기가 너무 작지 않은 다양한 재질과 크기의 블록 • 동물, 자동차, 사람 등의 소품

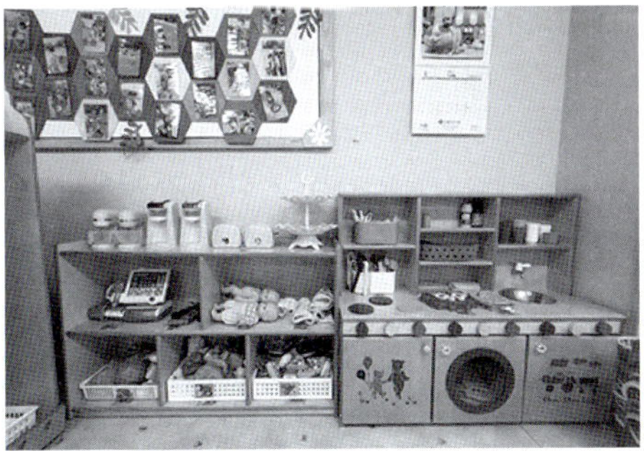

(5) 표현 영역

- 영아반에서의 표현 영역에서는 미술 활동만이 단순하게 이루어지는 것이 아니라 다양한 미술 재료를 활용해서 음률, 신체 활동 등이 동시에 통합적으로 이루어질 수 있다.
- 이를 고려하여 영아가 자신의 정서를 표현할 수 있는 다양한 놀잇감을 제공하고, 창의적인 표현이 이루어질 수 있도록 한다.
- 미술 영역의 경우에는 기존에 만들어져서 나오는 도구뿐만 아니라 재활용품, 자연물 등을 다양하게 제공하여 놀이를 선택할 수 있도록 한다.
- 음률 영역에서도 다양한 역할 놀이나 신체 활동이 나타날 수 있으므로 이에 대한 놀잇감을 준비한다.
- 영아의 경우 완전한 작품을 만드는 것보다는 자신이 원하는 활동을 자유롭게 창의적으로 하는 것이 중요하기 때문에 영아가 만든 그 무엇이라도 전시하여 작품에 대한 자신감을 갖도록 한다.
- 표현 영역에는 안전 거울을 배치하여 자신의 움직임이나 다양한 활동을 보면서 활동이 더 풍부해질 수 있도록 한다.

〈표 5-5〉 영아반 표현 영역

0~1세	2세
• 단순한 리듬 악기(캐스터네츠, 베이비 탬버린, 핸드드럼, 귀로 등) • 셰이커 종류 악기(마라카스, 에그 셰이커 등) • 색 스카프 • 리본 막대 • 손에 묻지 않는 크레파스 • 색지, 도화지, 색종이 등 • 영아용 브러쉬, 롤러, 도형 모양찍기, 스탬프, 스펀지 도장 등	• 리듬악기(북, 트라이앵글, 마라카스, 탬버린, 캐스터네츠 등)다양한 크기와 모양의 종이, 색종이, 구길 수 있는 재료 • 끼적거릴 수 있는 도구(크레파스, 색연필 등), 물감, 붓 • 사진이 많은 잡지책, 모루, 수수깡, 빈 과자 상자나 봉투 • 안전 가위, 풀, 접착용 테이프 • 명화, 아름다운 그림이나 사진 • 각종 미술을 위한 재활용품 재료

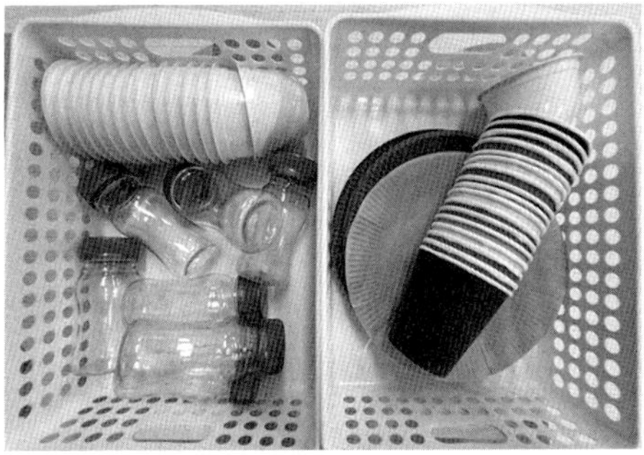

3. 유아반 보육환경 구성과 보육교사의 역할

유아는 자신의 신체를 영아기때보다 더 자유롭게 움직이고, 다양한 영역에서 통합적으로 놀이하는 것을 즐기며 활동하기 시작한다. 즉, 기본적인 욕구를 채움과 동시에 세상을 탐색하고 배우는 활동을 적극적으로 시도한다. 보육실은 식사 및 간식 공간, 낮잠 공간, 놀이 공간 등 각 활동이 방해받지 않고 이루어질 수 있도록 구성한다.

영아기보다 흥미 영역에서의 놀잇감의 종류나 수가 늘어날 수 있으므로 교구장에 유아가 꺼내기 편하고 놀이를 할 수 있도록 한다.

(1) 언어 영역

- 유아의 듣기, 말하기, 읽기, 쓰기 활동이 균형 있게 이루어질 수 있도록 구성한다.
- 유아기의 의사소통 능력은 또래 관계에도 영향을 미칠 수 있으므로 놀잇감을 통해서 다양한 상호작용이 이루어질 수 있도록 한다.
- 유아가 편안하게 책을 볼 수 있도록 매트와 큰 쿠션, 낮은 소파 등을 준비한다.
- 적절한 채광이 이루어지고, 조용한 장소를 선택하여 배치한다.
- 유아가 관심 있어 하는 주제를 바탕으로 도서를 선택하고 비치해서 볼 수 있게 한다.

〈표 5-6〉 유아반 언어 영역

구분	자료 예시
듣기 자료	다양한 종류의 책, 헤드폰, 음향 기기
말하기 자료	이야기 꾸미기 자료와 융판, 그림 카드, 막대 인형이나 퍼펫, 인형극 틀, 녹음기, 마이크 등
읽기 자료	종류별 책과 책꽂이, 그림책, 잡지류, 글씨가 적혀 있는 다양한 종류의 카드(예: 친구 이름카드, 글자 카드, 모래 글자 카드) 등
쓰기 자료	각종 필기구, 단어 카드, 컴퓨터와 프린터, 한글 고무 글자판과 스탬프, 잉크, 소형 화이트보드와 마커 팬, 가위, 펀치 등

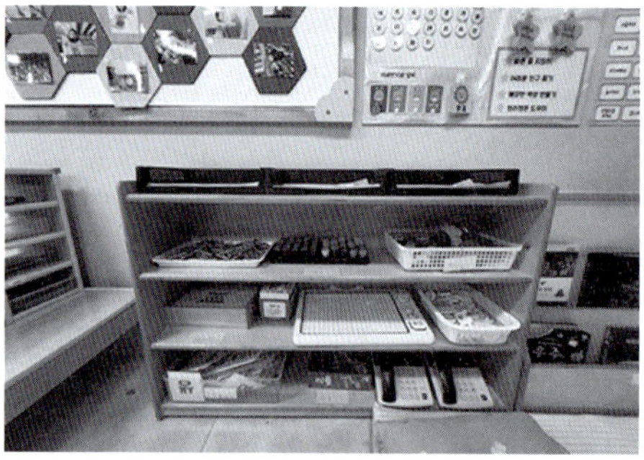

(2) 쌓기 영역

- 유아들의 동선을 방해하지 않는 곳에 쌓기 영역을 배치하도록 하고, 역할 놀이와 쌓기 놀이는 함께 이루어지는 경우가 많으므로 인접하게 배치한다.
- 기본적으로 블록을 주된 놀잇감으로 사용하며, 다른 작은 소품들도 쌓기 영역에 비치하여 조작을 할 수 있도록 한다.
- 유아의 활동량이 많은 영역이므로 다른 유아와 활동을 서로 방해받지 않도록 공간을 넉넉히 제공하고 바닥에는 매트를 깔아서 안전하게 놀이할 수 있도록 한다.
- 블록이 유형별, 크기별 등 기준을 세워서 정리하도록 하고, 유아가 작은 소품도 찾아서 놀기 쉽도록 수납 바구니에 사진이나 그림을 제시하도록 한다.

〈표 5-7〉 유아반 쌓기 영역

구분	자료 예시
다양한 블록	종이 벽돌 블록, 단위 블록, 공간 블록, 우레탄 블록 등
크고 작은 모형	동물, 사람, 공룡 등의 인형이나 모형, 탈것(예: 기차, 트럭, 레미콘, 구급차, 경찰차, 여객기, 운전대) 등
사회극 놀이 소품	여러 종류의 가면, 교통 신호나 표지판 등
기타 자료	쌓기놀이에 도움을 주는 책, 그림 자료 등

(3) 역할 영역

- 유아기는 상징에 대한 개념이 발달하고 이를 놀이에 반영할 수 있게 된다.
- 이 시기는 상징놀이가 가장 활발하게 이루어지는 시기로 자신이 경험했던 바가 놀이에 반영된다.
- 구체적으로 가정에서 일상에서 있었던 일들, 또래와의 놀이, 직업과 관련된 놀이 (병원 놀이, 가게 놀이, 미용실 놀이, 소방관 놀이, 우주관련 놀이 등)가 다양한 역할놀이로 이루어지게 된다.
- 평소에 유아들이 관심 있어 하는 내용을 중심으로 역할 영역을 구성하고, 유아의 요구를 자주 묻고 이를 반영하도록 한다.

〈표 5-8〉 유아반 역할 영역

구분	자료 예시
기본 가구	거울, 소파, 유아용 탁자, 의자, 옷장 등
소품	가족놀이 소품(예: 인형류, 주방용품, 일상용품, 의류, 신발류, 열쇠, 우산, 가방, 빗, 넥타이, 머플러 등), 교통기관놀이 소품(예: 차표, 지도, 여행 소책자, 여행 가방 등), 가게놀이 소품(예: 모형 과일, 시장바구니, 지갑 등), 병원놀이 소품(예: 의사 가운, 청진기, 바늘을 뺀 주사기, 붕대, 혈압계 등), 기타 주유소놀이, 은행놀이, 방송국놀이, 미용실놀이, 서점놀이, 목욕탕 놀이 등의 각종 역할놀이 소품 등

(4) 수과학 영역

- 유아가 자신의 주변 환경에 대해서 관심을 가지고 탐구할 수 있는 활동을 중심으로 구성한다.
- 눈과 손의 협응, 소근육의 발달, 순서와 서열 개념 등 다양한 수과학적 개념을 획득할 수 있는 놀잇감을 배치하고, 문제를 해결하는 과정이 드러날 수 있도록 구성한다.
- 유아가 개별적 흥미를 가지고 놀이할 수 있도록 조용한 곳에 위치하도록 한다.
- 동식물을 키우는 경우 유아가 직접 관찰할 수 있도록 채광이 충분한 곳에 비치하고, 물과 먹이를 주는 것이 용이한 장소를 선정한다.
- 각 유아별로 수과학 영역에 대한 이해도가 다르기 때문에 유아의 개별적 욕구가 충족될 수 있도록 놀잇감을 준비한다.

〈표 5-9〉 유아반 수과학 영역

구분		자료 예시
수영역	구성 활동 자료	레고 블록, 코코 블록, 다목적 블록, 꽃 블록, 등
	수 활동 자료	일대일 대응, 분류, 비교, 서열, 부분과 전체, 무게나 부피 · 길이 측정, 공간과 형태 개념에 도움이 되는 교재 교구 등
	조작 활동 자료:	퍼즐, 자물쇠 맞추기, 볼트와 너트 맞추기 등
	일상생활 활동 자료	옮겨 담기, 바느질, 끈 끼우기, 구슬 꿰기, 단추 끼우기, 지퍼 올리기, 끈 매기 등
	게임 활동자료	기억하기와 색깔 맞추기와 같은 간단한 게임, 로토 게임 등
과학 영역	기본도구	거울, 자석, 돋보기, 현미경, 프리즘, 전지, 온도계, 습도계, 관찰용지, 필기도구, 자, 저울 등
	생명체 관련 자료	식물, 자연물(예: 나뭇잎, 열매, 씨앗, 솔방울, 조개껍데기 등), 동물(예: 거북이, 금붕어, 햄스터, 병아리, 토끼, 개구리 등), 어항, 새장, 개미집, 동식물 관련 책, 표본 등
	기계류	시계(예: 손목시계, 모래시계 등), 라디오, 텔레비전, 컴퓨터 등의 부속품, 열쇠와 자물쇠, 다양한 바퀴, 여러 가지 물체와 물질 등
	자연현상 관련 자료	기후관련 사진이나 그림, 기상도, 구름 사진이나 그림, 돌, 흙, 달, 별, 해 등의 사진이나 그림 등

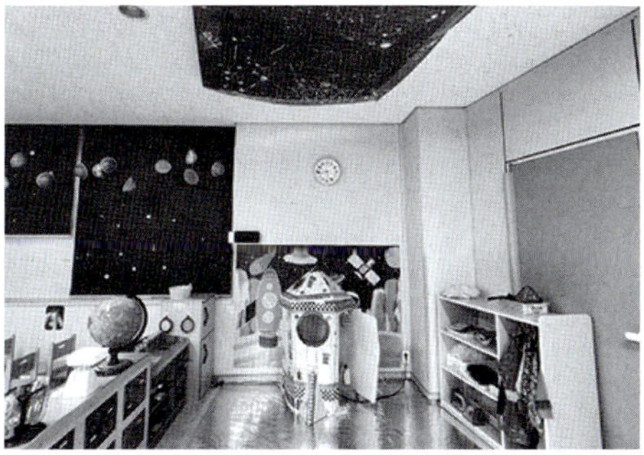

(5) 음률 영역

- 유아에게 음률 영역은 음악관련 활동만을 하는 것이 아니라 신체 탐색, 악기 연주, 노래부르기 등의 활동이 복합적으로 이루어지는 영역이다.
- 다양한 음악관련 매체를 접하도록 하고, 표현할 수 있도록 한다.
- 신체활동이 빈번하게 발생하므로 공간을 넓게 확보하고, 소음 또한 발생하

므로 정적인 영역과는 구분된 곳으로 배치한다.

- 개방된 공간에서 활동할 수 있도록 하고, 표현뿐만 아니라 감상도 이루어질 수 있도록 교구를 준비한다.
- 바닥에는 매트를 깔아서 안전하게 놀이할 수 있도록 한다.

〈표 5-10〉 유아반 음률 영역

구분	자료 예시
기본 교구	헤드폰, 음향기기, 다양한 음원, 악기 관련 사진, 각종 연주회나 춤 공연 등의 사진이나 동영상 자료 등
생활 속 악기	젓가락, 냄비 뚜껑, 깡통, 빨래판, 체, 콩 부채 등
우리나라 전통 악기류	장구, 소고, 북, 꽹과리, 가야금, 피리 등
외국 악기류	리듬 악기(예: 탬버린, 캐스터네츠, 트라이앵글, 마라카스 등), 멜로디 악기(예: 실로폰, 멜로디언, 키보드, 피아노 등)
기타 표현자료	스카프, 리본, 작은 낙하산 등의 신체표현 도구나 음악 연주회나 춤 공연, 오페라 등에서 공연자가 입는 무대 의상 등

(6) 미술 영역

- 유아기에 미술 영역에서는 다양한 감각을 통해서 그리기, 만들기, 꾸미기 등이 이루어진다.
- 유아는 미술적 요소를 표현하면서 창의성을 발휘하고 만족감을 느끼게 된다.
- 조용하고 밝은 곳에 배치하고, 화장실이 가까워서 물을 활용할 수 있도록 한다.
- 다양한 자료를 준비해서 유아가 작품을 만들 때 원하는 자료를 충분히 이용

할 수 있도록 한다.

- 활동을 하는 것뿐만 아니라 유아의 개별 작품을 전시할 수 있는 공간도 넉넉하게 마련한다.
- 개별 작업과 공동 작업이 모두 이루어질 수 있도록 공간을 마련하고 유아간의 상호작용을 지원한다.

〈표 5-11〉 유아반 미술 영역

구분	자료 예시
종이류	도화지, 색종이, 색지, 골판지, 포장지 등
그리기 도구	크레파스, 색연필, 볼펜, 물감, 먹물, 붓, 사인펜, 매직, 핑거페인트 등
만들기 도구	가위, 풀, 테이프, 스테이플러, 펀치, 핑킹가위 등
각종 자료	찰흙, 고무 점토, 밀가루 점토, 나뭇가지, 나무젓가락, 빨대, 실, 솜, 스펀지, 수수깡, 자연물(예: 솔방울, 돌, 나뭇잎, 조개껍데기, 깃털 등) 등
여러 가지 재활용품	상자, 헝겊, 요구르트병, 휴지말이 등

(7) 실외 놀이터

- 실외 놀이터는 유아가 신체 활동을 하는 것뿐만 아니라 자연을 탐색하고 느끼는 공간이다.
- 실내에서 있었던 활동이 자연스럽게 연계되도록 하고 유아의 흥미가 발현될 수 있도록 한다.
- 안전하고 자유롭게 활동할 수 있는 공간인지 확인하고, 정적인 활동과 동적인 활동 모두가 이루어질 수 있도록 한다.

- 휴식 영역이 필수적으로 있어야 하여 개별 유아의 욕구가 반영될 수 있도록 한다.

〈표 5-12〉 유아반 실외 영역

운동 놀이 영역	자연 관찰 영역
• 놀이 기구: 크기가 다른 공, 굴렁쇠, 후프, 줄넘기, 제기, 고무줄 등 • 운동놀이 기구: 그네, 평균대, 뜀틀, 매트 등 • 복합 놀이시설: 시소, 미끄럼틀, 그네, 정글짐, 그물망, 오름판, 흔들다리 등	• 자연 세계를 탐색할 수 있는 도구: 관찰도구(예: 돋보기, 관찰 기록지, 쓰기도구, 곤충채집통), 카메라, 백과사전, 물주기 도구, 크고 작은 화분, 모종삽, 등 • 기르기에 적절한 식물: 상추, 배추, 무, 고추, 토마토, 가지, 감자, 고구마 등
실외 휴식 영역	**실외 교재교구 보관 창고**
• 의자나 벤치, 돗자리를 깔아주어 편안한 영역으로 구성하고 책이나 조작 놀잇감을 제공 • 햇빛이 차단되는 그늘이 있는 곳으로 휴식영역을 정함	• 보관 창고는 바깥놀이 기구를 정리하고 보관하기 위한 곳으로 놀이기구의 적절한 사용과 보관을 위해 필요함

6장

영유아 상호작용

본 장에서는 보육교사의 직무 중 가장 중요한 역할로 여겨지는 영유아와의 긍정적인 상호작용에 대해 살펴보고자 한다. 교사-영유아 상호작용의 개념과 중요성, 상호작용의 요소들에 대해 소개한 후, 발달연령에 따른 영아 및 유아와의 상호작용 특성에 대해 알아볼 것이다. 다음으로 실제 보육현장에서 교사에게 요구되는 영유아와의 상호작용 전략에 대해 살펴보고자 한다.

1. 교사-영유아 상호작용의 기초

1) 교사-영유아 상호작용의 개념

어린이집에서 교사의 업무 중 가장 중요하고 본질적인 업무는 영유아를 보육하는 일이다. 영유아보육법 제2조에 의하면 영유아 보육이란 영유아를 건강하고 안전하게 보호·양육하는 것이며 영유아의 발달특성에 적합한 교육을 제공하는 것을 포함한다(영유아보육법, 제2조 제1호, 제2호). 영유아를 보호하고 양육하는 것은 영유아와 관계를 형성하는 것에서 시작되므로, 교사 업무의 핵심은 영유아와의 상호작용을 통해 이루어진다고 하겠다.

상호작용이란 사전적으로 사람이 다른 사람이나 사물과 서로 관계를 맺는 모든 과정과 방식을 의미한다. 그리고 이러한 상호작용이 사회적으로 나타날 때, 이는 둘 이상의 사람이나 집단들이 사회적 행동을 교환함으로써 서로 영향을 주고받는 과정으로 정의된다(우리말 샘 국립국어원, 2023). 따라서 교사-영유아 상호작용 역시 교사와 영유아가 서로 관계를 맺으며 서로에게 영향을 주고받는 과정으로 정의할 수 있다.

일반적인 대인 간 상호작용과 달리 교사-영유아 상호작용은 상호작용에 참여하는 객체가 상대적으로 대등한 관계를 형성하지 않는다는 특징을 가진다. 상호작용이 일어나는 목적 자체가 한쪽 일방이 다른 일방을 보호·양육·교육하기 위한다는 점도 있겠으나 이 보다는 상호작용의 한쪽 일방이 발달적으로 미성숙한 영유아라는 점에서 상호작용의 내용 및 방법 등이 차별화된다. 그리고 이러한 차별화는 상호작용의 다른 일방인 교사에 의해 주도되고 지원된다는 독특성으로 나타난다. Vygotsky(1978)는 아동의 발달이 사회적 환경 안에서 성인이나 유능한 또래와의 상호작용을 통해 다양한 과제를 해결하고 달성해 나가는 과정 안에서 이루어진다고 하였다. 이러한 점에서 볼 때, 교사-영유아 상호작용은 쌍방적인 행동보다는 교사가 영유아에게 행하는 비계(scaffoding) 역할로서의 전반적인 태도 및 행동에 초점을 둘 수 있다. 즉, 교사가 사용하는 언어는 물론, 표정, 눈빛, 몸짓, 행동과 같은 정서적이고 비언어적인 면을 포괄하여 교사–영유아의 상호작용을 설명한다(보건복지부, 한국보육진흥원, 2021).

한편, 어린이집에서는 교사와 영유아 간의 상호작용뿐 아니라 영유아의 또래 간 상호작용, 영유아와 환경 간의 상호작용이 복합적으로 나타난다. 교사–영유아 상호작용도 교사와 개별 영유아 간의 1:1 상호작용뿐 아니라 교사와 영유아 소집단 및 대집단 간의 상호작용 등 매우 다양한 형태로 나타난다. 따라서 교사는 상호작용 과정에서 영유아와 직접적으로 상호작용하는 것은 물론, 영유아 또래 간의 상호작용에 개입하거나 영유아가 환경과 원활한 상호작용을 할 수 있도록 지원하는 등의 포괄적이고 간접적 역할을 함께 수행해야 한다.

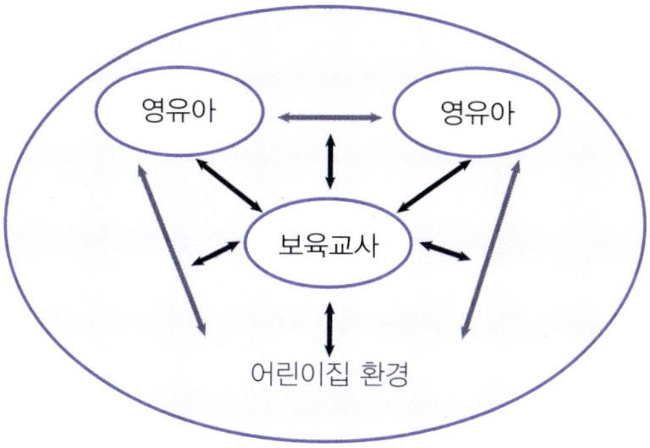

[그림 6–1] 어린이집에서 교사의 상호작용

2) 교사-영유아 상호작용의 중요성

아동이 출생하여 가장 먼저 접하는 사회적 집단은 가정이며, 가장 친밀한 대상으로 부모를 꼽을 수 있다. 아동의 성장과 발달에서 가정과 부모가 중요한 이유는, 생애 초기 주 양육자로부터 제공받는 다양한 물질적, 심리적, 정서적, 사회적 지원이 아동의 발달에 기초가 되기 때문이다. 마찬가지 맥락에서 어린이집 교사는 제2의 양육자로 인식된다. 최근 우리 사회에서는 어린 연령부터 영유아보육 및 교육기관을 다니는 영유아의 수가 증가하고 있다. 2021년 기준 만3~5세 유아의 93.6%가 보육 및 교육기관을 다니고 있으며(국가지표체계, 2023) 만0-2세 영아의 경우에도 79.7%가 어린이집에 다니고 있다(보건복지부, 2023). 이는 영유아들이 보육교사와 많은 시간을 함께 지내고 있음을 의미하며, 부모 및 주 양육자를 대신하여 보육교사가 물질적, 심리적, 정서적, 사회적 지원을 제공하고 있음을 알 수 있다.

영유아의 건강한 발달을 위해 필요한 발달적 지원은 보육기관에서 이루어지는 매일의 일상 속 교사-영유아 상호작용을 통해 전달된다. 따라서 교사-영유아 간의 긍정적 상호작용은 보육의 핵심이라 할 수 있다. 보육의 질은 크게 구조적 질과 과정적 질로 구분된다(Martorell et al., 2013). 구조적 질이란 보육시설의 물리적 환경, 교사 대 아동 비율, 학급의 크기 등을 의미하는 반면, 과정적 질은 보육교사의 상호작용의 질로 대변된다. 선행연구들에 의하면 영유아의 발달은 구조적 질보다는 교사의 정서적 상호작용과 교수적 지원 등 직접적으로 경험하는 교사와의 상호작용에 의해 더 큰 영향을 받는다(Mashburn et al., 2008). 이는 교사-영유아의 상호작용이 영유아발달에 있어 매우 중요한 요소임을 보여준다.

보육 및 유아교육기관의 특성과 영유아의 발달 간의 연관성을 분석한 연구들에 의하면, 기관의 물리적 환경은 영유아들로 하여금 스스로 탐색하고 활용할 수 있는 다양한 기회를 제공한다는 점에서 영유아의 인지능력과 언어능력에 영향을 미치는 것으로 보고된다(김규수 등, 2012; 차인영 등, 2016). 그러나 이 보다 더 중요한 영향을 미치는 요인으로 많은 연구들은 교사의 상호작용 효과에 대해 언급한다. 관련 선행연구들은 교사와 영유아 간에 긍정적이고 지원적이며 개별적인 상호작용이 이루어질 때 영유아의 최적발달이 가능하다고 보고한다(Kontos & Wilcox-Herzog, 1997). 반응적이고 민감한 교사와 상호작용하는 영유아는 더욱 안정적인 애착을 형성하며, 그 결과 또래와의 관계에서도 사회적으로 능력있는 행동을 보인다(Howes et al., 1994). 또한 교사-영유아 간의 긍정적인 상호작용은 아동의 이후 학교생활에서의 긍정적 또래관계, 높은 학업성취 및 낮은 부정적 행동 등 전반적인 적응에 종단적인 영향을 미친다(Ostrosky & Jung, 2008). 이처럼 교사의 반응적이고 지지적이며 긍정적인 상호작용은 영유아들의 학습과 탐색 요구를 확장하고 정서적 안정감을 강화할 뿐 아니라 물리적 환경과의 상호작용이나 또래와의 관계를 촉진함으로써 인지적, 사회적, 정서적 성장을 돕는 매우 중요한 역할을 한다(Cazden, 2001; Mashburn et al., 2008).

2. 교사-영유아 상호작용의 특성

1) 교사 상호작용의 유형

어린이집 교사의 상호작용은 일반적으로 다음의 3가지 유형으로 구분할 수 있다(보건복지부, 한국보육진흥원, 2021).

(1) 정서적 상호작용

정서적 상호작용은 교사가 따뜻한 태도를 보이면서 영유아의 개별적인 욕구나 감정에 민감하게 반응하며 상호작용하는 것을 의미한다.

정서적으로 긍정적인 상호작용을 하기 위해 교사는 영유아에게 친절하고 밝은 얼굴로 대하고 영유아의 정서적 표현과 욕구에 수용적인 태도로 반응하는 것이 좋다. 영유아가 자신의 생각과 느낌을 자유롭게 표현할 수 있도록 편안한 분위기를 만들어야 한다.

(2) 언어적 상호작용

언어적 상호작용은 교사가 영유아의 질문과 요구에 언어적으로 명확하게 반응하며 상호작용을 하는 것을 의미한다.

긍정적인 언어적 상호작용을 위해 교사는 영유아의 말을 경청하고 영유아의 질문이나 요구에 언어적으로 반응해야 한다. 교사의 답변은 추가정보를 제공하고 부연하는 방식이 바람직하며, 교사의 질문은 단순한 단답형 질문보다는 개방적인 질문을 통해 영유아와의 언어적 의사소통이 지속되고 확장될 수 있도록 해야 한다. 또한 칭찬과 격려의 긍정적 언어를 자주 사용하고 제한이나 평가, 독단 등의 부정적인 언어를 사용하지 않도록 한다.

(3) 행동적 상호작용

행동적 상호작용은 영유아의 의사표현이나 행동에 대하여 교사가 스킨십, 모델링 보여주기 등 행동적으로 상호작용하는 것을 의미한다.

교사는 영유아에게 올바른 태도 및 행동기술을 보여주는 긍정적인 모델로 역할함으로써 영유아가 모방을 통해 바람직한 행동을 습관화할 수 있도록 도와야 한다. 또한 영유아와의 상호작용 시 머리나 어깨를 쓰다듬고, 안아주고, 고개를 끄덕이고, 박수를 치고, 손을 잡는 등의 행동을 통해 격려와 칭찬, 애정을 표현하는 것도 바람직한 행동적 상호작용의 예이다.

2) 긍정적 상호작용의 요소

교사와 영유아 간의 긍정적 상호작용을 위해 교사가 갖추어야 할 관계적 요소를 살펴보면 다음과 같다(보건복지부, 한국보육진흥원, 2021).

(1) 애정

영유아와의 긍정적 관계형성의 시작은 영유아에 대한 관심과 애정에서 출발한다. 즉, 교사는 영유아 개개인에 대해 관심을 가지고 따뜻한 눈빛과 표정, 부드러운 음성과 행동으로 영유아에게 친근함과 애정을 표현함으로써 긍정적으로 상호작용할 수 있다. 영유아는 교사의 애정표현을 통해 안정감을 느끼며 교사를 신뢰하게 되기 때문에 교사의 애정은 바람직한 상호작용은 물론 긍정적 영유아발달의 기초가 된다.

(2) 존중

존중은 넓은 의미에서 어떠한 이유로도 차별받지 않고 인간으로서의 존엄성을 인정받는 것을 의미한다. 보육현장에서 영유아에 대한 존중은 영유아를 있는 그대로 받아들이는 것으로 그들의 개별적인 특성, 상황, 감정, 행동 등에 대한 수용을 의미한다. 또한 적극적인 존중은 영유아에게 스스로 생각하고 판단하며, 자신의 행동에 대해 책임을 지게 하는 것을 포함한다. 이러한 과정을 통해 영유아는 스스로를 능동적인 존재로 가치있게 여기고 존중받고 있음을 느낄 수 있게 된다.

일상생활에서 영유아에 대한 존중을 표현하기 위해 교사는 영유아의 행동과 태도에 집중하고 영유아의 말을 경청하여야 한다. 또한 영유아의 상황을 이해하고 욕구를 수용하는 태도를 보이는 것 역시 영유아를 존중하는 표현이라 하겠다.

(3) 공감

공감은 다른 사람이 자신과 다른 경험과 생각, 감정을 가질 수 있다는 전제 하에, 다른 사람의 입장이 되어 생각하고 다른 사람의 기분을 이해하는 것을 의미한다. 따라서 공감은 타인을 이해하는 인지적 과정과 정서적 과정을 모두 포함한다.

일상보육에서 교사는 영유아의 정서에 공감하고 그들의 감정상태를 일차적으로 수용해 주어야 한다. 그리고 여기에 더해 교사는 영유아가 자신의 감정을 조절하고 옳은 방식으로 표현할 수 있도록 격려해 주는 역할을 해야 한다. 즉 부모와 떨어져 있는 시간동안 불안을 느낀다면 이를 공감해 주고 불안을 경감시킬 수 있는 위로나 격려의 말을 해줄 수 있어야 한다.

(4) 배려

교사가 영유아와 긍정적 상호작용을 하는 과정에는 배려가 필요하다. 영유아는 발달적으로 미성숙한 존재라는 점에서 성인들 간의 일반적 상호작용과는 달리 교사-영유아 상호작용은 특히 더 많은 배려가 요구된다.

영유아를 위한 배려는 많은 경우에 기다림으로 표현될 수 있다. 영유아의 의사표현을 촉진하고 그들의 반응을 끌어내고 그들의 요구나 주장을 뒷받침하기 위해 교사는 상호작용의 많은 장면에서 영유아에게 충분한 시간을 제공해야 한다. 이러한 기다림은 교사의 인내를 필요로 한다.

(5) 지식

교사의 긍정적 상호작용을 위한 요소들은 대개 교사의 인성적 특성과 관련된다. 이는 상호작용이 교사와 영유아라는 개인 대 개인의 관계에서 일어나기 때문이다. 그러나 이와 함께 교사는 영유아에 대한 지식과 정보를 가지고 있어야 한다. 영유아에 대한 지식은 영유아의 신체운동, 인지언어, 정서사회성 발달에 관한 일반적인 지식을 의미한다. 그리고 영유아에 대한 정보는 영유아의 성격특성, 생활습관, 선호, 흥미, 습득능력 등의 개별화된 정보를 포함한다. 영유아에 대한 지식과 정보는 교사가 보육프로그램을 개발 · 운영하는 데에 바탕이 될 뿐 아니라 일상생활에서 개별적인 상호작용을 하는 데에도 자원이 된다.

3) 발달연령별 상호작용의 특성

(1) 영아와의 상호작용

영아는 출생 후 첫 3년의 기간 동안 의존적인 존재에서 독립적인 존재로 성장한다. 신체운동능력의 급격한 발달로 영아는 스스로 이동할 수 있게 되는데, 이는 영아의 주변환경 범위나 상호작용 대상범위가 넓어짐을 의미한다. 인지발달에 있어서도 자신을 환경으로부터 분리하여 독립적인 존재로 인식하게 되고 다양한 환경과의 상호작용을 통해 자신의 능력과 환경 간의 관계를 이해하게 된다(김상희 등, 2018). 정서사회적으로 영아기는 이후 대인관계의 기초를 형성하는 시기이다. 특히 신뢰감의 형성과 자율성의 획득은 영아 시기의 가장 중요한 발달과업으로 이해된다(박성연, 이은경, 2023).

신뢰감의 형성과 자율성의 획득은 영아로 하여금 자신의 존재 가치를 이해하게 하며 스스로를 유능한 존재로 느끼게 하는 기회를 제공한다. 따라서 교사-영아 간 상호작용의 주된 목표는 신뢰감형성이라 할 수 있다. 이를 위해 교사는 애정적이고 일관되며 민감하게 반응해야 한다.

한편, 영아와의 상호작용은 교사주도형으로 이루어지는 경우가 많다. 이는 영아의 성인에 대한 의존성에서 기인한다. 그러나 교사는 일방적인 주도형 상호작용이 아닌 영아의 관심과 흥미, 요구를 파악하여 영아가 중심이 되는 상호작용을 제공해야 한다.

〈표 6-1〉 영아와의 상호작용을 위한 교사의 역할

영역	교사의 역할
신체발달을 돕는 역할	- 다양한 감각기관을 통해 환경을 탐색하도록 돕는다. - 기본적인 생활 및 바람직한 습관 형성을 위해 양육적인 지원을 제공한다.
인지언어발달을 돕는 역할	- 영아의 흥미에 따라 다양한 놀잇감을 제공한다. - 영아의 이름을 자주 불러주고 정확하고 반복적인 언어 반응을 통해 언어적 자극을 준다.
사회정서발달을 돕는 역할	- 친밀한 1:1 상호작용을 통해 안정감을 준다. - 영아의 행동과 표현에 신속하게 반응하고 격려한다. - 영아가 자신의 관심과 능력에 맞는 놀잇감을 자유롭게 선택할 수 있도록 다양한 자료를 제공한다.

출처: 안경숙 등(2016).

(2) 유아와의 상호작용

유아는 영아와 비교할 때 신체적인 독립성이 높아지고 자조기술이 발달함에 따라 일상생활에 필요한 다양한 많은 활동들을 혼자서 하게 된다. 이러한 발달적 특성을 감안할 때 유아와의 상호작용은 유아 스스로 시도하도록 돕는 것에 초점을 두어야 한다. Erikson(1950)은 유아기의 주요 발달과업을 주도성이라 하였다. 주도성은 의존적이었던 영아의 발달특성에서 벗어나 자율성을 획득하고, 이를 바탕으로 자신의 의지대로 목표를 가지고 스스로 행동하며 책임을 지는 모든 과정으로 나타난다. 따라서 유아는 이 시기 자신이 판단하고 선택한 일들에 대해 다양한 시도를 통해 시행착오를 거치며 자신의 능력과 가능성을 평가하고 그 과정에서 자존감을 획득하게 된다.

유아기의 또 다른 특성으로 인지적 성장을 들 수 있다. 유아들은 주변의 많은 것들에 호기심을 느끼고 이를 해결하는 과정에서 자신의 생각을 확장하고 세상을 배워나가게 된다. 따라서 교사는 유아가 호기심을 다양하고 창의적인 방법으로 탐구하고 이를 해결함으로써 건강한 자기효능감을 가질 수 있도록 도와야 한다.

유아기는 자신에 대한 이해를 넘어 타인에 대한 관심이 증가하는 시기이기도 하다. 어린이집에서 유아들은 또래와 끊임없이 상호작용을 하며 놀이를 통해 성장해 간다. 따라서 교사는 유아들이 또래와 원활히 상호작용할 수 있도록 지원해야 하며, 교사-유아-또래의 다각적인 상호작용 기회를 제공할 필요가 있다.

〈표 6-2〉 유아와의 상호작용을 위한 교사의 역할

영역	교사의 역할
신체발달을 돕는 역할	- 신체활동으로 자기성취감을 느낄 수 있도록 대소근육 활동을 적절히 분배하여 제공한다. - 눈과 손의 협응능력 발달과 자조기술 획득을 통해 일상 생활을 스스로 하도록 돕는다.
인지언어발달을 돕는 역할	- 주변 환경에 대한 호기심을 해소할 수 있도록 탐구활동 기회를 제공한다. - 수학적, 과학적으로 생각하는 태도를 기르고 자유로운 놀이기회 제공을 통해 창의력 향상을 돕는다. - 자신의 생각과 느낌을 언어로 표현하며, 타인의 말을 경청할 수 있도록 충분한 언어적 기회를 제공한다.
사회정서발달을 돕는 역할	- 또래와의 협력기회를 제공함으로써 더불어 사는 공동체 생활을 익히게 한다. - 자신의 정서나 감정을 자유롭게 표현할 수 있도록 격려하고, 부정적 정서나 감정은 절제하고 조절하는 능력을 기르도록 돕는다.

출처: 안경숙 등(2016).

4) 바람직한 상호작용 전략

영유아와의 상호작용은 그들의 발달적 특성을 감안하여 영유아중심으로 이루어지는 것이 바람직하다. Ainsworth 등(1974)은 바람직한 양육전략으로 '민감성'을 제시하였다. 민감성은 아동의 신호 인식, 신호에 대한 정확한 해석, 신호에 대한 적절한 반응, 그리고 신호에 대한 즉각적인 반응 등의 요소를 포함한다. Douville-Watson(1994)은 이를 3A로 표현하기도 하였다.

* Attention: 영유아에게 적절한 주의를 기울이고,

* Affection: 온정적인 신체 · 정서적 애정표현을 하며,

* Approval: 영유아의 정서와 행동을 인정해 준다.

긍정적 상호작용을 위한 교사의 전략

- 영유아와의 일대일로 상호작용한다.
- 영유아의 눈높이에 맞추고 대면적 상호작용을 한다.
- 유쾌하고 차분한 목소리를 사용한다.
- 간단한 언어를 사용한다.
- 따뜻하고 반응적인 신체적 접촉을 한다.
- 영유아의 주도하는 것을 따른다.
- 영유아가 교실에서의 자신들에게 기대하는 바를 이해하도록 돕는다.
- 영유아의 도전적인 행동을 전환하기 위해 재안내/재지시한다.
- 영유아의 말을 경청한다.
- 영유아가 타인의 말을 듣도록 격려한다.
- 영유아의 성과와 노력을 인정한다.

출처: Ostrosky & Jung (2008).

긍정적 상호작용을 방해하는 요인들

- 충분하지 않은 시간
- 너무 많은 커리큘럼 요구사항
- 영유아들의 인내와 순종에 대한 기대
- 교실의 소음 수준
- 유지보수 의무
- 수업 계획에 대한 준수

출처: Ostrosky & Jung (2008).

다음은 보육현장에서 교사가 영유아와의 긍정적인 상호작용 결과를 얻기 위해 의도적으로 사용하는 몇 가지 기본적인 전략들을 소개한 것이다.

(1) 경청하기

경청하기는 의사소통의 시작점이라 할 수 있다. 영유아들은 부족한 언어능력은 물론 정서를 표현하거나 조절하는 것에서도 미성숙한 부분이 많다. 따라서 교사는 어린 영유아들일수록 그들의 말과 표정, 몸짓 등에 더 주의를 집중하고 경청하여야 한다.

영유아는 자신의 말에 귀 기울여 주는 교사와의 상호작용을 통해 의사를 전달하는 1차적 소통을 하는 것뿐 아니라, 자신이 존중받고 있음을 느끼게 되어 더욱 적극적으로 상호작용에 참여하게 된다.

(2) 기다려 주기

기다려 주기는 영유아 행동의 지체, 판단의 지연을 교사가 이해하는 것에서 시작한다. 영유아가 어떠한 시도를 하고자 할 때 충분한 시간을 제공함으로써 영유아 스스로 행동하고 문제를 해결할 수 있도록 한다. 이는 영유아에게 자율성과 주도성, 성취감 등의 경험 기회를 제공하는 방법이기도 하다.

(3) 수용하기

교사는 영유아의 의견이나 요구를 수용하고 인정하는 따뜻한 말과 행동을 보여야 한다. 먼저 영유아의 요구나 질문에 언어적, 비언어적으로 즉각적인 반응을 할 필요가 있다. 이를 통해 영유아는 자신이 존중받고 있음을 느낄 수 있으며 자신의 감정이나 정서가 수용되었음을 인식할 수 있다. 그리고 더 나아가 영유아의 요구나 의견에 대해 교사가 적절한 후속 행동을 함으로써 실제로 영유아의 요구가 수용되는 경험을 제공하는 것이 바람직하다.

(4) 반영하기

반영하기는 보다 적극적인 영유아에 대한 교사의 관심표현으로 볼 수 있다. 교사가 관찰한 영유아의 행동을 있는 그대로 말로 표현하는 것이 반영의 한 예이다. 이는 영유아에게 답을 요구하지 않으며 있는 그대로를 표현한다는 점에서 영유아를 수용하는 또 다른 방식이라 할 수 있다.

(5) 부연하기

부연하기는 영유아의 말을 다시 바꾸어 말하는 방법이다. 특히 영아의 경우는 표현의 미숙함으로 인해 정확한 의사전달이 어려울 수 있다. 이럴 때 교사는 영유아의 말을 보충하거나 더 명확히 표현해 줌으로써 영아들의 의견이나 요구가 교사에게 전달되었음을 인식시킬 수 있다. 성인의 언어로 확장되고 재구성된 표현은 영유아의 의사소통 능력을 향상시키는 데에도 도움이 된다(보건복지부, 한국보육진흥원, 2021).

(6) 공감하기

교사의 공감능력은 영유아의 경험과 정서를 이해하고 그들의 감정상태를 묘사해 주며 인정하는 데에 매우 핵심적인 자질이다. 영유아와의 긍정적 상호작용은 그들을 이해하는 것에서부터 출발하기 때문이다(Berk & Winsler, 1995). 영유아의 상황, 특성, 감정상태 등에 대해 적극적으로 공감하고 이를 표현하는 교사의 노력은 신뢰감 형성에 긍정적 영향을 미친다(고경희, 2017).

(7) 격려하기

교사는 영유아의 바람직한 행동을 칭찬하고 격려함으로써 영유아에게 긍정적 행동의 기준을 알려주고 그러한 행동을 지속할 수 있는 동기를 제공하는 것이 좋다. 그러나 칭찬의 기술에 따라 오히려 영유아의 내적 동기를 약화시킬 수도 있으므로, 지나친 칭찬이나 막연한 칭찬보다는 사실에 근거한 격려나 노력에 대한 인정 등의 내용으로 격려하고 칭찬하는 것이 바람직하다.

(8) 차별화하기

차별화하기는 영유아의 개별적인 특성과 발달수준, 요구 등을 고려한 맞춤형 상호작용을 의미한다. 영유아는 동일한 연령에서도 발달수준이 다르고 개인차가 크다는 점에서 개별화된 상호작용이 중요하다. 또한 영유아 시기는 전반적으로 성인과는 달리 자기중심적인 특성을 가지기 때문에 획일화되거나 평균적인 상호작용과 다른 개별화된 상호작용이 필요하다.

(9) 한계설정하기

비록 어린이집에서의 보육활동이 아동중심 · 놀이중심으로 계획 · 운영되지만 이러한 상황이 영유아의 요구대로만 이루어짐을 의미하지는 않는다. 아동중심의 보육활동 속에서 교사는 영유아에게 긍정적이고 올바른 생활습관과 태도, 성격형성, 사회관계 등을 가르쳐야 한다. 따라서 많은 경우 교사는 영유아의 미성숙하고 부정적인 태도나 행동을 수정하는 방법으로 한계설정하기를 사용한다.

한계설정하기는 영유아에게 더불어 사는 기술과 바람직한 행동을 안내해주는 효과적인 방법으로 이해된다. 한계설정하기를 통해 교사는 영유아의 잘못된 행동이나 태도를 명확히 지적하고 해당 행동이 왜 바람직하지 않은지를 설명한 후, 대안을 제시하는 것으로 연결시킬 수 있다.

(10) 긍정적 언어 사용하기

교사는 영유아와의 상호작용 시 바람직한 행동을 지지하고 칭찬하거나 혹은 부적절한 행동을 제지할 때에도 긍정적 언어를 사용하여야 한다. 위협이나 비난, 조롱하는 말을 절대 사용하지 않는 것은 물론, 제지하거나 통제하는 상황에서도 잘못된 행동을 지적하고 부정적으로 말하기보다는 간결하고 명료하게 현재 상황과 영유아가 할 수 있는 대안적인 행동에 대해 구체적으로 안내하는 것이 바람직하다(부산광역시육아종합지원센터, 2021).

(11) 개방적 질문하기

교사는 영유아의 생각, 행동 또는 활동을 유지하거나 확장하기 위해, 그리고 다양한 보육과정 영역과 연계하기 위해 상호작용 과정에서 의도적으로 영유아에게 많은 질문을 하게 된다. 이때, 교사는 단순한 답을 요구하는 폐쇄적 질문보다는 영유아가 스스로 생각하고, 비교하고, 판단하고, 질문하는 등 생각을 확장하고 상호작용이 지속될 수 있는 개방적 질문하기를 사용하는 것이 좋다.

"~에 대해 어떻게 생각하니?" "~는 왜 그런지 설명해 줄래?" 등으로 질문할 때, 영유아는 자유롭게 자신의 생각과 느낌을 표현하고 설명할 수 있게 된다(김정희 등, 2020).

(12) 대안 제시하기

대안 제시하기는 영유아와의 상호작용에서 교사가 영유아의 사고를 촉진하고 바람직한 판단이나 행동의 기준을 제시 · 유도하기 위해 선택지를 주어 스스로 결정하도록 하는 상호작용 전략이다. 대개 바람직하지 않은 영유아의 행동을 수정할 때 적절한 행동을 대안으로 제시하거나 영유아의 사고나 활동을 더욱 확장하기 위한 새로운 방향으로의 전환을 위해 사용하는 경우가 많다(Massey et al., 2008).

Kostelnik 등(1998)은 영유아의 창의적 사고능력을 증진시키기 위한 교사의 확산적 질문유형을 제시하였는데, 여기에 대안 제시하기가 포함되기도 한다(표 6-3 참조).

〈표 6-3〉 확산적 사고 촉진을 위한 질문유형

유형	설명
예측하기	결과적으로 예상할 수 있는 일에 대한 질문
비교하기	유사점과 차이점을 비교하는 질문
문제해결하기	문제를 해결할 수 있는 방법을 생각하게 하는 질문
평가하기	적합/부적합, 좋고/나쁜 것, 옳고/그른 것을 평가해 보도록 하는 질문
상상하기	상상력을 풍요롭게 해주는 질문
지식적용하기	이미 알고 있는 지식을 사용해서 답변할 수 있는 질문
일반화하기	이미 알고 있는 지식을 유사한 상황에 적용하여 일반화하는 질문
변형하기	사물의 성질변화에 관한 질문
유추하기	보편적으로 일어날 수 있는 일을 유추하게 하는 질문
재생하기	과거의 경험을 재구성하게 하는 질문
대안 제시하기	다른 방법이나 관점을 찾아보게 하는 질문

출처: Kostelnik 등 (1998).

〈표 6-4〉 교사가 피해야 할 상호작용

내용	예
* 영유아의 정서를 무시하기	"그만 울어"
* 영유아가 느끼는 감정을 부인하기	"울 일이 아니야"
* 정서를 유발하는 상황에서 거짓말하기	"약 하나도 안 쓰니까 그냥 먹어도 돼"
* 영유아에게 수치심을 느끼게 하거나 비난하기	"아기처럼 굴면 동생반으로 가야겠네"
* 영유아의 정서를 다 아는 듯이 말하기	"잠이 덜 깨서 짜증 나는구나"

출처: 보건복지부, 한국보육진흥원(2021).

긍정적인 상호작용을 위한 교사의 이러한 전략들은 상황에 따라 목적에 따라 적절히 혼합하여 사용하는 것이 바람직하다. 아래는 실제 교사-영유아 상호작용에서 교사의 부적절한 상호작용에 대해 긍정적인 전략을 사용하여 상호작용할 수 있는 예를 제시한 것이다(부산광역시육아종합지원센터, 2021).

상황: 보육실 끝에서 끝까지 반복적으로 뛰는 영아에게

〈부적절한 상호작용〉

"여기서 뛰는 거 아니에요. 뛰면 다친다. 그만! 안돼요."

"○○이 그만! 여기서 계속 뛰면 ○○ 이는 이따가 바깥놀이 못나가요!"

➡

〈긍정적인 상호작용〉

공감: "○○이가 오늘 기분이 좋구나. 친구랑 잡기놀이 하고 싶었구나."

한계설정: "교실에서 뛰면 놀잇감을 밟고 넘어질 수 있어. 친구들과 부딪혀서 다칠수도 있어."

대안제시: "우리 바깥놀이때 잡기놀이 해볼까?"

[그림 6-2] 바람직한 상호작용전략 사용하기

출처: 부산광역시육아종합지원센터 (2021).

3. 교사-영유아 상호작용의 실제

어린이집에서의 교사-영유아 간 상호작용은 하루일과 동안 함께 생활하면서 나타난다는 점에서 일상적 상호작용(everyday interaction)으로 볼 수 있다. 대부분의 일상적 상호작용은 긍정적인 분위기를 내포하며 자연스럽게 의도하지 않은 상황에서도 잘 나타난다. 그리고 영유아는 일상적 상호작용을 통해 교사가 가르치고자 의도한 내용을 배우기도 하고 의도하지 않은 내용을 배우기도 한다.

그러나 영유아들은 교사가 목적을 가지고 의도적으로 학습을 촉진하려는 상호작용을 할 때 더 많은 것을 배운다(Pianta et al., 2016). 이처럼 교사의 의도적이고 목적적이며 반응적 교환으로써의 상호작용을 의도적 상호작용(powerful interaction)이라 한다(NAEYC, 2020).

어린이집에서 교사의 의도적 상호작용은 대소집단 활동 등의 보육과정에서 교수행동을 통해 나타나거나 놀이상황에서 이루어지는 경우가 많다. 다음에서는 보육교사의 교수행동 및 놀이상황에서의 상호작용에 대해 살펴보고자 한다.

1) 교사의 교수행동 유형

Bredekamp와 Rosegrant(1992)는 유아교사의 교수행동을 아래와 같이 8가지 유형으로 구분하였다. 이러한 구분은 대개 유아를 대상으로 하는 유아교육의 학습 지원 상황에서 나타나는 교수전략이다(김영희 등, 2006). 그러나 어린이집에서 이루어지는 교사-영유아 간의 상호작용 역시 궁극적으로 영유아의 발달적 · 교육적 지원을 목표로 한다는 점에서 보육교사의 보육교수전략으로서의 상호작용 유형으로도 적용가능하다.

(1) 인정하기(acknowledge)

인정하기는 영유아에게 관심을 기울이고 영유아의 활동 참여가 지속되도록 긍정적으로 격려하는 행동이다. 격려는 영유아들에게 자긍심을 가지게 하여 즐겁게 활동에 참여하도록 도울 수 있으나 과도한 칭찬은 동기유발을 감소시키기도 하므로 교사는 충분한 관심과 적절한 격려를 제공해야 한다.

(2) 모델보이기(model)

모델보이기는 교사가 영유아에게 바라는 바람직한 행동을 직접 행함으로써 시범을 보여주는 것이다. 모델 보이기는 명시적인 형태와 함축적인 형태로 구분할 수 있다. 직접적인 시범 보이기는 명시적인 형태로서 지시적인 요소가 많은 반면, 교사의 평소 행동을 통한 모델보이기는 함축적인 형태로 비지시적인 성격을 띤다. 지시적인 모델 보이기에 비해 비지시적인 모델 보이기는 유아의 행동이 자발적이 되도록 이끌어 준다.

모델보이기 상호작용의 예

■ 상황 1

: 블록장난감으로 집을 만들며 놀고 있는 영유아가 블록을 지그재그로 쌓아 자꾸 무너질 때

⇨ 반응(지시적인 모델보이기)

: 교사는 "아래쪽 블록을 더 넓게 쌓으면 더 튼튼하게 높이 쌓을 수 있을까?" "옆으로 쌓으면 어떨까? 라며 다양한 방법의 쌓기를 직접 보여주는 상호작용을 할 수 있다.

■ 상황 2

: 등원 시 영유아가 엄마와 헤어지기를 주저하며 쭈뼛거릴 때

⇨ 반응(비지시적인 모델보이기)

: 교사는 영유아를 대신해서 "안녕히 다녀오세요!" 라며 어머님께 밝게 인사드린다. 엄마와 인사를 나누는 모습을 반복적으로 보여줌으로써 영유아는 교사를 관찰하고 모방하게 된다.

(3) 촉진하기(facilitate)

촉진하기는 발달 및 학습적으로 준비가 되었을 때 다음 수준에 도달할 수 있도록 영유아에게 일시적인 도움을 제공하는 행동이다. 촉진하기는 영유아가 활동이나 놀이를 주도하는 상황에서 영유아의 행동이 유지되고 확장될 수 있도록 반응하는 것에 초점을 둔다. 따라서 "~에 대해 말해주겠니?" "또 다른 방법은 없을까?"와 같은 질문을 통해 영유아의 확산적 사고를 돕는 것이 포함된다.

촉진하기 상호작용의 예

■ 상황 1

: 유아가 두 발 자전거의 균형을 잡지 못해 어려워할 때

⇨ 상호작용

: 교사는 잠시동안 두 발 자전거의 뒤를 잡아주며 유아가 균형감각을 익히도록 도울 수 있다.

■ 상황 2

: 영유아가 블록으로 만든 로봇장난감을 가지고 놀다가 흥미를 잃어갈 때

⇨ 상호작용

: 교사는 "우와 OO이가 만든 건 뭐에요?" "OO이가 로봇장난감으로 무슨 놀이를 하고 있었는지 얘기해줄래요? 라고 질문하며 영유아의 놀이에 대해 상호작용함으로써 영유아가 활동을 확장할 수 있는 기회를 제공한다.

(4) 지원하기(support)

지원하기는 영유아의 활동을 교사가 돕는 것으로, 촉진하기와 유사하지만 교사와 영유아의 협력 정도에서 차이가 있다. 즉, 촉진하기는 영유아가 주도하는 활동에 교사가 일시적인 도움을 주는 방식인 반면, 지원하기는 영유아와 교사가 함께 활동을 하며 지원의 방식이나 시기 등을 함께 결정하여 이루어진다.

지원하기 상호작용의 예

■ 상황 1
: 유아가 두 발 자전거의 균형을 잡지 못해 어려워할 때
⇨ 상호작용
: 두 발 자전거를 탈 수 있도록 교사가 자전거를 뒤에서 잡아주는 행동이 언제 어느정도로 이루어질 때 유아에게 도움이 되는지 교사와 유아가 함께 논의한 후, 이를 실행함으로써 유아가 균형감각을 익히도록 한다.

(5) 비계설정하기(scaffold)

비계설정하기는 영유아가 한 단계 높은 수준으로의 발달을 이룰 수 있도록 영유아에게 도전적 활동의 기회를 제공하는 행동이다. 교사는 개별적인 영유아의 흥미는 물론 현재의 발달수준을 파악하여야 하며, 교사의 도움이 없이는 달성하기 어려운 활동이 무엇인지 파악하여야 한다. 영유아에 대한 이해는 잠재적으로 도달가능한 목표를 설정하는 데에 바탕이 되며, 이러한 목표에 따라 개별 영유아별로 적합한 비계설정하기 상호작용이 가능해진다.

비계설정하기 상호작용의 예

■ 상황 1

: 모래놀이터에서 개미를 발견하여 관찰하고 있는 영유아에게

⇨ 상호작용

: 교사는 영유아가 개미에게 왜 관심을 보이는지에 대해 질문할 수 있다. "개미가 과자부스러기를 가지고 어디로 가는지 궁금해요." 라고 말한다면 교사는 영유아의 궁금점을 해결할 수 있는 문제해결 방식을 제안하거나 더욱 확장된 궁금증을 가지도록 격려함으로써 잠재적 목표를 설정하고 이를 달성할 수 있는 도움을 제공할 수 있다. "개미가 음식을 가지고 어디로 가는 거라고 생각하니?" "OO이라면 어디로 갈 것 같니?" 등의 질문으로 영유아의 수준을 파악하고 "선생님 생각에는 개미가 음식을 가지고 집으로 가는 것 같은데… 이유는 뭘까?" "개미의 집(개미굴)은 어떻게 생겼을까?"개미 집을 한번 찾아볼까?" "개미집에 대해 어떻게 하면 더 많이 알 수 있을까?" 등등 영유아에게 도전적인 활동과제나 목표를 제시할 수 있다.

(6) 함께 구성하기(co-construct)

함께 구성하기는 교사와 영유아가 함께 놀이활동을 하거나 프로젝트를 수행하는 것을 의미한다. 비계설정하기와 비교할 때, 함께 구성하기는 교사와 영유아가 동일한 활동에 참여하여 하나의 목표를 가지고 협력한다는 점에서 더 지시적인 교수방법으로 이해된다.

함께 구성하기 상호작용의 예

■ 상황 1

: 영유아가 역할영역에서 음식점놀이를 하고 있을 때

⇨ 상호작용

: 교사는 음식점놀이에서 하나의 역할을 선택하여 놀이상황에 참여한다. 손님으로 참여한다면 "여기요~! 라면 한 그릇 주세요", "물은 가져다 마시나요?", "얼마에요?" 등 손님으로서 역할하며 함께 놀이를 이어간다.

■ 상황 2
: 유아반 물절약 캠페인 프로젝트 수행 시
⇨ 상호작용
: 교사는 유아들과 함께 논의하며 물절약 방법에 무엇이 있는지 서로 의견을 나누고, 물절약 캠페인을 어떤 방식으로 할지 기존의 다른 캠페인도 함께 찾아보며 결정할 수 있다. 물절약 포스터를 만든다면, 어떤 그림을 그릴지 어떤 글을 쓸지 등 함께 논의하고 수행함으로써 프로젝트 활동 동안 교사와 유아 모두 교수자이자 학습자로서의 역할을 동시에 한다.

(7) 시범 보이기(demonstrate)

시범 보이기는 함께 구성하기보다 조금 더 지시적인 상호작용 방법이다. 시범 보이기는 교사가 능동적으로 참여하여 영유아의 행동형성을 위한 가이드를 제공하는 것이다. 따라서 교사가 직접 시범을 보이는 동안 유아는 교사의 시범활동 과정과 결과를 관찰한다.

시범 보이기는 영유아의 행동이나 활동이 안전이나 부적절성 등의 관점에서 명백한 수정이 필요한 경우에 효과적인 상호작용 유형이다.

시범 보이기 상호작용의 예

■ 상황 1
: 식사 시간에 영유아가 포크/젓가락을 가지고 친구 쪽을 향하 흔들며 이야기 할 때
⇨ 상호작용
: 교사는 바른 식사예절뿐 아니라 안전한 식사환경 조성을 위해 "포크나 젓가락을 가지고 흔들면 옆에 친구가 다칠 수 있으니 밥을 먹을 때는 옆으로 돌아서 이야기하지 않아요. 포크나 젓가락은 이렇게 손에 쥐고 바른 자세로 밥을 먹을 때만 사용하는 거에요" 라고 말하며 바른 자세로 포크나 젓가락을 사용하는 방법을 보여준다.

(8) 지시하기(direct)

지시하기는 교사가 영유아들이 어떤 활동이나 과제를 특정한 방법으로 하도록 직접적인 명령을 내리는 상호작용 방법이다. 지시하기는 활동의 목표와 활동을 달성하는 방법이 정해져 있는 만큼 영유아들이 교사의 지시를 정확히 따를 수 있도록 구체적이고 명확하게 이루어져야 한다.

지시하기 상호작용의 예

■ 상황 1
: 카네이션 만들기 활동을 하는 과정에서
⇨ 상호작용
: 교사는 "색종이로 카네이션을 접는 순서가 여기 있어요. 이 순서대로 만들어야 예쁜 카네이션이 완성됩니다.", "오른쪽으로 먼저 반을 접은 다음에 뒤로 돌려 왼쪽을 접어야 해요." 등의 명령적인 안내를 통해 지시하기 상호작용을 할 수 있다.

이상에서 살펴본 8가지 교수행동은 서로 전혀 다른 독립된 전략이 아니라 서로 관련성을 가진다. Bredekamp와 Rosegrant(1995)는 실제 현장에서는 유아와의 상호작용에서 이들 상호작용 전략들이 고르게 활용되어야 한다고 주장하였다. 일시적인 촉진하기에서 비계설정하기로 확장된 상호작용이 이루어질 수도 있고, 지시적인 방법과 비지시적인 방법을 혼합하여 사용할 수도 있다. 이러한 혼합적 사용은 교사가 상호작용 상황을 어떻게 인식하는가, 영유아의 발달수준을 어떻게 평가하는가, 활동의 성격이 무엇인가, 교사의 교육적 의도가 무엇인가, 교육에 활용할 수 있는 물리적 환경은 어떠한가 등의 다양한 기준들을 고려하여 선택 · 적용하여야 한다(문미옥, 2009).

예를 들어, 활동 집단의 크기에 따라 대집단 활동 시에 교사는 지시적 상호작용을 많이 하는 반면, 소집단 활동이나 개별 활동에는 비지시적 상호작용을 더 많이 할 수 있다. 또한 자유놀이활동의 경우는 인정하기나 촉진하기와 같이 영유아가 활동을 주도할 수 있도록 상호작용하는 반면, 프로젝트 수업 등의 집단활동에서는 함께 구성하기나 시범 보이기 등을 통해 집단 내에서 목표한 바를 달성할 수 있도록 상호작용하는 것이 보다 효과적이다(김영희 등, 2006).

보육시설에서의 모든 활동에 정해진 상호작용 유형이 있는 것은 아니다. 따라서 교사가 어떠한 기준으로 어떠한 판단을 하는지에 따라 상호작용의 유형은 물론 내용과 질이 달라지게 된다. 질적으로 우수한 교사란 영유아의 긍정적 발달을 촉진할 수 있는 기준과 판단으로 효과적인 교수행동 유형을 적절하게 사용할 수 있는 능력을 가진 교사라 하겠다.

[그림 6-3] 대집단 활동에서의 교사-유아 상호작용

2) 놀이에서의 상호작용

(1) 놀이의 중요성

최근 개정된 표준보육과정과 누리과정은 아동중심, 놀이중심에 초점을 둔다. 따라서 최근에는 특히 놀이상황에서의 교사-영유아 상호작용이 주목을 받고 있다. 놀이는 영유아의 삶 자체로, 영유아에게 재미를 주고 자유로움과 주도성, 창의성을 경험하게 한다(교육부, 보건복지부, 2019). 놀이를 통해 영유아는 끊임없이 다양한 신체운동기술을 훈련하며 성장한다. 놀이는 영유아의 호기심과 지적 탐구심을 표출하고 문제해결에 도전하게 함으로써 세상에 대한 이해를 넓혀갈 수 있게 한다. 또한 영유아는 놀이를 통해 타인과 관계를 형성하고 협력하며 때로는 갈등을 경험하기도 하고, 다양한 상황에서 다양한 역할을 경험하며 정서사회적으로 배우고 성장한다. 따라서 어린이집에서는 영유아가 다양한 놀이활동을 통해 다양한 경험을 하고 긍정적인 발달을 이룰 수 있도록 적극적으로 지원해야 한다(교육부, 보건복지부, 2020).

표준보육과정/누리과정에서 제시하는 교사의 놀이운영 방향

- 교사는 영유아가 주도하는 놀이를 지원하기 위해 필요에 따라 활동을 계획하여 운영한다.
- 교사는 미리 계획한 활동을 영유아에게 제공하기 보다는 영유아가 주도하는 놀이의 흐름에 따라 융통성 있게 일과를 운영하도록 한다.
- 놀이시간은 짧게 여러 번 제공하기보다 긴 시간으로 편성하여 놀이의 흐름이 끊기지 않고 영유아가 충분히 몰입하도록 한다.
- 교사는 바깥놀이를 포함하여 놀이시간을 2시간 이상 확보한다. 다만 날씨와 계절, 기관의 상황, 영유아의 관심사와 놀이특성을 고려하여 융통성있게 편성・운영한다.

(2) 놀이를 지원하는 교사의 역할

교사의 놀이 상호작용은 영유아가 자유롭게 놀이활동을 할 수 있도록 놀이환경을 준비하고 제공하는 일에서부터 놀이과정을 살피고 또 놀이에 함께 참여하는 등 다양한 방법으로 이루어진다. 누리과정에서는 놀이를 지원하는 교사의 역할로 놀이의 계획, 놀이 속 상호작용, 놀이과정 확인, 놀이를 통한 배움 평가 등을 제시한다(교육부, 보건복지부, 2020).

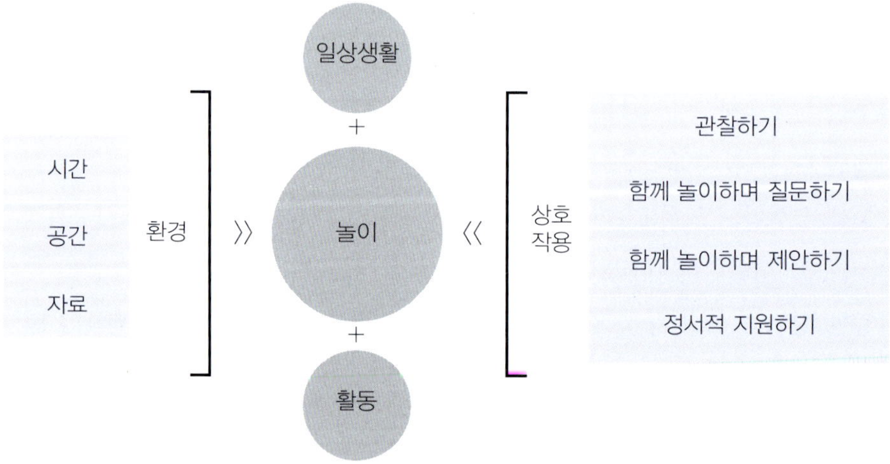

[그림 6-4] 놀이를 지원하는 교사의 역할

출처: 교육부, 보건복지부(2020).

① 놀이 계획

교사는 영유아가 관심과 흥미를 가지고 놀이에 몰입할 수 있도록 놀이환경을 적절히 계획해야 한다. [그림 6-4]에서와 같이 놀이 환경은 시간, 공간, 자료를 모두 포함한다. 즉, 놀이시간을 안배하고 재미있고 안전한 환경에서 놀이할 수 있도록 하며, 다양하고 풍부한 놀잇감과 자료를 활용할 수 있도록 미리 계획하고 준비할 필요가 있다.

② 놀이 참여

교사는 영유아의 놀이에 다양한 방법으로 참여할 수 있다. 직접적으로 영유아와 상호작용하며 영유아가 자유롭고 주도적으로 놀이할 수 있도록 지원할 수도 있으며, 직접 참여하지 않고 영유아의 놀이를 살필 수도 있다. 놀이에서의 상호작용은 관찰하기, 질문하기, 제안하기, 정서적 지원하기 등 상황에 맞게 다양하게 이루어질 수 있으며, 놀이를 지원하는 과정에서 교사는 영유아의 놀이가 유지되고 확장되는지 확인할 수 있다.

③ 놀이 평가

교사는 놀이활동을 통해 영유아에게 배움이 일어났는지 관찰하고 이를 평가할 필요가 있다. 놀이의 평가결과는 이후 놀이계획에 반영될 수 있다. 특히 표준보육과정이나 누리과정의 영역을 중심으로 이루어지는 평가는 개별적인 놀이활동의 특성과 놀이하는 영유아의 개인적 특성을 교육과정과 연결하여 판단함으로써 놀이활동의 발달적, 교육적 효과는 물론, 개별 영유아의 발달을 지원하는 데에 중요한 기준과 정보를 제공한다.

[그림 6-5] 바깥놀이에서의 교사-영아 상호작용

어린이집 평가 시 교사의 상호작용 관련 문항

어린이집 평가에 사용되는 교사의 상호작용 문항은 아래와 같다.

첫째, 모든 놀이와 활동은 영유아 스스로의 선택에 의해 이루어질 때 의미 있는 경험이 될 수 있으므로, 교사가 영유아의 자발성과 주도성을 인정하고 격려하는지의 여부로 교사의 상호작용을 평가한다.

둘째, 교사는 영유아의 놀이 상황을 관찰하면서 영유아의 놀이가 유지되고 촉진, 확장될 수 있도록 상호작용해야한다. 개별 영유아가 관심과 흥미를 가지고 놀이활동에 집중하고 있는지를 관찰하며, 영유아의 놀이행동을 격려하고 지지하며 개방적 질문을 통해 놀이가 촉진될 수 있도록 지원하는지 등을 평가한다.

셋째, 놀이활동에 필요한 놀잇감과 자료들을 적절히 제공하였는지를 평가한다. 이는 교사와 영유아 간의 직접적 상호작용이라기보다는 영유아의 놀이환경을 지원하는 간접적 상호작용으로 볼 수 있다.

	평가항목	결과
1	교사는 놀이와 활동이 영유아의 자발적 선택에 의해 주도적으로 이루어지도록 격려한다.	□ Y □ N
2	교사는 영유아의 놀이 상황을 관찰하면서 놀이와 관련된 상호작용을 한다.	□ Y □ N
3	영유아의 다양한 놀이와 활동에 필요한 자료를 제공한다.	□ Y □ N
합계		총 계
〈지표 평정기준〉 우 수 3개의 평가항목 중 Y 개수가 3개 보 통 3개의 평가항목 중 Y 개수가 2개 개선필요 3개의 평가항목 중 Y 개수가 1개 이하		

(3) 놀이 속 상호작용

놀이 상황에서의 교사-영유아 상호작용은 다음의 3가지 형태로 나타날 수 있다(그림 6-6 참조). 각 형태에 따라 교사의 역할에는 다소 차이가 있을 수 있다. 지지하기 상호작용은 영유아의 놀이를 인정하고 놀이의 장면을 격려하는 상호작용이 주를 이룬다. 반면, 이끌기 상호작용에서 교사는 놀이를 제안하거나 모델링 보이기, 도와주기 등의 상호작용을 하게 된다. 함께하기 상호작용은 놀이에 몰입하여 영유아와 즐겁게 놀이하는 형태로 나타난다.

아동중심의 놀이는 정형화되어 있지 않고 유동적이기 때문에 이러한 놀이 속 상호작용은 융통적으로 전환되어 나타날 수 있다.

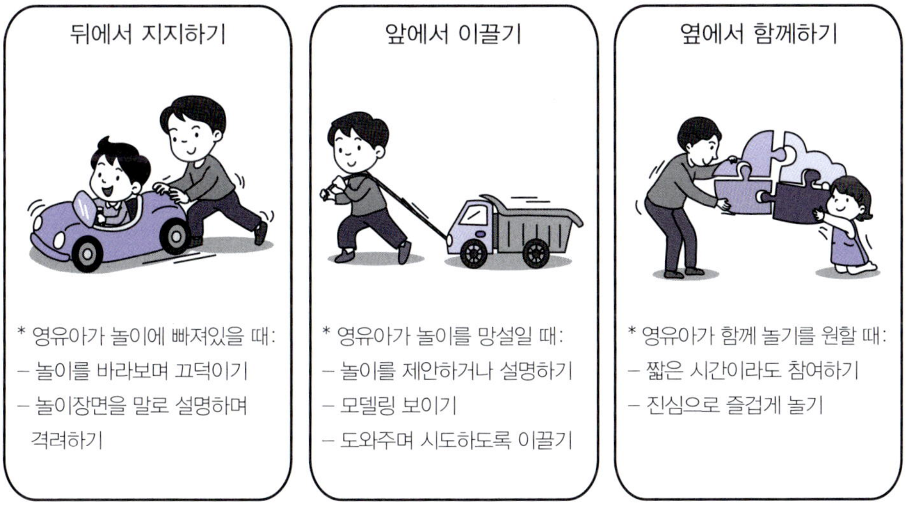

[그림 6-6] 놀이 속 교사의 역할

출처: 부산광역시육아종합지원센터 (2021).

7장

교사 네트워크

보육교사는 성공적인 보육을 위해 영유아의 가정, 즉 양육자와 협력관계를 형성하여 영유아에 대한 정보를 공유해야 한다. 이 밖에도 보육프로그램을 효과적으로 운영하기 위해 지역사회의 다양한 기관들과 협력하며, 보육기관 내 다른 보육교직원과도 원활한 관계를 맺어야 한다. 본 장에서는 보육교사가 직무를 수행하면서 맺게 되는 다양한 교사 네트워크에 대해 구체적으로 살펴보고자 한다.

1. 가정연계

1) 가정연계의 개념

부모는 영유아 보호와 양육의 일차적 책임자로서 영유아의 발달에 가장 중요한 환경으로 이해된다. 그러나 최근 들어 어린이집 등 보육기관에 다니는 영유아의 수가 급증하면서 보육교사에게도 부모와 같은 양육자의 역할과 책임이 부여되고 있다. 영유아가 가정과 보육기관이라는 2개의 환경에서 동시에 생활한다는 점은 영유아의 건강한 발달을 위해 가정과 보육기관이 서로 연계하여야 하고 두 영역의 양육책임자가 긴밀히 협력해야 함을 의미한다.

표준보육과정 및 누리과정에서는 교육 및 보육과정에서 가정과 보육기관의 협력과 지원으로서의 가정연계를 강조한다. 가정연계란 교육 및 보육과정의 운영과 실현 전반을 지원하기 위해 영유아를 둘러싼 미시체계로서의 가정과 어린이집 및 유치원 간의 포괄적인 협력을 의미한다(권미경 등, 2015). 가정연계는 기관의 보육과정을 일상생활에서도 풍부하고 일관성있게 경험하게 함으로써 보육이 추구하는 목적을 달성하기 위함이다.

가정연계는 넓은 의미에서 가정과 교육 및 보육기관 간에 공식적 · 비공식적 관계를 형성하는 것으로 정의된다(권미경 등, 2015). 이러한 가정연계는 가정 내 양육책임자인 부모와 교사 간의 긴밀한 협력을 바탕으로 한다. 가정연계에 관한 연구들에서는 교사와 양육자 간의 협력을 '가정협력', '부모협력', '교사–부모 상호작용', '교사–부모 협력', '교사–부모 소통' 등 다양한 용어로 지칭한다. 그리고 최근에는 교사와 부모 간의 협력관계를 양자 간의 상호존중을 강조하는 의미에서 동등한 파트너십(partnership)으로 규정하기도 한다(Owen et al., 2000). 본 장에서는 보육기관에서 주도하는 가정과 기관 간의 관계형성을 '가정연계'로 지칭하고자 하며, 이를 달성하기 위한 교사와 가정/부모 간의 모든 실제적 협력행위를 '협력' 또는 '소통'의 용어로 구분하여 사용하고자 한다.

2) 가정연계의 중요성

Bronfenbrenner(1979)는 생태학적 체계이론에서 아동을 둘러싼 환경을 관계의 근접성에 기초하여 구분하였으며, 아동이라는 유기체와 환경체계 간의 상호작용이 아동의 성장발달에 직간접적인 영향을 미친다고 하였다. 미시체계, 중간체계, 외체계, 거시체계, 시간체계 등 아동발달과 관련된 5가지의 환경체계 중, 중간체계는 아동과 직접적으로 상호작용하는 미시체계들 간의 관계를 의미한다. 따라서 영유아가 일상에서 직접적으로 상호작용하는 '부모(양육자)'라는 미시체계와 '교사'라는 미시체계 간의 상호작용은 영유아의 발달에 중요한 영향을 미치는 대표적인 중간체계로 볼 수 있다.

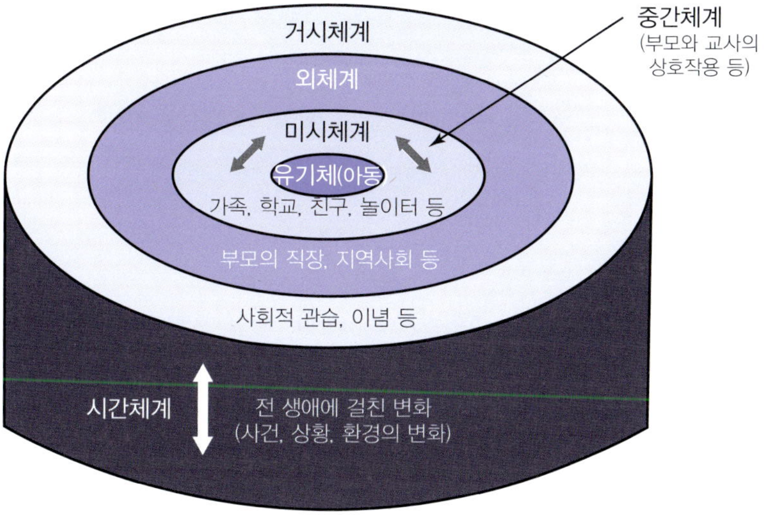

[그림 7-1] Bronfenbrenner의 생태학적 체계이론의 도식화

가정연계는 다음과 같은 3가지 측면에서 영유아발달에 긍정적 영향을 미친다.

- 정보 및 자원 공유: 영유아에 대한 정보와 발달에 필요한 다양한 자원을 공유한다.
- 양육의 일관성: 공통된 양육신념과 가치관을 바탕으로 일관된 양육을 가능하게 한다.
- 과제 협업: 영유아 발달을 촉진하는 프로그램의 협업을 통해 목표달성을 추구한다.

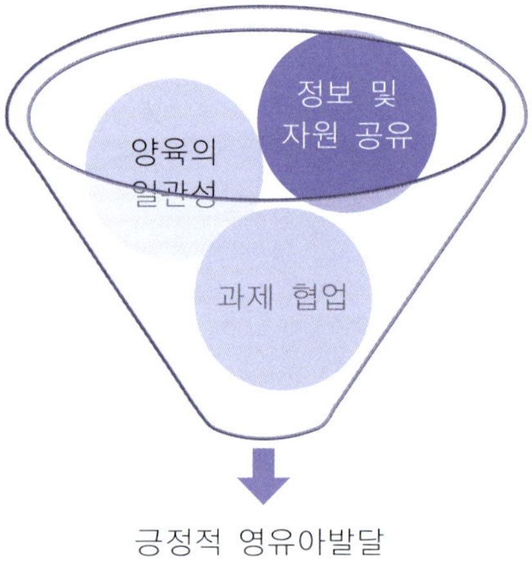

[그림 7-2] 가정연계의 목표

경험적 연구들에서도 부모와 교사 간의 협력이 교사, 부모, 그리고 궁극적으로 영유아에게 모두 긍정적인 영향을 미침을 일관되게 보고한다. 구체적으로, 가정협력은 교사의 긍정적인 교사효능감(강현주, 황성온, 2022; 최미숙, 2016)과 교사-영유아 관계(강미숙 등, 2018; 도경은, 이시자, 2016; 박경애, 도미향, 2022; 박장희, 노성향, 2018)에 영향을 미치는 것으로 보고된다. 또한 부모에게는 언어적 모델링, 긍정적인 사회적 상호작용, 민감한 반응 등의 양육기술과 놀이지지 양육신념에 영향을 미치는 것(박신영, 이진희, 2013)은 물론, 부모효능감의 심리적 특성에도 영향을 미친다(이양숙, 신현정, 2020). 더불어, 가정연계를 통한 다양한 교사–부모 간의 협력은 영유아 발달의 다양한 측면에도 직접적인 영향을 미친다. 즉, 유아의 신체발달(김은정, 안나영, 2018)과 인지발달(최지현, 2013)은 물론, 정서지능(이양숙, 신현정, 2020), 인성(정희영, 2015), 또래유능성(최미숙, 김보배, 2018), 학교준비도(Lan et al., 2011), 놀이성(정경희, 허미해, 2020), 사회적 능력 및 문제행동(EL Nokali et al., 2010) 등의 정서사회성 발달에 영향을 미친다.

이러한 영향력으로 인해 외국에서는 1920년대부터 가정연계를 보육의 주요한 활동으로 여기고 있다(Gestwicki, 2015). 우리나라에서도 보육기관의 질을 평가하는 지표로 어린이집 평가 항목에 가정연계 프로그램 운영에 관한 사항을 포함시키고 있다. 이는 정책적으로 가정연계와 협력을 촉진함으로써 보육의 질을 높이려는 시도로 이해된다. 또한 2015년부터는 어린이집의 개방성을 확대한 열린어린이집 정책을 통해 부모의 보육기관 참여와 소통을 지원하고 있다.

3) 가정연계 활동의 유형

보육기관에서는 적극적인 가정연계를 위해 보육과정 중에 구체적인 가정연계 활동을 계획한다. 가정연계는 부모참여로 명명되기도 하는데, 부모의 참여 정도에 따라 수동적 참여자로서의 부모교육이나 수업참관에서부터 능동적 참여자로서의 운영위원회 참여까지 매우 다양하다. Epstein(1995)은 유아교육 기관에서의 부모참여(parent involvement)를 부모역량강화(parenting), 의사소통(communicating), 자발적 참여(volunteering), 가정 내 학습(learning at home), 의사결정(decision making), 지역사회협력(collaborating with community) 등 6가지로 구분하였다(표 7-1 참조). 이 중 유형1에서 유형5까지를 가정연계 활동으로 볼 수 있다.

〈표 7-1〉 Epstein의 부모참여 유형 구분 및 사례

구분	유형 1	유형 2	유형 3	유형 4	유형 5	유형 6
	부모역량강화	의사소통	자발적 참여	가정 내 학습	의사결정	지역사회협력
개념	• 학습자로 자녀 지원을 위한 가정환경 구성에 도움 제공	• 기관프로그램이나 자녀 발달에 대한 기관-가정 간 효율적 소통	• 다양한 학급활동에 자원봉사자나 보조자로 참여	• 가정에서 교육과정 관련 활동결정, 계획 • 숙제돕는 방법과 정보 제공	• 부모대표를 선출하고 기관의 결정에 부모 포함	• 기관프로그램을 강화하는 지역사회로부터의 서비스 구체화와 조직
사례	• 부모교육과 훈련 • 가족건강, 영양 등 정보 제공 • 가정방문 등	• 부모면담 • 자녀작업전달 • 가정통신문 • 알림장 • 전화 • 기관안내 등	• 기관과 교사를 돕는 지원 • 일일교사 • 행사 자원봉사 등	• 교육과정관련 정보제공 • 숙제 또는 가정에서의 연장활동 등	• 부모운영위원회 • 기관개선을 건의 모임 • 부모 자조 모임 등	• 지역사회지원에 대한 안내 • 지역사회활동과의 연계 등

출처: Epstein(1995). 권미경 등(2015)에서 재인용.

(1) 부모역량강화(parenting)

부모역량강화는 영유아의 부모 및 양육자에게 영유아를 양육하는 데 필요한 지식과 정보를 제공하고 효과적인 양육태도와 기술, 전략을 습득하도록 도움으로써 가정의 양육환경을 향상시키려는 목적을 가진다. 여기에는 부모오리엔테이션, 부모교육, 부모훈련, 교사 및 부모 공동연수 등이 포함된다. 대개의 어린이집에서는 부모역량강화로 부모교육을 실시한다. 부모교육의 주제는 영유아의 기관적응이나 월령에 따른 양육지식 등의 내용으로 구성되며, 교사에 의해 실시되기 보다는 원장이나 외부 전문가를 활용한다.

(2) 의사소통(communicating)

의사소통은 교사와 부모 및 양육자가 상호작용하며 서로의 생각과 의견, 정보를 나누는 것으로, 다양한 방식으로 이루어진다. 부모면담, 가정통신문, 알림장, 쪽지, 전화, 소식지, 영유아작품, 보육기관 개방, 이메일, 홈페이지 등을 통한 소

통(Epstein & Sanders, 2002)과 더불어 최근에 많이 활용되는 SNS를 통한 교사와 부모 간의 상호작용도 여기에 속한다.

이 중 부모면담은 대표적인 어린이집의 가정연계 프로그램이며, 연 2회 정기부모면담을 의무적으로 시행하도록 법으로 정하고 있다. 다양한 의사소통 과정에서 요구되는 교사의 역할에 대해서는 본 장의 다른 절에서 구체적으로 다루었다.

(3) 자발적 참여(volunteering)

자발적 참여는 부모가 보육기관의 다양한 활동에 직접 참여하여 영유아의 보육에 대한 책임을 함께 수행하는 활동 유형이다(권미경 등, 2015). 자발적 참여의 대표적인 활동으로는 일일교사나 보조교사로의 참여, 기관행사의 자원봉사 및 지원자로의 참여 등을 들 수 있다. 이러한 활동을 통해 부모는 보육기관의 보육철학과 보육활동을 공유하고 환경을 직접 경험함으로써 다양한 정보를 바탕으로 자녀에 대한 이해의 폭을 넓힐 수 있다.

[그림 7-3] 부모의 일일교사 활동

(4) 가정 내 학습(learning at home)

가정 내 학습은 어린이집에서 운영되는 영역별 보육프로그램의 가정 내 연장으로, 세부 활동을 가정에서 보호자와 함께 수행하거나 관련 주제에 대한 가정의 경험을 공유하는 방식으로 이루어질 수 있다. 영유아는 교사와 부모가 비슷한 교육 신념을 가지고 비슷한 방식으로 일관성 있게 양육할 때 가장 잘 배운다(Piotrkowski et al., 2001). 따라서 교사와 부모의 교육적 연계를 위해 다양한 가정 내 학습 프로그램이 개발 · 실행되고 있으며, 협력적 학습에 대한 긍정적 효과가 보고되고 있다(정미애, 2011).

(5) 의사결정(decision making)

가정연계 활동에서 부모참여의 가장 적극적인 형태인 의사결정은 부모가 보육기관의 정책 결정자나 조언자로 참여하는 것을 말한다. 어린이집 운영위원회는 대표적인 의사결정 부모참여 형태이다.

우리나라에서는 어린이집 운영위원회의 결성과 구성을 법으로 명시하고 있다. 즉, 어린이집 운영위원회는 분기별 1회 이상 개최해야 하며, 운영위원회의 구성은 어린이집 원장, 보육교사 대표, 학부모 대표 및 지역사회 인사를 포함한 5인 이상 10인 이내로 규정한다. 특히 운영위원회 구성 중 학부모 대표의 비율을 전체 인원의 1/2이상으로 정함으로써 어린이집의 운영에 관한 의사결정에 부모의 참여를 적극 권장하고 있다.

어린이집 운영위원회가 심의할 내용

- 어린이집 운영규정 제 · 개정에 관한 사항
- 어린이집 예산 및 결산의 보고에 관한 사항
- 영유아의 건강 · 영양, 안전 및 아동학대예방에 관한 사항
- 어린이집과 지역사회의 협력에 관한 사항
- 보육교직원의 근무환경 개선에 관한 사항
- 영유아의 보육환경 개선에 관한 사항
- 보육시간, 보육과정의 운영방법 등 어린이집의 운영에 관한 사항
- 보육료 외의 필요경비를 받는 경우, 「영유아보육법」 제38조에 따른 범위에서 그 수납액 결정에 관한 사항
- 그 밖에 부모모니터링단의 모니터링 결과 등 어린이집 운영에 대한 제안 및 건의 사항

출처: 한국보육진흥원, 중앙육아종합지원센터(2023).

4) 가정과의 협력적 관계 형성

가정연계를 통한 영유아의 성공적인 발달지원은 교사와 부모 간의 긴밀한 관계형성을 바탕으로 한다. 그럼에도 불구하고 실제 보육현장에서 교사는 다른 대인관계에 비해 부모와의 관계에서 가장 많은 스트레스를 경험하는 것으로 보고된다(김신영, 1998). 다음에서는 바람직한 교사-부모 관계 형성에 관해 살펴보고자 한다.

(1) 교사-부모 관계의 특징

① 이차적 관계

교사-부모의 관계는 영유아에 의해 연결되는 이차적인 관계이다. 이는 관계맺음의 시작이 영유아를 통해 이루어진다는 의미임과 동시에 관계형성의 목적이 교사와 부모 당사자의 직접적인 이익추구가 아닌 영유아라는 공통적인 제3자의 이

익을 위한다는 것을 의미한다.

② 비자발적 관계

교사와 부모의 관계는 어린이집의 학급편성에 의해 비자발적으로 형성된다. 보육기관을 선택하는 것은 각각 부모와 교사에 의해 이루어지지만 학급의 선택이나 배정은 그렇지 않은 경우가 대부분이기 때문이다.

③ 한시적 관계

교사와 부모는 학급편성에 의해 비자발적으로 관계가 형성되는 만큼, 영유아의 연령변화나 보육기관 변경 등에 의해 관계가 종료된다. 이러한 관계의 한시성은 친밀해질 수 있는 시간적인 제약이나 당위성을 약화시킬 수도 있지만 반대로 관계가 형성되어 있는 동안 매우 집중적이고 명확한 관계유지의 목적을 달성하려는 의지로 연결되기도 한다.

(2) 교사-부모 간 협력에 대한 인식

성공적인 가정협력을 위해 교사에게는 다양한 기술과 태도, 실천적 경험들이 요구된다. 이와 함께 교사가 부모-교사 간 협력을 어떻게 인식하고 이해하는가 역시 가정협력의 구체적인 방법이나 내용, 성과에 영향을 미칠 수 있다(표 7-2 참조).

교사-부모 간의 협력에 관한 연구에 따르면, 교사들은 '상호 신뢰와 존중'과 '원활한 의사소통'을 긍정적 관계형성의 1, 2순위로 꼽는다(윤갑정, 손환희, 2014). 그리고 교사-부모 간의 신뢰는 서로에 대한 '공감'으로부터 시작된다고 본다. 즉, 교사-부모 간의 협력은 공감을 바탕으로 보육교사의 전문성에 대한 신뢰와 인정, 그리고 양육자로서의 책임감에 의해 중재되는 과정에서 협력적 관계로 발전하거나 대립적 관계가 형성되는 것으로 이해된다.

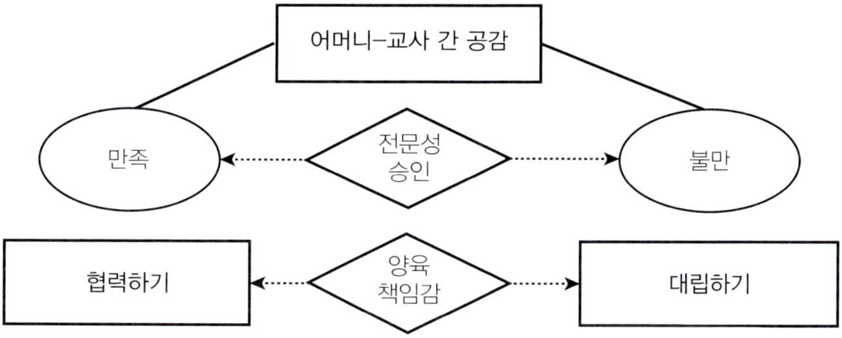

[그림 7-4] 교사-부모 관계형성의 과정

출처: 임민정, 손은해(2021).

〈표 7-2〉 교사-부모 간 협력관계 형성에 대한 교사의 인식

구분	내용
가정협력에 대한 긍정적 영향요인	• 상호이해 및 존중과 신뢰 • 원활한 의사소통 • 구체적인 교사의 노력 • 교사와 부모의 각 역량 • 유아의 건강한 성장과 발달 • 부모와 교사 상호 간의 호감
가정협력에 대한 부정적 영향요인	• 교사에 대한 부모의 불신과 부정적 시각 • 상호 이해부족과 가치관 차이 • 부모의 무관심과 이기적이고 일방적인 태도 • 소통의 불능 • 원활한 협력을 방해하는 외부 환경 • 교사의 무관심이나 무성의한 태도 • 교사들을 비교하는 부모의 특성 • 부모의 지나친 관심과 간섭 • 교사의 신체적 · 심리적 소진

출처: 윤갑정, 손환희(2014).

(3) 가정협력에 영향을 미치는 교사 요인

가정협력은 교사와 부모의 양방향적 관계를 바탕으로 한다는 점에서 양자 모두의 적극적인 참여와 긍정적인 태도를 기본으로 한다. 그러나 교사-부모 간 협력

이 보육기관의 가정연계 일환으로 주도되는 만큼 교사의 태도나 인식이 매우 중요한 요인으로 이해된다(Hoover-Dempsey & Sandler, 1995). 여기에서는 가정협력에 영향을 미치는 교사 관련 몇 가지 요인들에 대해 소개하고자 한다.

① 교사의 근무요인

▣ 경력

전반적으로 경력이 많은 교사들이 그렇지 않은 교사에 비해 부모와의 협력 수준이 높은 것으로 보고된다. 다만, 10년 이상의 높은 경력을 가진 교사들은 부모와의 관계를 부정적으로 인식하는 경향도 보고된다. 이는 교사의 경력이 쌓이면서 자신만의 교육철학과 가치관이 반영되기 때문일 수도 있다(심숙영, 2004).

▣ 근무기관의 특성

보육교사가 근무하는 어린이집의 특성에 따라서도 교사와 부모의 협력에 차이가 있는 것으로 나타난다. 기관유형에 따라 민간 어린이집 교사가 국공립 어린이집 교사보다 부모협력에서 더 큰 스트레스를 보고한다. 이는 기관유형에 따른 교사의 근무환경 차이에서 기인하는 것으로 이해된다(김병준, 김수정, 2017). 즉, 국공립 어린이집의 경우 고용이 안정적이며, 직무시간이나 업무량, 임금 등에서 다른 유형의 어린이집에 비해 교사의 만족도가 높기 때문에 부모와의 관계형성이나 소통에 더욱 관심을 기울일 수 있는 여건을 제공한다.

근무기관의 특성 중 통원버스의 운영여부도 영향을 미치는 요인이다. 통원버스의 운영은 등·하원 시 교사와 부모가 대면으로 만날 수 있는 기회를 감소시킨다. 따라서 통원버스 미운영 어린이집 교사가 부모와 더욱 협력적인 관계를 맺는 것으로 보고된다.

② 교사의 능력요인

▣ 의사소통 능력

교사와 부모 간의 협력은 의사소통을 통해 이루어진다(Minke & Anderson, 2005). 따라서 교사의 의사소통 능력은 원활한 가정협력을 위한 기본 요소이다. 실제로 교사가 부모와 자주 의사소통하고 반응적으로 대할 때 부모는 보다 적극적으로 참여하는 경향이 있다(Galino & Sheldon, 2012).

▣ 대인관계 유능성

대인관계 유능성이란 다른 사람과 관계를 효과적으로 맺고, 유지하고, 발전시키는 능력을 의미한다(Spitzberg & Cupach, 1989). 교사는 다양한 특성을 가진 부모와 관계를 맺고 그들로부터 협력을 이끌어내야 한다는 점에서 자신과 타인의 정서를 적절히 조절하고 대응하는 대인관계 능력을 필요로 한다. 이를 통해 특히 친밀감을 형성하는 것이 교사-부모 간 협력의 주요한 바탕이 된다.

③ 교사의 심리적 요인

▣ 가정연계 효능감

가정연계 효능감이란 교사가 가정협력을 이끌어내는 자신의 능력에 대한 신념 및 자기 신뢰이다(김유정 등, 2012). 높은 가정연계 효능감은 교사에게 부모와의 소통에서 정서적 불편감을 느끼지 않고 관계에 대한 자신감을 주기 때문에 적극적인 관계형성과 의사소통을 유도한다. 부모의 입장에서 교사의 긍정적이고 적극적인 태도는 교사에 대한 신뢰감을 갖게 하며 반응적으로 협력하도록 한다.

(4) 바람직한 교사-부모 관계형성을 위한 교사의 역할

① 보육전문가로서의 역할

어린이집에서의 교사–부모 관계는 그 목적이 성공적인 영유아보육에 있기 때문에 보육전문가로서의 교사 역할은 가장 핵심적이다. 보육교사는 영유아의 성장과 발달, 적응에 관한 전문적인 지식과 개별 영유아에 대한 전반적인 이해를 가지고 보육프로그램을 운영할 뿐 아니라 이에 대해 부모에게 설명해야 한다.

어린이집에서의 영유아 활동에 대해 부모에게 명확히 전달하고 영유아의 행동이나 태도, 정서 등에 대한 정보를 공유하며, 경우에 따라서는 보육프로그램 운영을 위해 부모들의 협조를 구해야 한다.

② 안내자로서의 역할

교사는 어린이집의 보육프로그램이나 세부활동에 대한 정보제공뿐 아니라 전반적인 영유아 발달과 양육에 대한 안내자로서의 역할을 해야 한다. 부모는 영유아를 양육하는 과정에서 예상하지 못한 어려움이나 문제를 만나기도 한다. 또는 양육지식의 부족이나 관심부족 등으로 바람직하지 못한 양육태도를 보이기도 한다. 이때 교사는 개별 영유아의 발달상황을 파악하고 있는 제2의 양육자로서 적절한 방향으로의 양육지원자 역할을 수행해야 한다.

③ 공감자로서의 역할

교사는 부모가 자녀양육 과정에서 느끼고 경험하는 다양한 정서와 생각을 함께 공유하며 공감자로서 역할해야 한다. 부모에게 자녀양육은 즐거움임과 동시에 많은 책임감을 부여한다. 따라서 그 과정에서 느끼는 기쁨이나 어려움, 부담감 등에 공감해주고, 부모의 기대나 바램을 이해하는 것은 부모의 양육자신감을 높여줄 수 있는 보육교사로서의 역할이다.

5) 부모와의 상호작용 실제

보육교사들은 부모와의 상호작용 장면에서 원활한 소통의 어려움으로 스트레스를 호소하기도 한다(배지희 등, 2013). 영유아의 문제행동이나 어린이집 부적응 등을 부모에게 전달하는 과정에서 왜곡이 생기기도 하며, 관련 해결책을 제시하는 과정에서 의사소통 기술의 부족으로 곤란을 겪기도 한다. 또한 부모와 가치관이나 성향 차이로 갈등을 경험하기도 한다. 이러한 문제를 해결하고자 교사의 의사소통 능력이나 상담능력, 부모교육 능력을 강화하는 프로그램이 연구되고 있다(김민정, 2015; 신현경, 2012; Herman et al., 2011). 여기에서는 어린이집에서 정기적인 가정연계의 형태로 이루어지는 부모면담 및 부모와의 일상적 의사소통 상황에서 필요한 기술과 전략에 대해 소개하고자 한다(교육과학기술부, 육아정책연구소, 2012; 박현경, 2018).

(1) 상호작용의 기본 원리

① 수용적 존중하기

부모의 생각과 입장, 정서를 이해하고 존중해야 한다. 부모가 교사와는 다른 교육적 가치관과 양육관을 가질 수 있음을 수용하고 서로의 생각이 다름을 존중할 필요가 있다.

② 친밀감 형성하기

교사와 부모 간의 협력은 공감을 통한 신뢰의 형성에서부터 시작한다는 점에서, 교사는 부모와 친밀감을 형성하기 위해 편안하고 진실한 마음으로 부모를 대해야 한다. 개별 영유아에 대한 관심과 애정을 표현하는 것도 부모와의 친밀감 형성에 도움이 된다.

③ 공감적 이해하기

부모의 이야기에 공감하는 것을 통해 개별 영유아의 문제에 대해 관심을 가지고 함께 해결하고자 하는 의지를 표현한다.

④ 적극적 경청하기

교사는 부모의 의견과 요청을 적극적으로 경청해야 한다. 교사의 언어적, 비언어적인 적극적 자세는 부모들에게 교사의 애정과 열정을 표현하는 전략적 기술이기도 하다.

⑤ 영유아에 대해 이해하고 교류하기

교사는 개별 영유아에 대한 관심과 정보를 가지고 부모와 상호작용해야 한다. 예를 들어 등 · 하원 시 부모와의 만남에서는 영유아의 당일 건강상태나 기분상태에 대한 짧은 이야기로 의사소통이 이루어질 수 있으므로 영유아의 일상을 관찰하고 관심을 가진다.

⑥ 효과적인 질문 사용하기

개방적인 질문을 사용하여 부모와 지속적인 대화가 이루어질 수 있도록 하며 질문과 대답을 통해 더 많은 생각, 감정, 정서를 나눌 수 있도록 한다. 교육적 전문용어는 필요할 때 사용할 수 있으나 되도록 많이 사용하지 않는다.

⑦ 책임감 공유하기

영유아의 최상의 발달을 위해 교사와 부모가 긴밀한 협력적 관계를 이루어야 함을 알리고 동반자적 협력을 위한 책임감을 공유한다.

(2) 부모면담

부모면담은 교사와 부모가 가장 공식적이고 밀접하게 상호작용할 수 있는 유형이다. 이는 초임교사와 같이 보육경험이 많지 않은 교사들이 부모면담을 가장 부담스러워하는 이유이기도 하다. 부모면담은 최소 연 2회 정기면담을 하도록 정하고 있는데, 대개 어린이집에서는 학년 초와 학년 중반 이후로 나누어 면담을 진행한다. 부모면담을 위한 일반적인 수행절차 및 전략을 소개하면 다음과 같다.

〈표 7-3〉 정기적인 부모면담의 시기별 특성

시기	학년 초 면담	학년 중/말 면담
정보공유정도	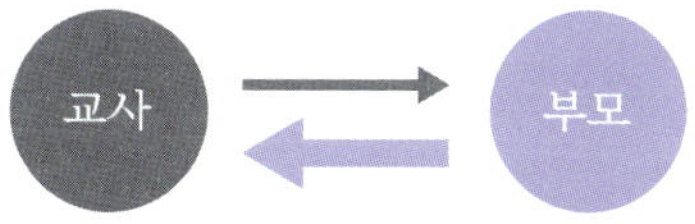	
주요 내용	• 학년 초 교사는 개별 영유아에 대한 깊이있는 파악이 제한적일 수 있음. • 부모로부터 영유아의 특성, 가정환경, 양육방법 등에 대한 정보를 얻는 것에 주력함. • 어린이집에 대한 부모의 기대와 요구 등을 청취함. • 교사는 어린이집에서의 영유아 초기적응, 어린이집 보육활동에 대해 안내함.	• 보육 기간 동안 관찰하고 파악한 개별 영유아의 성장과 발달에 대해 종합적으로 전달함. • 부모로부터 보육을 통한 영유아의 변화 등에 대한 정보를 얻음. • 어린이집 보육활동에 대한 부모의 만족도나 평가를 청취함. • 어린이집의 보육활동이나 개별 영유아의 발달에 관한 가정의 지속적인 협력을 요청함.

① 사전준비

- 면담이 가능한 조용한 장소와 시간을 확보한다.
- 가정통신문을 통해 부모면담의 목적을 설명하고 일정에 대해 안내 · 조율한다.
- 영유아와 관련된 개인별 자료를 준비한다(관찰일지, 행동발달기록부, 포트폴리오, 검사결과지, 생활기록부, 자유선택활동 놀이계획표 등).
- 필요한 경우 부모에게 사전 정보(양육행동체크리스트, 영유아 가정생활 등)를 요청한다.
- 생활기록부를 바탕으로 개별 영유아의 발달상황과 가정환경에 대한 정보를 숙지한다.

• 필요한 경우 경력교사의 상담시연 및 유의사항 점검 등 상담을 위한 사전교육을 받는다.

② 당일 준비

• 편안하게 면담할 수 있는 환경을 구성한다(책걸상 배치, 물컵 및 메모지와 펜 준비 등).
• 면담장소에 대한 안내가 필요할 경우 어린이집 입구에 게시한다.

③ 면담 진행

• 영유아에 관한 정보를 교류하고, 적극적으로 경청하며, 문제에 대한 대안을 모색한다.
• 부정적인 이야기보다는 영유아의 바람직한 행동과 긍정적 면에 대해 먼저 이야기한다.
• 밝은 표정과 비언어적인 눈빛, 미소, 손짓 등으로 수용과 공감을 표현한다.
• 부모가 생각하고 충분히 대화할 수 있도록 말의 속도를 조절한다.
• 문제행동 등에 대해 이야기할 때에도 긍정적인 표현을 사용하여 설명한다.
• 면담을 종료할 때는 시간에 쫓기는 인상을 주지 않도록 서서히 마무리한다.
• 마무리 시에는 발전적이고 지원적인 메시지를 전한다. (예: "앞으로 계속 잘 살펴보겠습니다")

④ 사후 평가 및 피드백

• 상담일지를 작성하고, 상담내용의 과정과 방향성을 분석한다.
• 특이사항이나 요청사항이 있을 경우 필요하다면 이의 해결을 위해 동료교사나 원장과 상담내용을 공유한다.

부모 면담 일지

면담일시	2023년 2월 6일 16시 05분 ~ 16시 25분	면담교사	감 지 연
영 유 아 이름	○○○	생년월일	2018 년 0월 00일 (만 3 세)
면담 참여자	모	면담형태	전화

구 분		교사의견	부모의견
현행수준	생활습관	-전반적으로 기초생활습관이 좋은 편이며 옷입기, 옷과 가방 정리 등 자신의 물건을 스스로 정리하고 챙길 수 있음. -자신이 사용한 놀잇감을 바르게 정리함. -식사 시 바른 자세로 식사하며 편식하는 음식에 조금씩 도전해보며 소량 먹어보는 태도를 보임. 주로 밥과 김치류는 2번씩 식사하는 편이며 충분한 밥 양을 제공하고 있음.(밥은 주먹크기로 2번 정도) -원에서 소변을 전이시간마다 보는 편이며 원에서 대변을 본 적이 없음.	-어린이집에서의 식사량은 어떤지? -집에서는 고기 반찬을 별로 좋아하지 않고 최근에 밥을 잘 먹지 않는 편. -김치를 좋아하는데 어린이집 김치가 제일 맛있다고 표현하며 집에서도 다른 김치의 맛은 싫어하고 어린이집 김치를 먹고 싶어 함. -원에서는 아직 대변을 보는 것을 꺼려하는 듯하게 느껴 짐.
	사회관계 (어른, 형제, 또래)	-친구와의 관계가 원만한 편이며 또래와의 갈등이 적은 편임. -학기 초 ○○가 친구와 몸이 접촉되거나, 자신의 생각과 다르게 실수하게 되어 타인에게 피해를 주게 되는 상황, 규칙을 어기게 되는 상황에 스스로 감정적으로 많이 힘들어하였으나 이와 같은 모습이 다소 완화되었음. -다만, 컨디션이 좋지 않을 경우에는 크게 울음으로 속상함을 표현하기도 함. 하지만 문제 상황이 해결되면 금방 울음을 그치고 놀이에 참여 -친구와의 몸 접촉으로 인한 불편감을 느꼈을 때에 교사에게 안내 후 민준이가 직접 친구에게 불편함을 이야기해보고 있음. -스스로의 실수로 규칙을 어기게 되거나 스스로가 잘못된 행동을 했다고 생각되었을 때를 다소 인정하기 어려워함. (ex.물을 쏟게 되었을 경우)	-○○가 학기 초에 친구에게 불편감을 느껴서 말하던 이야기들이 많이 감소하였으며 이제는 누구, 누구가 좋다고 표현하고 말하곤 함. -원에서 놀이하는 것이 재미있다고 표현하기 시작 함. -집에서도 ○○의 잘못을 인정하지 않는 편.
	발달정도 (언어, 신체 등)	-기초적인 이동운동, 제자리 운동 등의 신체활동에 자발적으로 참여하며 학기 초 체육 활동 시간에 피로감을 느낄 시 참여하지 않았던 모습이 사라지고 적극적으로 신체활동에 참여하는 모습을 보이고 있음. -신체 활동 시 안내하는 활동에 흥미롭게 참여하며 적절하게 수행하는 태도를 보임. -선에 따라 오릴 때에 1자로만 자르던 모습이 점차 곡선에 따라서도 오리는 모습을 보이며 이전보다 가위질이 정교해짐. 글자를 바르게 따라적어볼 수 있으며 대, 소근육 발달이 적절히 이루어지는 것으로 보여 짐. -주변에 대부분의 글자를 읽을 수 있어 도서관에 갔을 때 친구들이 책을 읽는 것에 도움을 제공하기도 함. 다만 도서관에 갔을 때 책을 오래 읽는 것은 힘들어하는 듯함. -이전보다는 또래, 교사와의 소통이 원활해졌으며 발음으로 인한 소통의 어려움이 발생하는 상황의 빈도가 많이 감소하였음.	-소, 대근육 발달상황 -이전 보다 좀 더 활동적인 모습을 보이는 듯함. -언어 소통 상황
	기타		
면담하기를 원하는 내용 (궁금한점)			
종합의견		고른 발달의 모습을 보이고 있으며 부정확한 발음으로 대화할 때 ○○가 불편함을 느끼는 상황들이 있었으나 발음이 많이 정확해져 또래, 교사 간 대화 시 큰 어려움이 없어 이를 전달함. 더불어 ○○가 일과 중 불편함을 느끼는 상황에 대해 대처하는 힘이 다소 생긴 듯 한 모습을 보이고 있어 이를 지속적으로 안내하고 격려하면 좋을 것 같음. 더불어 아직 원에서 대변을 본 경험이 없어 만 4세반에서는 어떤지 관찰해보고 부모님과 이야기 나눠보면 좋을 것 같음. 낯선 공간에서 대변을 보는 것이 불편하게 느껴지는 것 같기도 함.	
건의사항			

전남대학교어린이집

[그림 7-5] 부모면담일지 예

부모와의 상호작용 시 대체사용할 수 있는 긍정적 언어표현 예

문제행동 내용	긍정적 언어표현
• 친구 물건을 마음대로 가져간다.	• 물건에 대한 소유개념 발달이 필요하다.
• 주위가 산만하다.	• 작업을 완성하는 것을 어려워한다.
• 제자리에 가만히 앉아서 수업을 받은 적이 없다.	• 특별활동시간에 앉아 있는 것을 힘들어한다.
• 언제나 아기처럼 말한다.	• 아기 같은 표현(유아 언어)을 사용한다.
• 선생님이 하는 말을 알아듣지 못한다.	• 선생님의 설명을 어렵게 느낀다.
• 의욕이 별로 없긴 하지만 잘 따라 하는 편이다.	• 교구를 스스로 선택하는 것을 아직 어려워한다.
• 관심받기를 좋아하는 아이이다.	• 선생님이 이름을 불러주거나 안아주는 것을 좋아한다.

출처: 박현경(2018).

(3) 기타 부모와의 일상적 상호작용

① 등·하원 시의 소통

교사와 부모는 영유아의 어린이집 등·하원 시 짧은 만남에서 간단한 전달사항이나 문의사항에 대해 이야기 나눌 수 있다. 영유아의 건강 및 기분상태에 대한 정보교환은 물론, 중요한 기관의 안내사항 및 쌍방의 요구사항을 교환함으로써 매일의 일상 속에서 원활한 보육이 이루어질 수 있도록 한다.

등·하원 시의 만남은 직접적인 대면으로 이루어지기 때문에 다른 형태의 간접적 소통에 비해 효과적이며 친밀감을 형성하는 데에도 도움이 된다.

② 알림장

알림장이나 일일 보고서, 앱 기반의 키즈노트 등을 이용한 의사소통은 보육활동을 미리 안내하고 어린이집에서의 영유아 활동상태 등을 자세하게 전달할 수 있다는 장점을 가진다.

반면, 모든 영유아에 대한 개별적인 보육활동 상태정보를 매일 제공하는 경우, 그 구체성의 정도에 따라 교사에게 업무과다로 여겨질 수 있다. 또한 부모의 질문이나 요청에 즉각적으로 답변하지 못한다는 제한점도 있다.

[그림 7-6] 알림장 예

③ 전화통화/SNS을 이용한 소통

부모는 전화를 통해 궁금한 사항이나 영유아의 상태를 수시로 문의할 수 있다. 그러나 이러한 방법은 보육활동 시간 동안에는 제한적이며, 오랜 시간동안 소통하는 데에 불편함이 있다. 반대로 긴급한 문제가 발생한 경우에는 전화를 통한 빠른 소통이 효과적이다.

최근에는 SNS 등을 이용하여 소통하기도 하나, 교사의 개인 SNS가 아닌 기관의 공용 SNS를 사용하는 것이 좋다. 또한 위급한 상황이 아니라면 너무 이른 시간이나 늦은 시간, 주말 등은 피하는 것이 바람직하다.

④ 가정통신문/게시판

가정통신문은 개별 어린이집의 운영방침이나 월별행사, 월별식단, 영양 및 건강 정보, 양육정보 등을 부모들에게 일괄적으로 안내하고 의견을 조사 등의 자료 수집 역할을 한다. 또한 어린이집에서는 동일한 내용에 대해 게시판을 활용하여 안내함으로써 부모들이 보육활동을 이해하는 데에 도움을 준다.

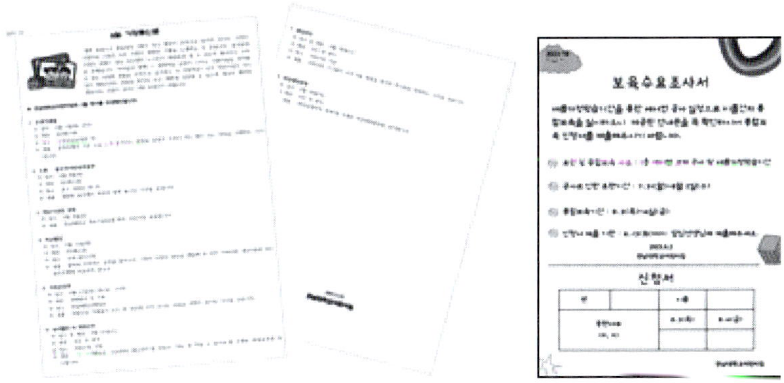

[그림 7-7] 가정통신문 예

2. 지역사회 연계

1) 지역사회 연계의 개념

지역사회 연계란 지역사회의 특수한 문화, 양육 패턴, 전통, 사회정책이나 기관 등을 사회서비스에 반영하는 것을 의미한다(Weissbourd & Kagan, 1989). 영유아보육법에서 제시하고 있듯이, 영유아보육의 목적은 영유아가 건강한 사회구성원으로 성장하도록 지원하는 것이다. 따라서 사회구성원을 키우는 보육은 사회체계 안에서 지역사회의 인적 · 물적 자원을 활용하여 협력적으로 이루어질 때 가장 효과적이라 할 수 있다(Dunst & Trevett, 2009).

지역사회 연계는 지역사회교육(community education), 지역사회협력(community collaboration) 지역사회 발달과 역량강화(community development and empowerment) 등 다양한 용어로 사용된다. 보육서비스의 관점에서 지역사회 연계는 영유아의 조화로운 발달과 지원을 목표로 지역주민이나 지역에 속한 다양한 기관들이 서로 협력하여 발달적, 교육적 서비스를 제공하는 것으로 정의할 수 있다(권미경, 2016).

2) 지역사회의 특징

지역사회는 발달적 유기체인 영유아와 상호작용하는 생활환경을 모두 포괄하기 때문에 그 범위와 내용이 매우 광범위하고 다양하다. 이러한 특성으로 인해 영유아의 발달에도 다양한 경험을 제공한다는 점에서 지역사회는 매우 중요한 역할을 한다.

지역 내 다양한 인적 · 물적 자원은 영유아와 직접 상호작용하는 미시체계임과 동시에 외체계, 거시체계이기도 하다. 더불어 만약 교사와 지역사회가 협력하여 상호작용한다면, 이는 영유아의 발달에 영향을 미치는 중간체계로도 이해된다.

3) 지역사회 연계 유형

(1) 지역주민의 보육활동 참여

지역사회 연계활동 중 지역주민이 어린이집의 보육활동에 자원봉사 등의 형태로 참여하는 방법이 있다. 특정 전문지식이나 경험을 가진 경우가 아니어도 어린이집에서의 활동에 보조적인 역할로 참여함으로써 지역주민들은 어린이집의 보육 및 영유아에 대한 관심을 높일 수 있다. 또한 이러한 연계활동은 영유아에게 다양한 사람들과의 교류 기회를 제공한다.

(2) 지역사회 기관 및 시설 견학

지역사회에는 일상생활과 관련된 다양한 시설과 기관이 있다. 지역사회의 다양한 공공 및 민간기관은 물론 생활편의시설 등을 방문하고 경험하는 활동을 통해 영유아는 사회를 배우게 된다.

영유아들은 박물관이나 도서관 등의 지역시설을 사용함으로써 더 많은 교육자료를 얻고, 지역사회 기관 및 시설 견학을 통해 각 기관의 기능과 역할에 대해 배울 뿐 아니라 이를 통해 공동체 의식을 형성한다. 기관의 입장에서는 각 기관을 홍보할 수 있으며 지역주민인 영유아의 흥미와 선호, 필요 등에 대한 정보를 얻어 기관 및 시설운영에 참고할 수 있다.

[그림 7-8] 영유아의 지역사회 은행 견학

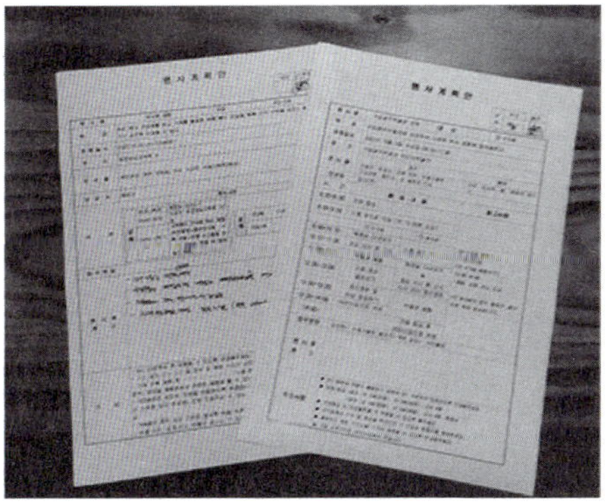

[그림 7-9] 지역사회연계 계획안

(3) 지역의 자연환경 활용

지역환경의 활용 방식에는 지역의 기관이나 시설 이외에 주변의 공원, 강, 호수, 산 등 자연환경을 활용하여 다양한 활동을 하는 방법도 있다. 자연환경의 활용은 영유아들에게 자연체험 기회를 제공하고 환경보호에 대한 이해를 높일 수 있다.

〈표 7-4〉는 어린이집의 지역사회 연계프로그램 진행 시 활용되는 지역사회 기관 및 시설, 자연환경의 빈도를 조사한 결과이다(권미경, 2016). 이는 어린이집에서 주로 활용하는 지역사회 내 기관들의 예를 보여주며, 기관 유형이나 성격 등에 따라 활용빈도에 차이가 있음을 보여준다.

〈표 7-4〉 지역사회 기관 활용 빈도

단위: %(명)

구분	거의 안함	연 1회	학기당 1회	분기당 1회	월 1회	주 1회 이상	계
도서관	13.9	35.7	24.3	10.5	11.1	4.6	100.0(720)
박물관	13.1	47.5	23.8	10.0	4.4	1.1	100.0(720)
공공기관	7.5	47.1	24.5	13.4	6.3	1.2	100.0(720)
사회복지관	57.4	25.2	10.7	3.0	1.7	2.0	100.0(720)
의료기관	23.6	45.4	22.8	4.9	3.3	0.1	100.0(720)
유아교육진흥원, 육아종합지원센터	46.8	26.0	13.1	9.2	3.9	1.0	100.0(720)
건강(다문화) 가정지원센터	65.5	20.0	7.3	2.3	3.3	1.6	100.0(720)
지역아동센터	72.8	16.9	3.9	3.2	2.4	0.7	100.0(720)
주민자치센터 등 관공서	42.0	39.9	11.2	3.4	3.0	0.5	100.0(720)
동물원, 놀이공원	13.9	44.4	28.8	8.8	3.2	1.0	100.0(720)
숲, 산	4.7	11.4	16.9	12.7	31.1	23.2	100.0(720)
인근 놀이터	15.1	4.1	5.3	3.9	17.2	54.5	100.0(720)

출처: 권미경(2016).

[그림 7-10] 영유아의 지역사회 캠페인

(4) 지역사회 내 인적 자원 교류

지역사회 인적 자원은 대개 지역 전문가의 지식과 기술을 활용하여 영유아 및 부모에게 도움을 주는 방식으로 이루어진다. 또한 지역 전문가가 아니더라도 특정 지식과 경험을 가진 지역주민의 참여를 통해 그들의 지식과 경험을 나누는 등 지원과 협력을 구하기도 한다. 이와는 반대로 어린이집 영유아들이 지역사회에 봉사하는 방식 역시 지역사회 내 인적자원 교류에 해당한다.

4) 지역사회와의 협력적인 관계형성

(1) 지역사회 연계의 어려움

지역사회 연계는 다양한 자원을 활용하여 영유아들에게 다양한 경험을 제공할 수 있음에도 불구하고 실제 연계활동을 계획하고 실행함에 있어 나타나는 몇 가지 어려움들에 의해 보육현장에서는 매우 제한적으로 이루어진다(권미경, 2016; 이소현, 모아라, 2017).

① 연계활동 계획에서의 어려움

지역사회 연계의 어려움 중 가장 많은 경우가 자원 및 재원의 부족으로 생긴다. 즉, 지역사회 내에 충분한 인적 · 물적 자원을 보유하지 못한 경우가 많으며, 활동 계획 시 참고할 수 있는 자료가 부족하기도 하다. 무엇보다도 지역연계 관련 정부지원이나 예산 부족은 지역사회 연계활동 계획 자체를 위축시킬 수 있다.

이 밖에도 보육교사의 업무과다로 인한 의지부족이나 지역사회 네트워크 제한 및 정보부족 등도 연계활동 계획 단계에서 드러나는 어려움이다. 지역사회 내 기관들의 협조부족 역시 다양한 연계활동을 계획하지 못하는 이유일 수 있다.

② 연계활동 실행에서의 어려움

지역사회 연계활동의 실행 시 영유아의 연령에 따른 제약이 있을 수 있다. 대개 지역현장을 방문하거나 지역 전문가를 활용한다는 점에서 영아보다는 유아 대상 프로그램에 집중되는 경향이 있다. 또한 생활주제별 연계 활동을 분석해 볼 때, 주로 '우리 동네'나 '동식물과 자연' 주제에 집중되어 나타나기도 한다.

연계활동을 실행하는 과정에서 참여자나 협력기관과의 상호작용 문제로 예측하지 못하는 상황이 발생할 경우 영유아를 대상으로 하는 활동이라는 점에서 융통성을 발휘하기 어려운 부분도 있다. 박물관이나 공공기관 등을 이용할 때 방문 횟수 제한 등은 지속적인 연계활동 실행을 제한하고 일회성으로 끝나게 하는 이유이기도 하다.

(2) 지역사회 연계활성화를 위한 노력

① 보육교사의 역할

- 지역연계 생활주제 발굴: 지역사회와 연계할 수 있는 새로운 생활주제를 발굴하여 관련 프로그램을 운영할 필요가 있다. 특히 영아 대상 지역사회 연계프로그램의 개발이 요구된다.
- 지역사회 네트워크 활성화: 지역사회 내 활용가능한 기관 및 시설과의 네트워크뿐만 아니라 주변 어린이집, 유치원, 초등학교와의 협력적 관계를 통해 통합적인 지역사회 프로그램을 운영할 수 있도록 한다.
- 지원기관 활용: 육아종합지원센터, 유아교육진흥원 등의 지원기관을 적극 활용할 필요가 있다. 전문인력으로부터 컨설팅을 받거나 지역의 다양한 관련 정보를 제공받을 수 있다.

② 지역사회의 역할

- 양육지원자로서의 역할 인식: 다 함께 보육에 대한 인식과 양육지원자로서의 지역사회의 역할에 대한 재인식은 개인은 물론 기관의 보육활동 참여를 증가시킬 수 있으며, 지역사회 연계활동에 대한 수동적인 참여를 넘어 적극적인 운영을 기대할 수 있다.
- 보육지원기관의 역할 확대: 지역 내 보육 및 유아교육 지원기관에서는 다양한 지역연계 지원 프로그램을 제공하여야 한다. 지역연계 활동에 대한 컨설팅은 물론, 지역적 특색을 살린 연계프로그램을 개발 · 보급할 필요가 있다.
- 재정적 지원 확대: 무엇보다도 지자체 및 정부의 재정적 지원 확대가 요구된다. 어린이집 내에서만 이루어지는 제한된 보육이 아닌 지역사회로 확장된 보육이 이루어질 수 있도록 적극적인 재정적 · 심리적 지원을 제공할 필요가 있겠다.

3. 기관 내 대인관계

보육교사가 어린이집에 근무하면서 맺게 되는 대인관계는 다양하다. 이 전 장에서 살펴본 바와 같이 보육교사가 형성하는 관계 중 가장 중요한 관계는 영유아와의 관계이다. 그리고 이에 따라 부가적으로 형성되는 부모와의 관계가 있다. 이 밖에 보육교사는 보육의 목적을 달성하기 위해 어린이집 교직원들과도 협력적인 관계를 맺어야 한다. 이 절에서는 기관 내 주요 대인관계로 원장 및 동료교사와의 관계에 대해 살펴보고자 한다.

1) 어린이집의 기관 특성

(1) 기관의 목적

어린이집은 영유아보육이라는 기관의 설립 및 운영 목적을 가진다. 이러한 목적은 이윤을 추구하는 일반적인 기업과 구별되는 동시에 공적 목적의 국가 공공기관과도 차별화된다. 즉, 어린이집은 공적 서비스를 제공하는 기관이기는 하나 공공기관은 아니다.

그럼에도 불구하고 어린이집의 보육기능이 공적 관심과 대상이라는 점에서 기관의 운영과 관리감독의 많은 부분이 민간기관의 범위를 벗어나는 다소 복잡하고 특수한 성격을 지닌다.

(2) 기관의 규모 및 구성

어린이집은 대개 그 규모가 작은 편이다. 2022년 기준 실제 운영되는 전국 30,923개 어린이집 중 41.6%에 해당하는 12,867개소가 20명 이하의 소규모 어린이집이다(보육통계, 2023). 이러한 작은 규모는 기관 내 구성원 간의 밀집도를 높인다는 점에서 주목할 만한 특징이다.

한편, 영유아를 제외한 어린이집의 조직구성은 매우 단순하다. 소규모의 경우 원장과 교사로만 이루어진 경우가 대부분이다. 또한 인적구성이 대개 20~30대의 여성으로만 구성된다는 점도 다른 기관들과 차별화되는 점이다.

(3) 교사의 근무여건

보육교사의 근무여건은 긴 보육시간, 과다한 업무량, 상대적으로 낮은 보수 등으로 매우 열악하다. 법정 주간보육 시간이 오전 7시 30분부터 저녁 7시 30분이라는 점에서 특히 초기 어린이집 운영 시 보육교사의 노동시간이 심각한 문제로 대두되기도 하였다. 최근에는 시간제 교사의 채용 및 휴게시간 보장 등의 정책으로 근무여건이 과거에 비해 나아지고는 있지만 여전히 많은 업무와 영유아에 대한 무한 책임이 요구되는 것도 사실이다.

교사의 직무형태를 보면, 대개 개별 반을 1년 동안 맡아 해당 반의 영유아들을 대상으로 보육프로그램을 운영 · 관리하기 때문에 업무가 매우 독립적인 특징을 갖는다. 또한 하루일과 동안 영유아와의 상호작용이 업무의 주를 이룬다는 점에서 조직 내 다른 구성원과의 교류가 상대적으로 낮고 이직률이 높은 것으로 조사된다(김희태 등, 2014).

2) 원장과의 관계

(1) 관계의 중요성

어린이집에서 보육교사에 대한 원장의 지지나 교사-원장 간의 긍정적 관계는 교사에게 다양한 측면에서 영향을 미친다. 즉, 교사의 교수효능감(이용주, 권세경, 2018)과 심리적 안녕감(최윤진, 2013)에 정적 영향을 미치며, 보육교사의 소진(김정희 등, 2014), 직무스트레스(조성연, 이정희, 2010)에는 부적 영향을 미치는 것으로 보고된다. 특히 기존 연구들에서는 어린이집 원장의 리더십의 형태에 따라 교사의 보육활동이 위축되거나 확장될 수 있음을 일관되게 보고한다(박경애, 도미향, 2022). 그러나 교사와 원장의 관계 역시 쌍방적 관계이므로, 원장뿐 아니라 교사도 긍정적인 관계형성을 위한 노력이 필요하다.

(2) 관계의 특성

① 수직적 관계

원장과 보육교사의 관계는 수직적 관계로 정의된다. 어린이집 원장은 보육교사의 임면을 담당하며 보육과정 수행에 대해 교사를 평가하는 상급자로서의 역할을 한다. 또한 교사는 원장의 가치관과 의사결정에 의해 정해지는 어린이집의 전반적인 운영철학을 따라 보육활동을 수행한다는 점에서도 그 관계의 수직성을 엿볼 수 있다.

그러나 개별 어린이집의 세부적인 보육프로그램을 계획하고 운영함에 있어 원장과 교사는 협력적 관계를 형성한다. 특히 개별 학급의 보육과정 운영은 담임교사의 자율성과 독립성을 바탕으로 이루어진다는 점에서, 어린이집에서의 원장-교사 간 수직적 관계는 타기관의 그것과 차별화된다.

② 지지적 관계

어린이집 원장은 보육교사에게 심리적, 물질적, 전문적인 지지자로서 역할 한다. 이러한 지지적 관계는 쌍방적이기 보다는 원장에서 보육교사로의 일방적인 방향에서 두드러진다. 원장은 보육교사가 계획하는 보육활동을 달성할 수 있도록 환경적으로 지원하며, 보육관련 경험과 지식을 바탕으로 교수전략에 대한 조언과 보육활동 평가를 제공하는 전문적인 지원을 한다. 뿐만 아니라 보육교사에 대한 원장의 심리적 지원은 보육교사의 직업의식이나 가치관, 사명감 등의 함양에 영향을 미친다.

원장의 지지적 역할은 원장의 리더십과 관련된다. 원장의 리더십은 보육교사의 전문성에 영향을 주며 개별 기관 특유의 조직풍토 형성에도 기여한다(김혜리, 2021; 최미애, 최양미, 2020).

(3) 원장과의 긍정적인 관계 형성

원장-교사 간의 관계는 원장의 권위주의적 지시와 명령에 대한 교사의 일방적인 복종이 아닌 신뢰를 바탕으로 한 상호 존중과 협력의 관계이다. 따라서 쌍방 모두 원만한 관계를 형성하기 위한 노력을 기울여야 한다.

① 긍정적인 관계형성을 위한 원장의 역할

- 교사 존중: 원장은 교사의 생각과 가치관, 태도, 감정 등을 존중하여야 한다. 업무 수행 과정에서 서로 다른 의견을 가질 때, 교사에게 원장의 의견을 강요하기보다는 서로 다른 생각과 의견을 가졌음을 인정하고 그 차이를 설득과 조율로 줄여가는 노력이 필요하다.
- 칭찬과 격려: 교사의 업무에 대해 칭찬과 격려를 아끼지 말아야 한다. 칭찬과 격려는 교사의 교수효능감과 사명감은 물론 직무능력과 성과에도 긍정적인 영향을 미친다.
- 전문가적 지원: 보육현장의 선배로서 전문적인 조언과 보육운영을 위한 적극인 지원을 제공한다. 객관적이고 엄격한 피드백을 통해 교사가 발전할 수 있도록 지원하며, 교사가 다른 동료교사나 부모와의 관계에서 갈등이 생길 때 이를 해결할 수 있도록 도와야 한다.
- 업무능력 개발 기회 제공: 교사가 자신의 역량을 개발할 수 있도록 인적 · 물적 기회를 적극 발굴하여 제공한다. 또한 교사의 처우개선을 위해 관심을 가지고 노력해야 한다.

② 긍정적인 관계형성을 위한 교사의 역할

- 원장 존중: 어린이집의 전반적 운영철학이 원장에 의해 결정되는바, 이를 존중할 뿐 아니라 원장의 생각과 태도, 감정 등을 존중한다. 보육현장의 경험을 존중하며 예의를 갖춘다.
- 성실한 업무 수행: 교사는 개별 학급의 보육을 담당하며, 원장은 이를 통합적으로 관리하고 감독한다. 따라서 교사가 맡은 보육업무를 성실히 수행하

는 것으로도 신뢰할 수 있는 관계를 형성할 수 있다. 보육업무를 유능하게 하는 것과 함께 업무규칙을 지키는 것도 매우 중요하다.

- 지원 요청: 보육업무 중 안전문제가 발생하거나 프로그램 운영에 차질이 생기고 관계에서 갈등이 생기는 등 어려움을 경험하게 될 때, 교사는 원장에게 이를 의논하고 도움을 요청하는 것이 좋다. 원장은 관리자로서 문제를 인지하고 함께 해결해야 하는 책임을 가지기 때문이다.
- 긍정적인 마인드 함양: 어린이집에서의 보육업무가 힘들거나 자신의 예상과 다른 경우에도 교사는 긍정적인 마인드를 가지고 이에 대처해야 한다. 무조건적인 거부나 불평보다는 긍정적인 마음으로 해당 업무에 대해 지원을 요청할 것인지 도전적으로 자신이 해결할 것인지를 판단하는 것이 좋다.

3) 동료교사와의 관계

(1) 관계의 중요성

보육교사의 대인 관계 중 동료교사와의 관계 역시 교사의 보육활동에 영향을 미치는 요인으로 이해된다. 앞서 살펴본 바와 같이 특히 보육기관은 타 기관에 비해 규모가 작고 인적 구성이 단조로워 기관 내에서의 대인 간 밀접도가 높다. 이러한 특징은 상대적으로 기관 내의 높은 갈등을 야기하기도 한다(이지영, 2018).

선행연구들에 의하면, 동료교사로부터의 지지와 협력적 관계는 교사의 수업전문성(김혜리, 2021), 교사효능감(김현정, 황혜정, 2019), 행복감(박수미, 2018), 정신건강(이용주, 2015)에 영향을 미치며, 공동체 의식과 책임감, 집단자긍심 향상에도 기여한다(정경선, 임은미, 2019). 반면, 다른 교사의 비협조적 태도나 교사들 간의 가치관 및 교육관의 차이는 직무스트레스나 동료갈등의 원인이 되기도 한다(신수연, 어성인, 2019). 그리고 동료교사와의 갈등은 보육교사의 심리적 소진이나 이직 등에 영향을 미치는 것으로 보고된다(전유화, 김지현, 2020).

(2) 관계의 특성

① 수평적 관계

교사와 원장 간의 관계와 달리 동료교사들 간의 관계는 수평적 관계로 이해된다. 교사경력이나 기관 내 근무연차, 직무직급형태(주교사, 보조교사, 또는 시간제교사; 주임교사 또는 평교사) 등에 따라 차등화되기도 하지만 보육교사의 업무특성 상 영유아 보육이라는 같은 업무를 수행한다는 점에서 동등한 위치를 갖는다.

② 경쟁적 관계

동료교사는 서로를 친구나 동반자로 여기기도 하지만 경쟁자로 인식하는 경향이 있다(김혜윤 등, 2016). 동료교사와의 경쟁관계는 하나의 업무를 두고 경쟁하기보다는 각자 맡은 학급의 운영과정에서 서로의 보육계획이나 실행, 교수전략 등에 대해 비교하고 견제하는 형태로 나타난다.

③ 협력적 관계

보육교사는 동료교사와 때로 경쟁하지만 많은 경우에 있어 협력적 관계를 형성한다. 동료교사와의 원활한 의사소통과 협력은 보육교사의 전문성을 향상시킬 뿐 아니라 심리적인 면에서도 긍정적 효과가 있다는 선행연구들의 결과는 앞서 설명한 바 있다.

동료교사와의 협력관계는 비공식적, 공식적 교환의 형태로 나타난다. 즉, 일상적인 의사소통이나 친밀감 형성을 통해 나타나기도 하며, 어린이집에서의 공식적인 동료장학을 통한 협력의 형태로 나타나기도 한다.

④ 독립적 관계

보육교사들은 같은 어린이집에 근무하더라도 대개 개별 학급을 담당한다. 이는 보육교사의 업무의 독립성을 의미하며, 이러한 이유로 동료교사들과의 관계 역시 독립적인 성격을 띤다. 동료장학 등을 통해 상호 협력하여 공동의 연구나 보육활동을 수행하기도 하지만, 일상적으로 이루어지는 개별 학급 영유아와의 상호작용이나 보육프로그램의 실행은 개별 교사 단독으로 수행되는 경우가 대부분이다. 따라서 동료들 간의 과잉 간섭이나 관여는 부정적 관계형성의 원인이 되기도 한다.

[그림 7-11] 어린이집에서의 보육교사 회의

동료장학

■ 동료장학의 개념

동료장학(peer supervision, colleague supervision)은 동료교사들이 교육활동의 개선을 위하여 그룹이나 짝을 이루어 상호간에 수업연구, 계획 및 운영을 추진하거나 공동과제 및 관심사의 협의, 연구, 추진 등을 공동으로 하는 과정이다.

■ 동료장학의 장점

- 다양한 연구와 논의, 계획 등을 통해 교육자 및 연구자로서의 능력을 향상시키고 전문성을 기를 수 있다.
- 동료교사 간의 감정적 지원과 교류를 통해 소속감을 고취할 수 있다.
- 자율성과 자발성을 통해 효과적인 장학을 가능하게 한다.

■ 동료장학의 유형

구분	설명
수업중심 동료장학	교사의 수업에 초점을 맞춘 형태로, 효과적인 수업을 위한 다양한 전략을 연구하거나 수업과제를 해결하는 방식으로 진행된다. 동료교사들은 공동으로 수업공개를 계획하고 수업을 진행하여 서로 평가하고 피드백을 제공하는 등의 활동을 한다.
협의중심 동료장학	교사들이 함께 선정한 공통의 관심 영역이나 흥미 주제에 대해 공식적 또는 비공식적인 협의를 통해 공동의 과업을 달성하는 형태의 동료장학이다.
연구과제중심 동료장학	교사들이 스스로 연구팀을 만들고 특정한 연구과제나 시범과제를 선정하여 공동 연구를 수행하는 방식이다. 연구과제로 보육프로그램을 개발하거나 교재교구를 제작하기도 한다.
일대일 중심 동료장학	대개 경력교사와 초임교사가 일대일로 짝을 맺어 서로의 수업을 공개하고 이에 대해 의견을 교환하며 교육활동 전반에 관해 지원하고 협력하는 형태로 이루어진다. 일대일 짝은 경력에 관계없이 여러 형태로 맺을 수도 있다.
동호인활동중심 동료장학	교사들 간의 관심사를 중심으로 취미나 특기활동을 함께 하는 형태의 동료장학이다. 이 유형은 교사들 간의 친목 도모나 자기 계발 등을 촉진할 수 있다.

출처: 이윤식(1999).

(3) 동료교사와의 긍정적인 관계 형성

동료교사와는 경쟁적이면서도 협력적인 관계를 형성하게 된다. 서로에 대한 경쟁과 협력이 보육활동에 긍정적인 결과로 이어지기 위해서는 건강한 경쟁과 바람직한 협력의 밑바탕이 마련되어야 한다. 모든 대인관계에서와 마찬가지로 이러한 밑바탕의 기본 전제는 양자 간의 존중과 신뢰이다.

여기에 더해 특히 동료교사와의 긍정적인 관계형성을 위해 필요한 노력에는 어떤 것이 있는지 살펴보고자 한다. 기존 연구들(신수연, 어성연, 2019; 정덕희, 2014; 정혜영, 2021; 최미미, 서영숙, 2013)에서 동료교사와의 갈등원인으로 언급되는 내용을 중심으로 필요한 관계형성 기술을 제시하면 다음과 같다.

- 상호 존중한다. 서로의 가치관 및 교육관의 차이를 인정한다.
- 공식 · 비공식적 의사소통을 통해 친밀감을 형성한다.
- 경력이나 직급에 따른 차이를 존중하되 얽매이지 않는다.
- 적극적으로 협력하고 공동을 위해 봉사하는 태도를 가진다.
- 다른 사람의 권한에 간섭하지 않으며, 특히 개별 학급 운영에 과잉관여하지 않는다.
- 자신의 업무에 충실하고 책임을 회피하지 않는다.
- 동료의 요구나 필요에 적극적으로 응한다.
- 학연, 지연 등으로 파벌을 만들지 않는다.
- 동료교사와의 관계 개선을 위한 의지를 보이고 노력을 기울인다.

Part 3 보육교사의 인성

8장

인성의 이해

인성의 사전적 의미는 사람의 품성, 각 개인이 가지는 사고와 태도 및 행동 특성으로 정의된다. 인성의 의미는 매우 광범위하고 포괄적인 개념으로 쉽게 정의하기 어려우나 최근에는 인성의 의미를 현대사회에서 요구되는 바람직한 성향에 초점을 맞추고 있다. 본 장에서는 모든 사람에게 기본적으로 요구되는 보편적인 인성과 보육교사 직무에 관련된 인성에 관해 알아보고자 한다. 아울러 영유아의 인성교육을 책임지고 있는 보육교사의 인성교육 실제를 살펴보고자 한다.

1. 인성

1) 인성의 개념

인성(人性)은 심리학적 관점과 철학적 관점에 따라 성격(personality) 혹은 인격(character)과 혼용하여 사용되고 있다. 심리학적 관점인 personality의 어원은 고대 그리스 가면극에서 배우들이 썼다가 벗었다가 하는 가면인 페르소나(persona)에서 유래하였다. 페르소나는 개인이 사회생활 속에서 사람들로부터 비난을 받지 않기 위해 겉으로 드러내는, 자신의 본성과는 다른 태도나 성격, 사회의 규범과 관습을 내면화한 것으로 실제 성격과는 다르지만 다른 사람들의 눈에 비치는 개인의 모습을 의미한다. 심리학자인 Jung에 의하면 개인은 페르소나가 있기 때문에 생활 속에서 자신의 역할을 잘 수행할 수 있으며, 주변세계와 상호관계를 맺을 수 있다고 하였다(강유정 등, 2019).

한편 철학적 관점인 character는 무엇을 새기거나 도장을 찍는 도구라는 크락스(Kharax)에서 유래한다. 이는 한번 새겨진 낙인이 평생 지워지지 않고 따라다니게 되며 이것이 바로 그 사람의 성품이 됨을 의미한다.

종합하면 인성은 우리가 사회 일원으로 살아가기 위해 갖추어야 할 품성으로 개인의 사고와 태도 및 행동특성을 말한다. 어원에서 나타나듯 인성은 한 번 새겨지면 쉽게 바뀌지지 않지만 인성의 본바탕이 새겨지기 전에는 밑그림을 스케치하고 다듬을 수 있는 과정이 있을 것이다. 즉, 가면을 오래쓰고 있으면 가면이 곧 얼굴이 되어버리는 것처럼 공동체의 일원으로 다른 사람과 좋은 관계를 유지하고 사회적으로 유익한 사람이 되기 위해서는 끊임없는 교육과 훈련이 필요하다. 따라서 인성은 선천적으로 갖춘 완성의 의미라기보다 지속적으로 변화될 수 있는 과정적인 것이며 이러한 과정을 통해 인성은 좋은 방향으로 변화될 수 있는 것이다.

2) 인성교육의 목적 및 구성

인성이 무엇인지에 대한 합의된 개념이 아직까지 없고 인성을 구성하는 하위요인도 학자마다 다양하다. 하지만 최근 사회적으로 논란이 되었던 아동학대 사건, 학교폭력, 갑질논란, 묻지마 범죄 등이 매체를 통해 드러나고, 피해자와 가해자가 생각보다 우리 가까이에 있으며 우리도 언제든 피해자나 가해자가 될 위험에 노출될 수 있음을 알게되어 인성 및 인성교육에 대한 관심이 고조되고 있다.

그동안의 인성교육은 도덕성 차원에 국한되어 인성교육이 곧 도덕교육(moral education)이라는 이해에 기반을 두었었다(서경혜 등, 2013). 하지만 도덕적 성품이 인성의 설명하는 중요한 요소임은 분명하지만 그것이 인간됨, 즉 인성을 설명하는 충분조건은 아니다. 따라서 인성교육의 외현을 확대하여 보다 다차원적인 측면에서 접근할 필요가 있다(강선보 등, 2008; 이인재, 2009; Elias et al., 2007; Salls, 2007). 이에 인간이 자신이 속한 사회적 삶에 대한 이해력을 바탕으로 인간이 가진 특성을 바람직한 방향으로 발달시킬 수 있는 인성교육이 필요하다.

우리나라는 지난 2014년 세계 최초로 인성교육을 의무로 규정하는 인성교육진흥법을 제정하였다. 인성교육은 인성을 길러주는 교육을 말한다. 인성교육의 목적은 건전하고 올바른 성품과 인성 역량을 갖춘 시민을 육성하여 개인의 행복과 안녕을 증진시킬 뿐만 아니라, 개개인의 존엄과 가치가 존중되는 세계로의 진보를 이루어내는 데 이바지할 수 있는 인간을 육성하는 네 있다(인성교육진흥법 2조). 인성교육진흥법에서 선정한 인성교육의 8대 핵심 가치 및 덕목은 다음과 같다.

〈표 8-1〉 인성교육 8대 핵심가치 · 덕목의 의미 및 인성 특징

핵심 가치 · 덕목	의미	인성 특징
예절	여러 사람이 함께 살아가기 위해 필요한 절차나 질서를 준수하려는 마음가짐 및 태도	친절, 겸손
효도	부모님께 감사하는 마음을 갖고 공경하고 봉양하려는 태도	우애, 경애
정직	자신과 타인에게 진실을 말하고 실천하는 태도	성실, 신의, 공정
책임	공동선의 실현을 위해 부여된 역할과 의무를 충실히 수행하려는 태도	역할책임, 행위책임
존중	사람이나 사물의 가치를 인식하고 소중히 여기는 태도	생명존중
배려	타인을 도와주거나 보살펴 주려는 태도	공감, 연민, 관용
소통	타인의 관점과 감정을 이해하고 공동의 문제를 해결하기 위해 협력하며 소통하려는 태도	경청
협동	공동의 목표를 성취하기 위해 구성원들의 힘과 능력을 집약시키는 태도	공동체 의식, 연대성, 조화성

출처: 강유정 등(2009).

생각해 봅시다

다음 자료를 참고하여 인성교육진흥법에서 강조하는 인성의 8대 핵심가치인 예절, 효도, 정직, 책임, 존중, 배려, 소통, 협력이란 무엇인지 토의해 봅시다.

- 기침을 할 때 어떻게 해야 할까요?
- 식사예절에는 어떤 것이 있나요?

예절

- 부모님을 기쁘게 해드리면 어떻게 해야 할까요?
- 부모님께 사랑을 표현하는 방법에는 무엇이 있을까요?
- 아빠의 얼굴을 그려봅시다.

효도

- 피노키오와 양치기 소년이 과거로 돌아간다면 어떻게 행동할까요?
- 거짓말이 가져오는 사회현상과 그 결과는 어떻게 될지 생각해봅시다.

정직

책임감은 아이들에게 영향을 주는 문제에서 그들에게 발언권을 허용함으로써 그리고 선택권이 있다고 말해주는 곳이면 어디서나 키워진다.

'왜?' 대신 '어떻게?'를 사용한다. "문제로구나. 어떻게 하면 좋겠니? 넌 뭘 선택하겠니?" 아이에게 존중받았다는 느낌을 주고, 자율성을 보장하며, 아이에게 삶에 대한 책임감을 안겨준다.

–하임 기네트–

자기 책임을 방기하려 하지 않으며, 또한 그것을 타인에게 전가시키려 하지도 않는 것은 고귀한 일이다. –니체–

- 하임 기네트와 니체의 글을 읽고 관련된 사례나 경험을 생각해 봅시다.

책임

MEDECINS SANS FRONTIERES
국경없는의사회

- '국경없는 의사회'에는 왜 국경이 없을까요?

존중

- 여우와 두루미를 읽고, 친구에게 배려해 줄 수 있는 일이 무엇이 있을지 생각해봅시다.
- 층간소음으로 인한 다툼은 어떻게 해결할 수 있을까요?

배려

- 전조작기 아동의 특징 중 집단독백이 있습니다. 집단독백이란 무엇인가요?
- 소통을 잘 하기 위한 방법은 무엇일까요?

소통

- 생활 속에서 협동이 꼭 필요했던 상황에 관해 이야기해 봅시다.

협동

한편, 인성의 구성요인에는 대체로 인류의 보편적 가치와 덕목이 포함되어 있지만, 개인의 인성이 주로 타인과의 관계나 사회 속에서 발현되기 때문에 특정 사회의 문제 상황, 중핵적 가치, 시대적 요구 등에 따라 강조되는 인성의 내용은 달라질 수 있다(천세영 등, 2012). 한국교육개발원에서는 교육부의 위탁을 받아,

국가수준에서 우리나라 학생들의 인성수준을 정기적으로 측정하고 이에 기초한 인성교육 관련 정책을 수립할 수 있도록, 표준화된 인성검사(KEDI)를 개발하였다. KEDI는 인성교육 학자들이 보편적으로 중요하다고 주장하는 덕과 역량, 학교교육을 통해 기르고자 하는 덕과 역량, 그리고 학교 구성원들(교사, 학부모, 학생)이 현재 시급하게 요구된다고 생각하는 덕과 역량 등을 모두 고려하여 10개의 인성덕목(하위요인)을 포함하는 70개의 문항을 개발하였다. 10개의 하위요인은 자기존중, 성실, 배려 및 소통, (사회적)책임, 예의, 자기조절, 정직 및 용기, 지혜, 정의, 시민성으로 구성되어있다.

인성검사 측정도구

KEDI 인성검사

※ 아래 문항을 읽고 평소 자신의 모습이나 생각과 가장 일치하는 응답 하나에 ✔표 해주십시오

	문항	전혀 아니다	약간 아니다	보통 이다	약간 그렇다	매우 그렇다
1	나는 나를 자랑스럽게 생각한다.	①	②	③	④	⑤
2	나는 오늘 해야 할 일을 다음으로 미루지 않는다.	①	②	③	④	⑤
3	나는 친구들의 고민을 잘 해결해 준다.	①	②	③	④	⑤
4	나는 여러 사람과 협력활동을 할 때 내 역할에 최신을 다한다.	①	②	③	④	⑤
5	나는 부모님(보호자)께 감사한 마음을 갖고 있다.	①	②	③	④	⑤
6	나는 짜증이 나더라도 내 감정을 잘 조절할 수 있다.	①	②	③	④	⑤
7	나 때문에 문제가 발생했을 때는 내 잘못이라고 솔직히 말한다.	①	②	③	④	⑤
8	나는 중요한 결정을 내릴 때는 항상 충분한 근거를 생각한다.	①	②	③	④	⑤
9	나는 인종, 성별, 재산이나 능력 등에 따라 사람을 차별하지 않는다.	①	②	③	④	⑤
10	나는 태극기, 무궁화, 애국가 등 우리나라를 상징하는 것을 소중히 여긴다.	①	②	③	④	⑤

	문항	전혀 아니다	약간 아니다	보통 이다	약간 그렇다	매우 그렇다
11	나는 내가 꽤 괜찮은 사람이라고 생각한다.	①	②	③	④	⑤
12	나는 계획을 세운 것은 잘 지킨다.	①	②	③	④	⑤
13	나는 친구와 갈등이 있을 때 잘 해결한다.	①	②	③	④	⑤
14	나는 학교에서 맡은 역할을 잘 해내려고 노력한다.	①	②	③	④	⑤
15	나는 나의 부모님(보호자)를 존경한다.	①	②	③	④	⑤
11	나는 내가 꽤 괜찮은 사람이라고 생각한다.	①	②	③	④	⑤
12	나는 계획을 세운 것은 잘 지킨다.	①	②	③	④	⑤
13	나는 친구와 갈등이 있을 때 잘 해결한다.	①	②	③	④	⑤
14	나는 학교에서 맡은 역할을 잘 해내려고 노력한다.	①	②	③	④	⑤
15	나는 나의 부모님(보호자)를 존경한다.	①	②	③	④	⑤
16	나는 내 감정과 행동을 잘 조절한다.	①	②	③	④	⑤
17	나는 야단을 맞더라도 사실을 있는 그대로 말한다.	①	②	③	④	⑤
18	나는 친구들에 비해 생각이 깊은 편이다.	①	②	③	④	⑤
19	나는 왕따를 당하는 학급친구들에게도 차별대우를 하지 않는다.	①	②	③	④	⑤
20	나는 우리나라의 문화와 역사가 자랑스럽다.	①	②	③	④	⑤
21	나는 나 자신을 아끼고 소중히 여긴다.	①	②	③	④	⑤
22	나는 해야 할 일이 있을 경우, 마지막에 하기보다 미리미리 준비한다.	①	②	③	④	⑤
23	친구들은 나에게 자주 내 의견을 묻는다.	①	②	③	④	⑤
24	나는 모둠과제(조별과제)나 학급행상에서 내가 맡은 일을 책임지고 한다.	①	②	③	④	⑤
25	나는 부모님(보호자)을 기쁘게 해 드리기 위해 노력한다.	①	②	③	④	⑤
26	나는 쉽게 흥분하지 않는다.	①	②	③	④	⑤
27	나는 실수를 했을 때 변명을 하거나 책임을 피하지 않는다.	①	②	③	④	⑤
28	나는 어떤 일이든지 장단점을 고루 살펴본다.	①	②	③	④	⑤

	문항	전혀 아니다	약간 아니다	보통 이다	약간 그렇다	매우 그렇다
29	나는 따돌리거나 괴롭히는 행동으로 친구의 인권(생명, 자유, 평등 등을 보장받을 권리)을 침해하지 않는다.	①	②	③	④	⑤
30	나는 다문화 친구의 문화를 이해하려고 노력한다.	①	②	③	④	⑤
31	나는 현재의 나에 대해 만족한다.	①	②	③	④	⑤
32	나는 나의 목표를 위해 현재의 유혹을 잘 참는다.	①	②	③	④	⑤
33	나는 친구가 화가 나 있거나 슬퍼하고 있을 때, 그 친구의 마음을 이해하려고 노력한다.	①	②	③	④	⑤
34	나는 단체 활동에서 힘든 역할이 주어져도 잘 협조한다.	①	②	③	④	⑤
35	나는 부모님(보호자)의 말씀을 잘 따른다.	①	②	③	④	⑤
36	나는 화가 나더라도 다른 사람들에게 화풀이를 하지 않는다.	①	②	③	④	⑤
37	나는 내가 손해를 보더라도 정직하게 행동한다.	①	②	③	④	⑤
38	나는 어떤 일이든 신중하게 판단한다.	①	②	③	④	⑤
39	나는 친구를 형편과 여건(학업능력, 가정여건, 외모 등)에 상관없이 평등하게 대한다.	①	②	③	④	⑤
40	나는 다른 나라나 문화에 대한 관심이 많다.	①	②	③	④	⑤
41	나는 내가 잘 될 것이라고 생각한다.	①	②	③	④	⑤
42	나는 해야 할 일이 있을 때, 게임이나 채팅 등의 유혹을 잘 견딘다.	①	②	③	④	⑤
43	친구들은 내 의견을 중요하게 여긴다.	①	②	③	④	⑤
44	나는 가족회의나 학급회의에서 정한 규칙은 지킨다.	①	②	③	④	⑤
45	나는 어른들께 예의를 갖추어 공손하게 대한다.	①	②	③	④	⑤
46	나는 내 생각이나 판단이 늘 옳다고 고집하지 않는다.	①	②	③	④	⑤
47	나는 진솔하다(진실하고 솔직하다).	①	②	③	④	⑤
48	어떤 일을 현명하게 판단하는 능력은 나의 장점 중 하나이다.	①	②	③	④	⑤
49	나는 게임이나 운동을 잘 못하는 친구를 따돌리지 않고 함께 할 수 있는 기회를 준다.	①	②	③	④	⑤

	문항	전혀 아니다	약간 아니다	보통 이다	약간 그렇다	매우 그렇다
50	기회가 된다면, 나는 어려운 지구촌 아이들을 돕기 위해 용돈이나 물품들을 기부하고 싶다.	①	②	③	④	⑤
51	나는 장래에 내가 하고 싶은 일을 잘할 수 있다고 생각한다.	①	②	③	④	⑤
52	나는 하던 일을 중간에 그만두지 않는다.	①	②	③	④	⑤
53	나는 다른 사람의 기분이나 마음을 잘 알아차린다.	①	②	③	④	⑤
54	나는 내가 한 일에 책임을 지려고 노력한다.	①	②	③	④	⑤
55	주변 어른들은 나에게 예의가 바르다고 말씀하신다.	①	②	③	④	⑤
56	나는 남을 비난하기 전에 그 사람의 입장에서 생각해 본다.	①	②	③	④	⑤
57	나는 내가 잘못한 행동에 대해서 솔직히 사과한다.	①	②	③	④	⑤
58	나는 무언가를 결정할 때 시간을 갖고 충분히 생각한다.	①	②	③	④	⑤
59	나는 외국인 노동자들도 인간으로서의 기본적인 권리를 누려야 한다고 생각한다.	①	②	③	④	⑤
60	나는 어려운 일도 잘 해낼 수 있다고 생각한다.	①	②	③	④	⑤
61	어떤 일을 끈기 있게 하는 것은 나의 장점 중 하나이다.	①	②	③	④	⑤
62	친구가 도움을 요청하면 도와주려고 노력한다.	①	②	③	④	⑤
63	나는 길이나 집 근처에서 아는 어른을 만나면 인사를 잘한다.	①	②	③	④	⑤
64	나는 옳은 일이라고 생각되면 야단맞는 것을 두려워하지 않고 행동한다.	①	②	③	④	⑤
65	나는 세계의 공동문제(환경, 인권, 빈곤, 세계 평화 등)에 관심이 있다.	①	②	③	④	⑤
66	나는 부모님과 약속한 게임/TV시청 시간을 지키려고 노력한다.	①	②	③	④	⑤
67	나는 다른 사람을 잘 도와준다.	①	②	③	④	⑤
68	나는 집단(예: 학급, 학교, 국가 등)의 이익을 위해 내 이익을 양보할 수 있다.	①	②	③	④	⑤
69	나는 나와 의견이 다른 사람과도 이야기를 잘 한다.	①	②	③	④	⑤
70	나는 친구가 상을 받으면 같이 기뻐하며 축하 해준다.	①	②	③	④	⑤

하위요인		문항 번호	문항 수
1	자기존중	1, 11, 21, 31, 41, 51, 60	7
2	성실	2, 12, 22, 32, 42, 52, 61, 66	8
3	배려 · 소통	3, 13, 23, 33, 43, 53, 62, 67, 69, 70	10
4	(사회적)책임	4, 14, 24, 34, 44, 54	6
5	예의	5, 15, 25, 35, 45, 55, 63	7
6	자기조절	6, 16, 26, 36, 46, 56	6
7	정직 · 용기	7, 17, 27, 37, 47, 57, 64	7
8	지혜	8, 18, 28, 38, 48, 58	6
9	정의	9, 19, 29, 39, 49	5
10	시민성	10, 20, 30, 40, 50, 50, 59, 65, 68	8

출처: 현주 등(2013).

2. 보육 인성

1) 보육교사 인성의 개념 및 구성

인성에는 특정한 직무에 상관없이 모든 사람에게 기본적으로 요구되는 보편적 인성과 직무에 관련된 인성이 있다. 즉, 보육교사의 인성에도 다른 직업군과 동일한 보편적 인성과 교사직을 수행하는 데 있어 갖추어야 하는 직무 인성이 요구된다. 육아정책연구소(2015)에서는 영유아 교사 인성평가도구 개발을 위한 연구 과정에서 이론적 고찰과 전문가 의견을 수렴하여 보육교사의 인성요소를 정리하였다. [그림 8-1]과같이 누구에게나 요구되는 보편적 인성을 기본으로 갖추면서 보육교사 직무에 요구되는 인성을 함께 갖추어야 한다는 입장에서 보육교사 인성을 두 가지 범주로 나누어 제시하였다.

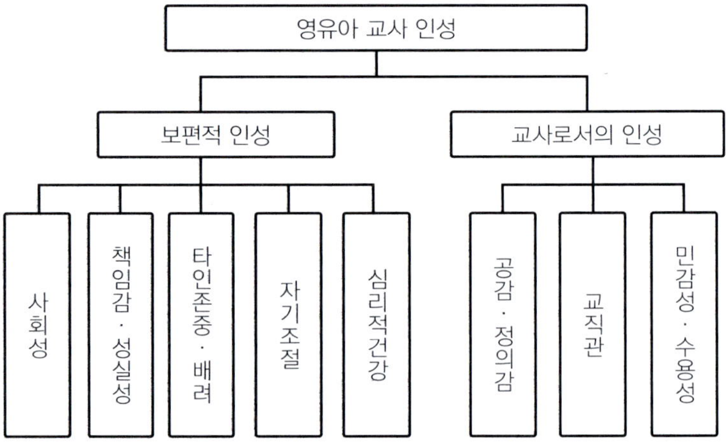

[그림 8-1] 보육교사 인성 요소

〈표 8-2〉 보육교사 인성 구성요소 및 정의

구분	구성 요소	정의
보편적 인성	사회성	• 사회적 상황에 적응하는 능력 • 적극적 참여, 협동, 원만한 관계 유지, 사교적, 친절
	책임감 · 성실성	• 맡은 일을 완수하고자 하는 의욕과 자발성이 강한 정도 • 자신이 맡은 일을 열심히 하고 끝까지 마무리 짓는 성향
	타인존중 · 배려	• 다른 사람의 생각이나 감정을 인정 • 상대방 입장을 먼저 생각하고 다른 사람을 돕는 행동
	자기조절	• 자신의 감정 상태를 인식하여 정서를 조절하고 통제할 수 있는 능력 • 행동억제, 충동억제, 만족지연, 유혹에의 저항능력
	심리적 건강	• 정신적인 균형 유지와 정신건강과 적응의 조화 • 불안감, 우울, 편집증 등 정신 건강 구성 요소의 정상성
교사로서의 인성	공감 · 정의감	• 타인이 느끼고 생각하는 바를 이해하는 인지적 공감 • 타인의 정서를 대리 경험하는 정서적 공감 • 공정 · 공평성, 약자에 대한 우선권 고려
	교직관	• 직업적 활동에 삶의 의미와 목적 부여 • 직업을 천직으로 여기고 헌신
	민감성 · 수용성	• 이해하고 수용할 수 있는 열린 마음 • 다양한 신호와 접근을 이해하고 요구에 신속하게 대처함

출처: 육아정책연구소(2015).

보육교사 인성 측정 도구
KICCE 영유아 교사용 인성검사

※ 아래 문항을 읽고 평소 자신의 모습이나 생각과 가장 일치하는 응답 하나에 ✔표 해주십시오

문항	전혀 그렇지 않다	별로 그렇지 않다	보통이다	대체로 그렇다	매우 그렇다
1. 아이들이 불안할 때 보이는 개인적 행동 특성을 알고 있다.	①	②	③	④	⑤
2. 아이들의 놀이에 관심을 갖고 개별 특성에 맞게 반응해 준다.	①	②	③	④	⑤
3. 아이들의 기분이나 느낌을 잘 파악하는 편이다.	①	②	③	④	⑤
4. 발달과 학습과정에서 나타나는 아이들의 개인 대, 개인 간 차를 이해할 수 있다.	①	②	③	④	⑤
5. 아이들 개개인에 따라 문제해결 방법이나 대처방법이 다르다.	①	②	③	④	⑤
6. 아이들의 지루함을 알아차리고 환경을 바꿔 줄 수 있다.	①	②	③	④	⑤
7. 아이들이 스스로 할 수 있는 일에 대해서는 시간이 걸려도 기다려 주는 편이다.	①	②	③	④	⑤
8. 아이들의 심리상태를 민감하게 알아차릴 수 있다.	①	②	③	④	⑤
9. 어쩔 수 없이 잘못을 저지르는 아이도 있다고 생각한다.	①	②	③	④	⑤
10. 아이들의 비언어적인 행동이 나타내는 신호를 쉽게 알아챌 수 있다.	①	②	③	④	⑤
11. 교실에 적응하지 못하는 아이를 보면 염려하는 마음이 생긴다.	①	②	③	④	⑤
12. 부모와 떨어져서 불안해하는 아이의 마음을 이해할 수 있다.	①	②	③	④	⑤
13. 아이들 각각의 발달 수준을 알고 그에 적합한 교구 교재 및 활동을 제시할 수 있다.	①	②	③	④	⑤
14. 아이들의 건강상태를 민감하게 알아차릴 수 있다.	①	②	③	④	⑤
15. 아이들의 말을 끝까지 들어준다.	①	②	③	④	⑤

문항	전혀 그렇지 않다	별로 그렇지 않다	보통이다	대체로 그렇다	매우 그렇다
16. 우는 아이가 진정될 때까지 기다려 준다.	①	②	③	④	⑤
17. 아이들이 불편해 보이거나 곤란에 처했을 때, 즉시 다가간다.	①	②	③	④	⑤
18. 아이들 간의 갈등이 발생했을 때, 아이들 모두의 입장에서 갈등의 이유를 생각해 보는 편이다.	①	②	③	④	⑤
19. 아이들의 더딘 행동을 여유있게 기다려 줄 수 있다.	①	②	③	④	⑤
20. 동료들과 잘 협력한다.	①	②	③	④	⑤
21. 남들이 하지 못하는 일을 해낼 수 있다.	①	②	③	④	⑤
22. 뒤처지는 아이가 스스로 끝낼 수 있도록 격려해 주는 편이다.	①	②	③	④	⑤
23. 아이들이 의견을 낼 수 있도록 격려하고 그들의 의견을 수용할 수 있다.	①	②	③	④	⑤
24. 아이들이 원하는 것은 바로 해결해 주려고 하는 편이다.	①	②	③	④	⑤
25. 내가 아무런 가치가 없다고 느낄 때가 있다.	①	②	③	④	⑤
26. 무슨 일을 하든 정신을 집중하기가 힘들다.	①	②	③	④	⑤
27. 종종 낯선 사람들이 나를 흠잡듯이 쳐다보는 것 같다.	①	②	③	④	⑤
28. 매사에 매우 침울하고 희망이 없어 보일 때가 있다.	①	②	③	④	⑤
29. 다른 사람들보다 더 많이 실패한 것 같다.	①	②	③	④	⑤
30. 아무도 믿지 않는 것이 안전하다고 생각하는 편이다.	①	②	③	④	⑤
31. 다른 사람을 대할 때 실수를 저지를까 봐 두려움을 느낀다.	①	②	③	④	⑤
32. 편안하게 쉴 수가 없다.	①	②	③	④	⑤
33. 걱정을 하거나 막연한 불안감을 느낀다.	①	②	③	④	⑤
34. 도무지 무엇을 시작할 기운이 나지 않을 때가 있다.	①	②	③	④	⑤
35. 잘못된 일이라는 것은 알아도, 그 일을 중단할 수 없을 때가 있다.	①	②	③	④	⑤
36. 때로는 공허하고 허전한 감이 든다.	①	②	③	④	⑤
37. 사람들은 남의 일에 진정한 관심을 갖지 않는다고 생각한다.	①	②	③	④	⑤

문항	전혀 그렇지 않다	별로 그렇지 않다	보통이다	대체로 그렇다	매우 그렇다
38. 일이 잘못되었을 때 남의 탓을 하는 경향이 있다.	①	②	③	④	⑤
39. 책임감이 무거운 일을 맡기가 두렵다.	①	②	③	④	⑤
40. 종종 일이 잘못될까봐 걱정을 한다.	①	②	③	④	⑤
41. 새로운 사람을 만나는 자리에 참석하는 것이 즐겁다.	①	②	③	④	⑤
42. 많은 사람들과 함께 있는 것이 좋다.	①	②	③	④	⑤
43. 익숙하지 않은 대인관계에 대해서도 편안함을 느낀다.	①	②	③	④	⑤
44. 사람들과 쉽게 친해지고 원만한 관계를 유지할 수 있다.	①	②	③	④	⑤
45. 내가 필요할 때 도와 줄 친구가 많다.	①	②	③	④	⑤
46. 인사성이 밝다.	①	②	③	④	⑤
47. 시작한 일은 끝까지 마치는 편이다.	①	②	③	④	⑤
48. 내가 해야 할 일은 책임지고 마무리한다.	①	②	③	④	⑤
49. 나는 꾸준하고 열심히 일하는 사람으로 알려져 있다.	①	②	③	④	⑤
50. 내가 할 일을 남에게 미루지 않는다.	①	②	③	④	⑤
51. 일정을 잘 맞춰서 사람들로부터 신뢰를 받는다.	①	②	③	④	⑤
52. 시간을 잘 지키는 편이다.	①	②	③	④	⑤
53. 마음이 내키지 않더라도 맡은 일은 반드시 한다.	①	②	③	④	⑤
54. 다른 사람보다 옳고 그름을 가리는 데 엄격한 편이다.	①	②	③	④	⑤
55. 규칙을 잘 지키는 편이다.	①	②	③	④	⑤
56. 사소한 일이라도 최선을 다한다.	①	②	③	④	⑤
57. 즐거움과 재미 때문에 주어진 일을 끝내지 못할 때가 있다.	①	②	③	④	⑤
58. 내가 목표한 일에서 좋은 결과를 얻을 수 있다.	①	②	③	④	⑤
59. 장기적 목표를 위해 계획을 세워 행동하는 편이다.	①	②	③	④	⑤
60. 남에게 내 차례를 잘 양보하는 편이다.	①	②	③	④	⑤
61. 친구들로부터 따뜻한 사람이라는 말을 듣는다.	①	②	③	④	⑤
62. 남의 기분을 상하지 않도록 행동과 말을 조심하는 편이다.	①	②	③	④	⑤

문항	전혀 그렇지 않다	별로 그렇지 않다	보통이다	대체로 그렇다	매우 그렇다
63. 사람들은 나를 다정하고 상냥한 사람이라고 생각한다.	①	②	③	④	⑤
64. 남의 말을 잘 경청하는 편이다.	①	②	③	④	⑤
65. 만나는 사람에 따라 그 사람들에게 맞춰서 행동하는 편이다.	①	②	③	④	⑤
66. 다른 사람들이 좋아할 말이나 행동을 하려고 노력한다.	①	②	③	④	⑤
67. 다른 사람들을 잘 도와주는 편이다.	①	②	③	④	⑤
68. 상대방의 의견을 존중한다.	①	②	③	④	⑤
69. 다른 사람이 나와 다른 생각을 가지고 있더라도 이해해 보려고 한다.	①	②	③	④	⑤
70. 다른 사람들과의 의견을 잘 조율한다.	①	②	③	④	⑤
71. 교사는 신뢰와 존경을 받는 직업이라고 생각한다.	①	②	③	④	⑤
72. 교사가 된 것을 자랑스럽고 기쁘게 생각한다.	①	②	③	④	⑤
73. 나에게 교사라는 직업은 매우 중요한 의미를 가진다.	①	②	③	④	⑤
74. 영유아를 가르치고 돌보는 것은 가치있는 일이라고 생각한다.	①	②	③	④	⑤
75. 교사직을 천직이라고 생각하고 임한다.	①	②	③	④	⑤
76. 교사는 일반인보다 더 높은 윤리의식을 가져야 한다고	①	②	③	④	⑤
77. 아무리 바쁘고 정신없어도 아이들의 질문에 성실히 답해주는 편이다.	①	②	③	④	⑤
78. 아이들의 올바른 성장을 보면 보람을 느낀다.	①	②	③	④	⑤
79. 신체적인 불편함이나 좋지 않은 감정을 참고 아이들에게 친절하게 대할 수 있다.	①	②	③	④	⑤
80. 더 나은 교사가 되기 위해 자기 계발을 한다.	①	②	③	④	⑤
81. 좋아하는 음식을 먹을 때 과식하는 경향이 있다.	①	②	③	④	⑤
82. 충동적으로 일을 벌이고 나서 후회하는 경향이 있다.	①	②	③	④	⑤
83. 아이들을 재촉하거나 다그치는 말을 자주 사용하는 편이다.	①	②	③	④	⑤

문항	전혀 그렇지 않다	별로 그렇지 않다	보통이다	대체로 그렇다	매우 그렇다
84. 밥을 오래 먹는 아이를 기다리는 것이 힘들어 재촉하는 편이다.	①	②	③	④	⑤
85. 머릿속에 떠오르는 대로 말하는 경향이 있다.	①	②	③	④	⑤
86. 화를 참지 못하는 편이다.	①	②	③	④	⑤
87. 가정 형편이 어려운 아이를 보면 그 아이에 대해 정말로 걱정되는 때가 자주 있다.	①	②	③	④	⑤
88. 친구들과 어울리지 못하고 늘 혼자 있는 아이를 보면 마음이 슬퍼진다.	①	②	③	④	⑤
89. 위기나 곤란에 처한 아이를 보면 보호해 주고 싶은 마음이 든다.	①	②	③	④	⑤
90. 활동을 할 때 어리고 약한 아이에게 기회를 더 많이 주려고 애쓴다.	①	②	③	④	⑤
91. 환경과 배경에 따라 상대를 차별하지 않는다.	①	②	③	④	⑤
92. 다친 아이를 보면 정말 마음이 아프다.	①	②	③	④	⑤
93. 아이들을 있는 그대로 받아들일 수 있다.	①	②	③	④	⑤
94. 아이들을 서로 비교하지 않는다.	①	②	③	④	⑤

영역	인성 요소	문항 번호	문항 개수
보편성 인성	사회성	41, 45, 46, 44, 45, 46	6
	책임감 · 성실성	47, 48, 49, 50, 51, 52, 53 54, 55, 56, 57, 58, 59	13
	타인존중 · 배려심	60, 61, 62, 63, 64, 65, 66, 67, 68, 69, 70	11
	자기조절	81, 82, 83, 84, 85, 86	6
	심리적 건강	25, 26, 27, 28, 29, 30, 31, 32, 33, 34, 35, 36, 37, 38, 39, 40	16
교사로서의 인성	공감 · 정의감	87, 88, 89, 90, 91, 92, 93, 94	8
	교직관(소명의식)	71, 72, 73, 74, 75, 76, 77, 78, 79, 80	10
	민감성 · 수용성	1, 2, 3, 4, 5, 6, 7, 8, 9, 10, 11, 12, 13, 14, 15, 16, 17, 18, 19, 20, 21, 22, 23, 24	24
계			94

출처: 김은설 등(2015).

2) 보육교사 인성의 중요성

부모들이 어린 자녀를 맡길 기관을 선정할 때 우선적으로 고려하는 요인이 교사의 인성이다(백진주, 2003, 재인용). 보육교사의 인성이 중요한 이유는 교사의 인성이 직무와 관련된 주변인들 및 사회에 미치는 영향력이 크기 때문이다.

보육교사의 인성이 중요한 이유를 정리하면 다음과 같다.

첫째, 교사의 인성이 중요한 이유는 영유아기의 발달적 특성 때문이다. 영유아기는 전인적 발달의 틀이 형성되는 시기이다(강은주, 2017). 또 영유아기는 다른 시기에 비해 교사의 행동, 말투, 성격, 태도 등을 모방하는 경향이 강하게 나타나는 발달적 특성을 가지고 있다. 그러므로 보육교사는 영유아의 모델링 대상으로 영유아의 인성에 직접적 영향을 미치므로 보육 교사의 인성이 교사의 질과 성패를 예측하는 중요한 요인이 된다(최종욱, 2010; 최일선, 2009).

둘째, 교사의 인성이 중요한 이유는 교사 자신 뿐 아니라 조직전체에 영향을 미치기 때문이다. 교사의 인성이 직무스트레스와 관련이 있어, 교사의 인성 수준이 높을수록 교사의 직무스트레스가 낮아진다(박윤조 등, 2015). 또 교사의 인성은 효능감을 높이며, 동료 간 배려, 공감적 이해, 의사소통 수준에 긍정적 영향을 미친다(이명순 등, 2022). 따라서 교사의 인성은 본인 자신뿐 아니라 조직문화에 긍정적 영향을 주어 궁극적으로 보육의 질을 높이는 요인으로 작용하게 되는 것이다.

셋째, 교사의 인성은 사회적 측면에서도 중요하다. 영유아들의 어린이집 입소 연령이 낮아지고 있고, 하루 중 어린이집에서 보내는 시간이 가정에서의 시간보다 훨씬 길어지고 있다. 가족구조와 사회구조의 변화로 인해 어린이집은 영유아, 부모뿐 아니라 우리 사회를 유지시키는 기능을 하며 국가발전에 기여하고 있다. 만약 교사의 인성이 바람직하지 않거나 기관 내 아동학대 같은 사건이 계속 벌어진다면 가정뿐 아니라 국가적으로도 큰 손실을 입게 될 것이다.

3. 보육교사의 인성교육

인성교육진흥법에 의해 교사들은 주기적으로 인성교육을 의무적으로 시행하여야 하며, 어린이집의 경우 보수교육 내용에 원장 및 보육교사의 인성함양교육을 포함하도록 하고 있다(영유아보육법 23조). 보육교사의 인성교육 원리와 학습방법을 살펴보면 다음과 같다.

1) 보육교사 인성교육의 원리

보육교사로서 필요한 인성과 자질은 학습되어져 내면화되어야 한다. 인성교육이 바람직하게 이루어지고 효과적인 성과를 내기 위해서는 다양한 원리에 의해 이루어져야 한다(김우호 등, 2019). 인성교육을 위한 실행원리에는 관계성의 원리, 자율성의 원리, 반복성의 원리, 동시성의 원리, 누적성의 원리, 지속성의 원리, 협동성의 원리, 통합성의 원리가 있다(김영옥, 2015).

① 관계성의 원리: 인성교육은 다른 어떤 교수-학습방법보다도 동료 교사들과의 관계 또는 상호작용을 하는 다른 사람들과의 관계 속에서 이루어진다. 따라서 좋은 사람과 훌륭한 자질을 갖춘 사람들과의 상호작용이 중요하다.

② 자율성의 원리: 인성교육은 교사가 바른 가치관을 가지고 인성을 실천해 나가도록 돕는 과정이다. 그러므로 보육교사는 도덕적 문제 상황이 생겼을 때 자신의 생각을 표현해 보고 일상생활의 문제를 스스로 해결해 보는 경험이 중요하다.

③ 반복성의 원리: 인성교육은 계속적으로 반복해서 이루어져야 한다. 보육교사가 바람직한 행동특성을 학습했다 하더라도 잊어버리거나 습관되지 못할 수 있다. 그러므로 보육교사는 반복적인 연습과정을 통하여 자신의 인성으로 내재화하도록 해야 한다.

④ 동시성의 원리: 인성교육은 인성덕목별로 따로 일어나기보다는 동시에 연계되어 이루어지는 것이다. 예를 들어 동료교사의 의견을 경청하는 것도 '소통'과 '존중'이 동시에 연관되어 있다.

⑤ 누적성의 원리: 인성교육은 일회성이 아니라 지속적으로 쌓아가는 것이다. 시간과 노력의 과정을 통하여 교사의 인성이 다듬어지고 용량이 늘어나며 정교해지는 것이다.

⑥ 지속성의 원리: 인성교육은 일정기간에만 일어나는 것이 아니라 성장하는 동안 꾸준한 실천과 노력을 통해 지속적으로 내면화, 습관화 되어야 한다.

⑦ 협동성의 원리: 인성교육은 혼자서 습득하는 지식이 아니므로 동료교사나 다른 성인들과 협력하는 경험이 필요하다.

⑧ 통합성의 원리: 영유아교육이 본래 통합적인 특성을 가지고 있지만, 그 교육의 중심에는 인성교육이라는 목표가 있어야 한다. 인성교육은 어느 특정 영역뿐 아니라 교사가 생활하는 모든 공간과 시간 속에서 통합되어 이루어져야 한다.

2) 보육교사 인성교육의 학습방법

(1) 토의

토의는 도덕적 문제에 대해 서로 의견을 나누고 의견들 사이에 유사점과 차이점을 찾아보며, 궁극적으로 자율적으로 문제를 해결하는 것이다. 일상생활 속 경험하는 다양한 갈등 상황이 토론의 주제가 될 수 있다.

토론주제

사례 1.

또래의 놀이를 방해하거나 문제행동을 계속 일으키는 만 3세 유아에 대한 또래와 다른 학부형까지 문제를 제기한다. 교사가 관심을 보여주어도 부정적인 행동으로 대응하며 변화가 나타나지 않는다. 결국은 장난감을 뺏으려다가 다른 아이를 때려 상처를 입혔다. 지금 이 순간 어떻게 할 것인가?

사례 2.

새로 입학한 만 2세 영아의 부모는 절대로 낮잠을 재우지 말아 달라고 부탁한다. 교사는 낮잠시간 동안 개별적으로 돌보아주어야 하기 때문에 번번이 보조교사, 원장님의 도움을 받아야 한다. 가끔 영아가 낮잠이 들기도 하여 재우고 나면 부모는 집에서 잠을 자지 않는다고 재우지 말라고 항의한다. 어떻게 지혜롭게 풀 수 있을까?

사례 3.

옆 반의 신입교사가 만 1세 반의 식사시간에 강제로 떠먹이거나 언어적으로 협박하면서 먹이는 것을 여러 번 보았다. 평소에도 자기주장이 강하고, 선배교사에게 묻거나 의논하는 일이 거의 없다. 1세 반 영아를 먹이고 재울 때 엄격한 방법으로 지도하는 경향이 있는 것으로 판단된다. 이 교사에게 어떻게 해 줄 수 있을까?

출처: 김은설 등(2017).

(2) 협동학습

협동학습이란 소집단 구성원들이 공동의 학습목표를 달성하기 위해서 역할을 분담하고, 다른 구성원들과 도움을 주고받아 집단구성원 모두에게 유익한 결과를 얻고자 하는 것이다. 인성교육에서 협동학습은 인성교육의 내용이 단순히 지식 전달에 그치지 않고 적절한 실천으로 이어질 수 있도록 한다. 구체적으로 협동학습의 과정에서 집단 구성원들과 공동의 목표를 달성하기 위하여 주어진 과제를 수행하고 지속하면서 자기가 맡은 바 역할을 끝까지 책임감 있게 완성하려는 노력을 보이게 됨으로써 능력이 향상된다. 또한 집단 구성원들과 다양한 의견들을 절충하는 가운데 타인의 권리와 요구를 존중하면서 자기의 의견, 요구, 느낌 등을 적절히 표현하는 자기주장의 능력도 증진될 수 있다.

(3) 현장학습

현장을 직접 방문하여 체험해 봄으로써 사회적 규범과 질서를 습득하여 실천에 옮길 수 있다. 예를들어 교통공원을 방문하여 실제로 교통 놀이 체험을 함으로써 사회적 규범으로서의 교통법규 준수의 중요성을 습득할 수 있다. 또 지역사회를 위한 사회 참여적 봉사활동을 하는 등 실천적인 경험을 통해 사회적, 도덕적 인성을 함양시킬 수 있다.

(4) 역할놀이

역할놀이는 어떤 상황 또는 장면에 처해보게 하거나 특정 역할을 구체적으로 경험해 봄으로써 인간관계나 가치의 문제를 보다 깊이 이해할 수 있는 방법이다. 역할놀이를 통해 도덕적 사고력과 판단 능력을 향상시키고 도덕적 행동의 성향을 증진시킬 수 있는데 예를들어 도덕적 딜레마의 상황이나 사회적 질서를 지키지 않음으로써 생긴 상황을 전개해 보며 바람직한 방법을 도출해 가는 과정이 있을 수 있을 것이다.

(5) 도서 활용

도서를 활용한 방법은 간접 경험을 풍부하게 하며, 다른 사람의 생활과 경험, 느낌을 공감하고 도덕적 판단 기준을 갖게 한다. 교훈적이고 감명 깊은 이야기를 통해 인성 덕목에 관한 이해나 사고력을 심화시키고, 감동을 통해 실천 의욕을 증진시킬 수 있다. 예를 들어 역사적으로 실존했거나 현존하는 인물 가운데 덕행으로 본이 될 만한 사람들에 대한 문학작품을 제시할 수 있다.

싹이 터도, 잎이 나도, 꽃이 피어도
민들레는 민들레입니다.
혼자여도, 둘이어도, 여럿이어도
민들레는 민들레입니다.
가로수 아래, 낡은 지붕 위에서도
꽃이 져도, 씨가 맺혀도, 바람에 날아가도
민들레는 민들레입니다.
누가 뭐래도 나는 나인 것처럼.

『민들레는 민들레, 김장성 글, 오현경 그림, 이야기 꽃, 2014』에서 발췌

출처: 김은설 등(2017), 재인용.

(6) 스토리텔링

교훈적이고 감명 깊은 이야기를 통해 인성 덕목에 관한 이해나 사고력을 심화시키고 감동을 통해 실천 의욕을 증진시키는 방법이다. 감동, 감화를 주는 흥미로운 이야기 자료나, 모범적 인물이나 훌륭한 도덕적 삶의 본보기를 살펴봄으로써 인성 덕목에 대해 배울 수 있는 기회를 제공해 줄 수 있다.

3) 보육교사 인성교육의 실제

어린이집 아동학대 사건 이후 보육교사에 대한 인성교육의 필요성이 제기되어 왔다. 하지만 구체적인 인성교육 프로그램 개발 및 보급은 미흡한 실정이다. 게다가 인성이 교육에 의해 변화될 수 있는가에 대한 찬반 논쟁이 있는 것도 사실이다. 하지만 보육교사의 인성 수준에 대한 점검과 인성교육 강화 필요성이 강하게 대두됨에 따라 한국보육진흥원에서 '보육교직원 인성교육 및 평가사업'(보육교직원 마음성장 프로젝트)을 펼치고 있다.

한국보육진흥원에서 시행하는 '마음성장 프로젝트'는 보육교직원이 일상과 업무로 인해 발생하는 스트레스 등 스스로의 마음상태를 점검하고 문제해결 역량을 키울 수 있도록 지원하는 프로그램이다. 즉, 보육교사들은 본인 스스로 인성에 대해 돌아보며 자기를 점검하고, 진단결과에 따라서 자신에게 필요하다고 생각되는 인성교육 프로그램을 선택하게 된다. 현재 시행되고 있는 보육역량강화 교육과정, 힐링 프로그램, 심리지원 프로그램의 신청방법과 내용을 소개하면 다음과 같다.

한국보육진흥원 마음성장프로젝트 (kcpi.or.kr)

※ 홈페이지(https://mindup.kcpi.or.kr/kcpi/main/main.do)

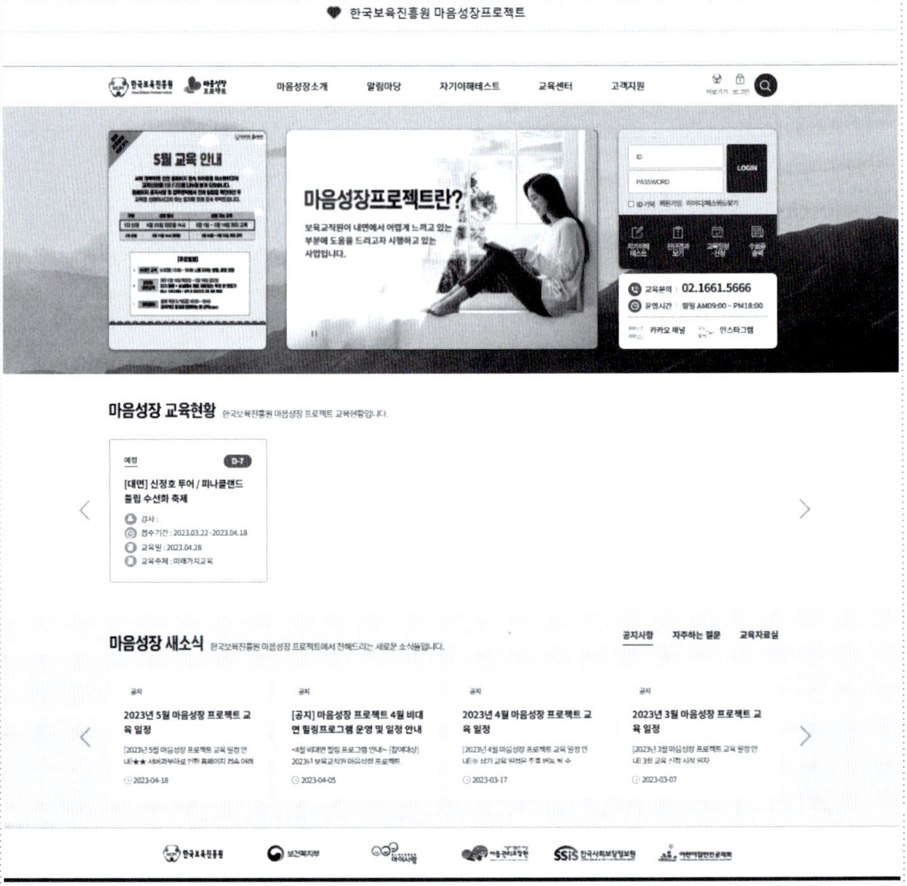

※ 신청절차

마음성장 프로젝트 진행절차

01 **자기이해테스트**
보육교직원으로서
나를 돌아보며 문항에 응답
· 영역소개
자존감 > 소명감 > 정서능력 > 대인관계 > 스트레스

02 **진단결과 확인**
진단결과를 참고하여 원하는 교육 참여

03 **교육신청 및 참여**
일정확인 > 신청 > 알림(카카오톡/SMS)수신

04 **만족도 조사**
· **비대면** 교육 3일 후 실시 가능(업무일 기준)
· **대면** 당일 18시 이후부터 실시 가능

05 **교육 수료**
수료증 발급
(교육수강연도 12월 31일까지 발급가능)

※ 교육안내

대상 현직 보육교직원 (원장, 보육교사)

교육 시간 2~8시간

※ 교육시간은 상황에 따라 조정될 수 있으며, 각 교육별 자세한 일정은 **교육 신청** 탭에서 확인하실 수 있습니다.

교육 방법 대면/비대면 병행 운영

교육 구성

역량강화 교육과정

소양교육 | 놀이교육 | 인문학교육 | 미래가치 교육 + 힐링 프로그램

1. 직무역량강화교육: 보육교직원이 갖춰야 할 자존감, 소명감, 정서능력, 대인관계, 스트레스 중심의 교육
2. 놀이교육: 놀이의 가치를 이해하고 건강한 놀이촉진자로 성장할 수 있도록 돕는 교육
3. 인문학: 직무에서 벗어나 문화, 예술 중심의 인문학적 소양을 기를 수 있는 교육
4. 미래가치교육: 변화하는 사회환경을 반영하여 디지털 역량을 강화하고 자연과 더불어 살아가는 능력을 기르는 교육

※ 교육프로그램 구성

인성 교육 프로그램 영역별 강의 주제

영역	분야	주제/ "제목"	시수
자존감	마음의 힐링	감정 코칭과 자긍심 "보육교사의 행복씨앗 심기"	4
	직무 능력 향상	영유아 상호작용 "눈썹에 맞추오이다"	2
	역량 강화	보육교사의 자아존중감 "나다운 나, 세상을 아름답게 하다"	2
소명감	마음의 힐링	브레인 힐링 "힐링 시크릿, 뇌로 풀어가요"	3
	직무 능력 향상	갈등의 예방과 관리 "소명감 충전으로 갈등을 극복하자"	2
	역량 강화	보육교사의 윤리 및 책무성 "보육교사로 산다는 것"	3
정서 인식 및 활용	마음의 힐링	감정 관리의 기술 "행복한 교사, 행복한 생활"	4
	직무 능력 향상	문제행동 영유아에 대한 이해 및 대처 "Me Time! We Time"	2
	역량 강화	정서·행동 조절 "나를 행복하게 만드는 생각"	2
대인 관계	마음의 힐링	타인 배려와 공감 능력 증진 "드라마를 통해 공감해요!"	3
	직무 능력 향상	자기 이해에 기초한 학부모와의 효과적인 의사소통 "이해 Up! 관계 Up! 소통 Up!"	3
	역량 강화	소통능력 향상 "소통능력과 마음 근력"	2

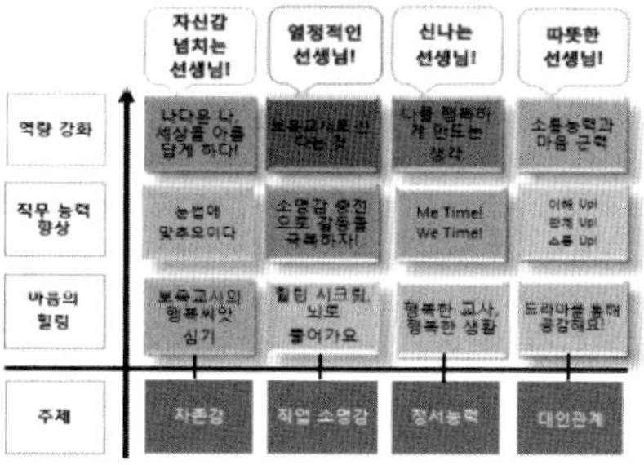

인성 교육 프로그램의 구성

9장

자기에 대한 이해

과거에는 교사의 자질과 전문성을 이야기할 때 교사의 인지적 측면에 초점을 두었었다. 그러나 최근에는 교사의 전문성을 다각적인 관점에서 조명하면서 영유아를 안정적으로 보육하기 위한 교사의 내재적 측면 또한 강조하고 있다. 본 장에서는 건강한 인성을 가진 보육교사가 되기 위한 내적 특성으로 자아개념에 관해 이해하고자 한다. 구체적으로 자기를 어떻게 인식하는지, 자신을 어느 정도 중요하다 여기는지, 자신의 능력에 관해 어떻게 평가하며 스스로를 통제할 수 있는 능력이 있는지에 관해 살펴봄으로써 자신에 대한 이해의 폭을 넓히고자 한다.

1. 자아개념

1) 자아개념의 의미와 특성

우리는 자기 자신을 해석하기 위해 '나는 누구인가?'에 대한 대답을 끊임없이 찾고 있다. 또, 학자들은 인간의 행동을 연구하기 위해서, 그리고 인간의 행동을 예측하기 위해 인간의 자아에 관해 탐구해 왔다. 자아는 성격의 중심부에 위치해 있으며 인지된 외적자극에 의미를 부여하고 해석하고 평가하며 특정한 상황 하에서 인간의 행위를 결정하는 역할을 한다. 따라서 인간은 자신에 대해 가지고 있는 자아개념(self-concept)이 긍정적인가 부정적인가에 따라 행동이 결정되고 적응의 유형도 달라진다.

자아개념이란 자신에 대한 인식(perception), 태도(attitude), 느낌(feeling)을 말하는 것으로 개인이 가지고 있는 자기자신에 대한 견해로 정의된다(송인섭, 1998; 김정희 등, 2020, 재인용). 자아개념은 본래 타고난 것이 아니라 한 개인의 성장과정에서 겪는 다양한 경험과 관계가 깊다. 영아의 경우 자신의 욕구가 늘 곁에 있는 양육자에 의해 채워지기 때문에 주변과 자신을 분화시킬 필요가 없다. 그러나 생후 1년 정도가 지나면서 자신이 독립적이고 고유한 실재로서의 자신이 존재한다는 자아의식이 발달하게 된다. 이후 자아개념은 연령에 따라 더욱 분화되고, 구성하는 하위요인의 수도 증가 한다. 자아개념은 한 가지로 규정되는 것이 아니라 개인의 경험과 주요 타인과의 상호작용을 통해서 발달하며, 그 하위요인 또한 발달단계에 따라 세부적으로 분화되는 것이다.

〈생각해 봅시다〉

나는 누구인가요?

◆ 범주적 자아(categorical self)- 사회적으로 중요하게 인식되는 차원에서 나를 정의해 봅시다. 나는 어떤 사람인가요? (예. 나이, 성별, 학력, 종교 등)

◆ 공적 자아(public self)- 외현적으로 드러나 타인이 알 수 있는 차원에서 나를 정의해 봅시다. 나는 어떤 사람인가요?(예. 타인의 시선이 존재하는 공적인 장소, 학교, 직장 등에서 겉으로 드러나는 사회적 행동)

◆ 개인적 자아(privite self)- 타인은 잘 모르는, 나만이 알고 있는 주관적인 차원에서 나를 정의해 봅시다. 나는 어떤 사람인가요? (예. 타인의 시선이 존재하지 않는 곳에서 취하는 행동, 생각)

2) 보육교사의 자아개념

교사의 여러 가지 인간적인 속성 중에서 특히 자아개념은 한 인간에 대한 행동과 사회관을 결정한다는 의미에서 매우 중요하다(전성연, 1987). 왜냐하면 보육교사의 자아개념은 교사 개인에게만 한정되는 것이 아니라 영유아에게도 영향을 미칠 수 있고 교육적 결정과 행동에도 영향을 미칠 수 있기 때문이다. 보육교사가 건강한 자아개념을 가져야 하는 이유를 정리하면 다음과 같다.

첫째, 보육교사의 자아개념은 영유아의 자아개념에 영향을 미치기 때문이다. 영유아의 자아개념은 자신들과 밀접한 관계를 맺고 있는 부모, 교사 등 타인의 영향을 많이 받기 때문에 부모와 교사가 영유아를 대하는 태도와 분위기를 어떻게 만들어 가느냐에 따라 영유아의 자아개념 형성에 미치는 영향도 달라진다. 교사가 긍정적인 자아개념을 가질수록 영유아는 타인과의 상호작용에서 긍정적인 관계를 형성하며 사회적 능력을 키워 나갈 수 있으므로 교사 스스로 긍정적이고 건강한 자아개념을 형성할 수 있도록 노력해야 한다.

둘째, 보육교사의 자아개념은 영유아를 교육하는 실제에 영향을 미치기 때문이다. 연구에 따르면 자아개념이 높은 교사는 창의적인 교수를 하는 반면, 자아개념이 낮은 교사는 영유아들보다도 더 많은 말을 하며 교수 방법을 선택할 때 자신의 성격 구조를 방어할 수 있는 교수 방법을 선택하였다. 또 자아개념이 낮은 교사들은 자아개념이 높은 교사보다 문제를 해결하는데도 2배나 많은 시간을 소비하는 것으로 나타났다(Trowbridge, 1972). 이는 교사의 자아개념이 교수 방법에 영향을 주고 교육의 실제에 차이를 가져오는 중요한 요인임을 보여주는 것이다(강미라, 2005, 재인용).

셋째, 보육교사도 끊임없이 성장과 발달을 해야 하는 과정 속에 있기 때문에 교사의 건강하고 긍정적인 자아개념은 중요하다. 예비교사에서 초임교사, 경력교사에서 고경력교사로 이어지는 과정 속에서 무수한 성공과 실패를 반복하면서 교사생활을 하게 된다. 이때 자아개념은 이러한 성공과 실패를 어떻게 받아들이고 이를 어떻게 극복해 갈 건지에 대한 주요한 요인으로 작용한다. 실수가 없는 인간이 없듯 교사 역시 보육을 하는 과정에서 실패와 실수는 불가피하다. 하지만 좋은 교사란 실패와 실수에 사로잡히기보다 이를 해결하고 더 성장하기 위해 자신의 변화와 발전에 대한 의지를 다지는 것이 필요하다. 긍정적인 자아개념을 가진 발산적인 사람은 어려운 상황을 극복하고 문제를 해결함으로써 경험으로부터 어떤 것을 배우는 사람이다. 그러므로 나는 어떤 보육교사인지 스스로 지각하고자 끊임없이 질문을 던져 봄으로써 자신의 모습을 되돌아보아야 한다. 좋은 교사가 되기 위해 떠올려 보아야 할 질문을 정리해 보면 다음과 같다(송인섭, 2002).

◇ 나는 영유아들의 눈을 통해 나 자신을 보고 있는가? 나는 나에 대한 지각, 신념, 태도, 느낌에 대해서 알고 있는가?

◇ 나는 일을 중요하게 생각하는 일 중심적인 사람이 아니라 인간을 중요하게 생각하는 인간 지향적인 사람인가? 나는 영유아들과 함께하는 것을 즐기며, 영유아들의 요구를 민감하게 수용하고 반응하는가?

◇ 나는 영유아의 능력과 수준의 개인차를 인정하고 있는가?

◇ 나는 영유아의 흥미를 고려하여 수업을 진행하고 있는가?

2. 자아개념의 영역

그동안 자아개념은 자기의식(self-consciousness), 자기이해(self-understanding), 자아평가(self-estimation), 자아지식(self-knowledge), 자기수용(self-acceptance)등의 용어와 함께 사용되어 왔다(김정희 등, 2020). 본 장에서는 자아개념을 형성하는 중요한 영역으로 스스로를 어떤 존재인지 인식하는 자기인식, 자신을 어느정도로 중요하게 여기는지 알아보는 자아존중, 자신의 능력을 평가하는 자기효능감, 그리고 자신을 통제할 수 있는지와 관련되는 자기 통제능력을 살펴보고자 한다.

1) 자기인식

너 자신을 알라

-그리스 아폴론 신전 기둥에 새겨져 있는 문구로 소크라테스가 남긴 말로 추정되고 있음-

(1) 자기인식의 의미

자기 자신을 아는 것(knowing oneself)에 대한 언급은 기원전 500~600년대의 고대 중국과 인도의 다양한 문헌으로부터 찾아볼 수 있는데(Leary & Tangney, 2003), 자신에 대해 추상적으로 그리고 상징적으로 생각할 수 있는 능력은 문명 발달에 크게 이바지하였다(Leary & Buttermore, 2003).

자기인식에 대해 연구 문헌들은 자기인식이 두 개의 요소로 구성되어 있다고 한다. 첫 번째 요소는 자신이 누구인지 이해하는 자기성찰에 관한 측면이고, 두 번째 요소는 타인들이 자신을 어떻게 인지하는지에 대한 명확한 이해이다(Showry & Manasa, 2014). 정리해 보면, 자기인식은 자기 자신에 대해 정확하게 인식하고 이해하고 받아들이는 능력으로(Bar-on, 1997), 집단적 신념과 가치에 따라 자기 자신과 행동을 평가하고, 타인이 자기를 어떻게 평가하는지 예측하고 관심을 갖는 것으로 정의할 수 있다(Baumeister, 2005). 자기인식은 자신에 대한 타인의 평가를 가늠하고, 이러한 평가를 자기 평가에 통합하는 개인의 능력이기에(Atwater & Yammarino, 1992), 높은 수준의 자기인식을 이루기 위해서는 자신에 대한 이해뿐만 아니라 타인의 인식에 대한 이해도 반드시 필요한 것이다(Sturm et al, 2014).

〈자기인식실험〉

Lewis와 Brooks-Gum의 루즈(rouge) Test

영아의 코에 빨간 점을 찍은 뒤 거울을 보여줬을 때 영아의 행동을 관찰하는 실험이다. 거울을 보고 자신을 인식한 아이들은 자신의 코가 달라졌음을 알고 코를 가리키거나 코의 묻은 빨간 점을 지우려는 등의 반응을 보인다. 반면 거울 속에 있는 아이가 자신임을 인식하지 못하는 영아들은 코의 모습이 달라졌음에도 반응을 보이지 않는다.

실험결과 15개월 이전의 영아들은 거울 속의 자기 모습을 다른 아기의 모습인 것처럼 보면서 자기인식 행동을 보이지 않았다. 그러나 소수의 15~17개월 영아들은 자기인식 반응을 보이기 시작했고, 18~24개월 영아들의 대다수는 자신의 얼굴에 낯선 표식이 있다는 것을 알아차렸다. 주목할 만한 점은 거울에 대한 경험이 없었던 유목민의 영아들도 도시에서 성장한 영아들과 거의 같은 시기에 자아인식 행동을 보였다는 점이다. 이는 영아의 자아인식 능력이 인지발달과 밀접한 관련이 있음을 의미한다.

이미지 출처: https://www.youtube.com/watch?v=M2I0kwSua44.

성격유형 검사(MBTI)

마이어스-브릭스 유형 지표(Myers-Briggs Type Indicator, MBTI)는 캐서린 쿡 브릭스(Katharine C. Briggs)와 그녀의 딸 이자벨 브릭스 마이어스(Isabel B. Myers)가 융의 분석심리학 모델을 바탕으로 1944년에 개발한 자기보고식 성격유형 검사이다. 이 검사는 사람의 성격을 16가지의 유형으로 나누어 설명하는데, 최근 MZ 세대를 중심으로 큰 인기를 얻고 있다.

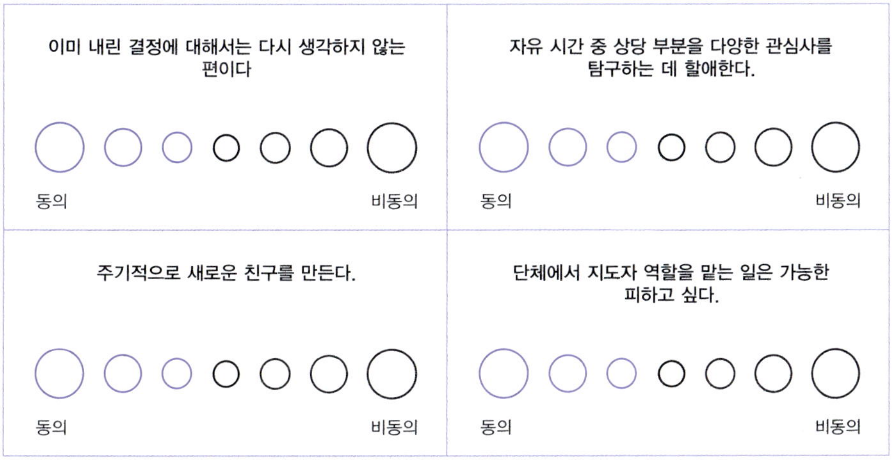

출처: https://www.16personalities.com/ko/%EB%AC%B4%EB%A3%8C-%EC%84%B1%EA%B2%A9-%EC%9C%A0%ED%98%95-%EA%B2%80%EC%82%AC.

		구분		
E	**외향형** 폭 넓은 대인관계 사교적이고 활동적	에너지 방향	**I**	**내향형** 깊이있는 대인관계 신중함, 집중력
S	**감각형** 실제 경험 중시 정확, 철저한 일처리	인식 방법	**N**	**직관형** 직관에 의존 신속, 비약적
T	**사고형** 진실과 사실에 관심 논리적, 분석적	판단 기준	**F**	**감정형** 사람 관계에 진심 상황적, 포괄적
J	**판단형** 분명한 목적, 방향 철저한 사전계획	생활 양식	**P**	**인식형** 상황에 맞는 변화 융통과 적응

MBTI의 조합 양식에 따른 16가지의 성격 유형

관리자형	**ISTJ** 청렴결백 논리주의자	**ISFJ** 용감한 수호자	**ESTJ** 엄격한 관리자	**ESFJ** 사교적인 외교관
분석형	**INTJ** 용의주도한 전략가	**INTP** 논리적인 사색가	**ENTJ** 대담한 통솔자	**ENTP** 논쟁을 즐기는 변론가
외교형	**INFJ** 선의의 옹호자	**INFP** 열정적인 중재자	**ENFJ** 정의로운 사회운동가	**ENFP** 재기발랄한 활동가
탐험가형	**ISTP** 만능 재주꾼	**ISFP** 호기심많은 예술가	**ESTP** 모험을 즐기는 사업가	**ESFP** 자유로운 영혼의 연예인

2) 자아존중감

스스로 자신을 존경하면, 다른 사람도 당신을 존경할 것이다

– 공자 –

(1) 자아존중감의 의미

자아존중감이란 용어는 1890년대에 William James가 처음 사용한 개념으로 자신이 사랑받을 만한 가치가 있는 소중한 존재이고, 어떤 성과를 이루어 낼 만한 유능한 사람이라고 믿는 마음을 의미한다(위키백과).

인간은 누구나 자신에 대해 주관적인 인식을 하고, 자신의 능력에 대한 믿음과 신념을 갖는데, 자신에 의한 주관적 평가와 타인에 의한 객관적 평가를 통해 자신의 능력을 인식하고 자신에 대한 가치를 부여하게 된다. 이때 스스로 자신을 가치 있는 사람으로 생각하는 정도가 곧 자아존중감이라 할 수 있겠다. 자아존중감은 자아개념(self-concept), 자아지각(self-perception), 자아상(self-image), 자아가치감(self-worth) 등의 개념들과 유사한 성격을 지녔지만 자아에 대한 판단과 평가적 측면을 갖는다는 점에서 구별된다.

학자들에 따르면 만 2~3세 경이 되면 신체적 자아와 그 외의 것을 구분하는 자기인식이 발달하기 시작하며 미숙한 형태지만 자신의 심리적 자아와 타인의 심리를 조금씩 구분할 수 있게 된다. 하지만 이 시기의 유아는 지극히 자기중심적이며 현실과 이상의 자기 개념을 분리하기 어려워 전반적인 자아존중감의 개념 형성을 받아들일 사회 인지적 능력이 부족하다고 볼 수 있다. 실제로 이 시기의 유아들을 관찰해보면 자신의 능력을 지나치게 과대평가하고 수행해야 할 과제에 대해서는 과소평가하는 경향을 쉽게 볼 수 있다. 그러나 만 5세를 전후로 자아중심성을 벗어나 타인과의 상호작용을 통해 자아를 관찰하고 평가하게 되어 실제적인 수준의 자아존중감을 형성할 수 있게 된다(신동주, 최현미, 2011; Harter, 2006). 최근 여러 연구에서 자아존중감은 만 5세 이전에 이미 형성되며 인생 전반에 걸쳐 일정하게 유지된다고 밝혀 이러한 주장을 뒷받침하고 있다. 종합해 볼 때, 자

아존중감은 연령이 높아질수록 다양화되고 구체화되지만, 유아기 초기부터 발달하기 시작하여 만 5세 이전에 형성되며 이후 안정적으로 이어질 가능성이 매우 높기 때문에 우리는 교사의 자아존중감뿐만 아니라 영유아들의 자아존중감에 대해 깊이 이해하는 것이 필요하다.

〈표 9-1〉 자아존중감의 특성

높은 자아존중감(긍정적인 존중감)	낮은 자아존중감(부정적인 존중감)
• 원만한 대인관계 형성 • 자신감을 느끼고 긍정적인 견해를 주장 • 주관적이고 활력이 넘침 • 자유로운 의사 표현 • 사회적응 및 환경에 영향 • 좋은 가족관계 • 우울의 중재 효과 • 친근하고 효과적인 의사소통 • 환경에 대한 적응력이 강함 • 자기 존중을 통한 안정된 감정 • 목표에 바람직한 영향을 미치게 됨	• 자기학대와 자기부정 • 소극적인 생활 태도 • 자신감이 모자라고 비관적 견해 • 공격적인 행동을 지향 • 자기주장이 강함 • 불안정한 심리상태 우울의 원인 • 부정적인 신체화 증상을 더 경험 • 비효과적인 의사소통 • 환경 부적응으로 고립된 생활 • 자신감이 모자란 불안정한 감정 • 실패를 두려워하거나 회피적인 성향

출처: 심푸름(2023).

유아용 자아존중감 그림 검사(Pictorial Scale of Perceived Competence)

그림 속의 아이가 자신과 많이 닮았으면 큰 동그라미, 조금만 닮았으면 작은 동그라미를 선택하세요.

출처: Harter & Pike(1984).

설명: 본 척도에서는 자아존중감의 하위요인을 인지적 자아존중감, 신체적 자아존중감, 정서적 자아존중감, 사회적 자아존중감, 가족수용 자아존중감으로 구성하고 있다. 먼저, 인지적 자아존중감은 기본적인 학습활동의 수행능력, 의사소통 능력과 호기심, 문제해결 능력에 대해 스스로가 지각하는 역량을 의미한다. 신체적 자아존중감은 운동이나 실외활동 등에서 자신의 신체를 잘 조절하고 즐겁게 참여할 수 있는 능력과 신체적 외모, 본인의 건강에 대해 느끼는 존중감을 뜻한다. 정서적 자아존중감은 주어진 과제를 수행할 수 있을 거라는 능력에 대한 자신감, 성취감, 독립심, 만족감과 관련있다. 사회적 자아존중감은 타인과의 관계를 맺고 상호작용하는 능력과 이에 관련된 만족감을 의미하며 가족수용 자아존중감은 가족에게 느끼는 행복감과 부모와의 관계에서 느끼는 정서적 안녕감을 의미한다.

자아존중감 측정도구(성인용)

아래 문항들은 "내가 내 자신을 어떻게 생각하는가"에 대한 질문입니다.
각 문항을 읽고 여러분의 생각을 잘 나타내주는 칸에 ✔표 해주시기 바랍니다.

	문항 내용	매우 그렇지 않다	그렇지 않다	그렇다	매우 그렇다
1	나는 다른 사람처럼 가치 있는 사람이라고 생각한다.	①	②	③	④
2	나는 좋은 성품을 가졌다고 생각한다.	①	②	③	④
3	나는 대체적으로 실패한 사람이라고 생각한다.	①	②	③	④
4	나는 다른 사람들만큼 일을 잘할 수가 있다.	①	②	③	④
5	나는 자랑할 것이 별로 없다.	①	②	③	④
6	나는 나 자신에 대해 긍정적인 태도를 가지고 있다.	①	②	③	④
7	나는 나 자신에 대하여 대체적으로 만족한다.	①	②	③	④
8	나는 나 자신을 좀 더 존중할 수 있으면 좋겠다.	①	②	③	④
9	나는 가끔 나 자신이 쓸모없는 사람이라는 느낌이 든다.	①	②	③	④
10	나는 때때로 내가 좋지 않은 사람이라고 생각한다.	①	②	③	④

역채점 문항: 3, 5. 8, 9. 10

출처: Rosenberg(1965).

설명: 총점의 합이 30점 이상인 경우 자아존중감 높다고 해석한다. 20~29점은 보통, 20점 미만은 자아존중감 낮음을 의미한다.

(2) 보육교사의 자아존중감

자아존중감은 건강하고 행복한 삶의 전반에 지대한 영향을 미치는 변인이다. 보육교사의 자아존중감은 자기 능력이나 자질과 관련된 태도, 판단, 가치의 총체에 대한 지각을 의미하며, 이는 영유아의 특성을 이해하고 상황에 따라 섬세하고 정확하게 판단을 내리기 위한 핵심 요인이 된다. 어린이집에서 보육교사는 영유아와 같은 공간에서 가장 많은 시간을 보내며 직접적인 영향을 주는 사람이다. 보육교사의 내적 자원인 자아존중감이 긍정적일 때 다양한 교수전략과 긍정적인 상호작용 등 다양한 환경의 변화를 통해 영유아의 자아존중감을 높여줄 수 있으며(Kostelnik et al., 2002), 사랑, 온정, 신뢰, 수용, 존중, 공감을 표현함으로써 영유아에게 보다 더 긍정적인 영향을 줄 수 있다(Marion, 2006; Seefeldt, 2005). 또, 자아존중감이 높은 교사는 자신에 대한 확신을 가지고 타인의 인식에서 자유롭게 행동할 경향이 높은 반면(김정원, 전선옥, 2018), 자아존중감이 낮은 교사의 경우는 어떤 문제가 발생했을 때 부정적인 반응전략으로 상황을 악화시키거나 책임을 회피하는 상황을 초래할 확률이 높아지며, 사건의 원인이 자신이 아닌 영유아, 학부모, 원장, 동료교사와같은 주변인 탓으로 돌리고 공격적이고 충동적인 행동으로 자신의 잠재력 개발을 방해하는 등 사회적응과 대인관계에 부정적인 영향을 주게 된다(김미숙, 2015; 김정미, 백진아, 2018; 김정숙, 2008). 이상을 종합해 볼 때, 보육교사에게 있어서 자아존중감은 영유아의 자아존중감 형성과 발달에 영향을 주며, 교사 역량, 전문성, 적성과 같은 내재적 변인들에 긍정적인 영향을 주는 요인이라고 할 수 있다(유영의 등, 2022).

자아존중감 측정도구(예비 보육교사)

	문항 내용	전혀 그렇지 않다	대체로 그렇지 않다	대체로 그렇다	매우 그렇다
1	나는 가끔 내가 다른 사람이었으면 하고 바란다.	1	2	3	4
2	나는 여러 사람 앞에서 이야기하기가 어렵다.	1	2	3	4
3	나에게 고쳐야 할 점이 많다.	1	2	3	4
4	나는 어렵지 않게 마음을 결정할 수 있다.	1	2	3	4
5	나는 다른 사람들과 재미있게 지낸다.	1	2	3	4
6	가족 중엔 나에게 관심을 보여주는 사람이 없다.	1	2	3	4
7	나는 새로운 것에 익숙해지기까지 많은 시간이 걸린다	1	2	3	4
8	나는 친구들에게 인기가 있다.	1	2	3	4
9	우리 가족은 나에게 너무 많은 기대를 한다.	1	2	3	4
10	우리 가족은 대체로 내 기분을 이해해 주는 편이다.	1	2	3	4
11	나는 매사를 쉽게 포기하는 편이다.	1	2	3	4
12	나는 비교적 남보다 행복한 편이다.	1	2	3	4
13	나의 생활은 뒤죽박죽이다.	1	2	3	4
14	대체로 나는 다른 사람들이 내 생각을 따라주는 편이다.	1	2	3	4
15	나 자신에 대해 별로 내세울 것이 없다.	1	2	3	4
16	나는 집을 나가 버리고 싶은 생각이 자주 든다.	1	2	3	4
17	종종 내가 하는 일이 뜻대로 되지 않는다.	1	2	3	4
18	나는 외모가 그리 멋진 편이 못 된다.	1	2	3	4
19	나는 할 말이 있을 때 대체로 그 말을 하는 편이다.	1	2	3	4
20	우리 가족들이 날 잘 이해하고 있다.	1	2	3	4
21	다른 사람들에 비해서 나는 별로 사랑받지 못한다.	1	2	3	4
22	어떤 때는 가족들이 나를 미워하는 것 같다.	1	2	3	4
23	내가 하고 있는 일에 대해 실망을 느낄 때가 많다.	1	2	3	4
24	나는 모든 것이 그다지 어렵게 생각되지는 않는다.	1	2	3	4
25	나는 다른 사람이 나에게 의지해도 될 만큼 강하지 못하다.	1	2	3	4

요인	내용	문항수	문항번호
자기존중	자신이 장점이 많다고 생각하고 자신의 존재 가치를 인정함	5	1*, 3*, 11*, 15*, 16*
타인과의 관계	타인의 사랑을 받고 있고 타인과의 관계가 원만하다고 생각함	7	6*, 7*, 9*, 10, 20, 21*, 22*
지도력과 인기	남 앞에서 말하기가 쉽다고 느끼며 남보다 강하고 매력이 있다고 생각함	6	2*, 5, 8, 14, 18*, 25*
자기주장	스스로 어떤 것을 결정할 수 있고 생활태도에 자신감이 있음	7	4, 12, 13*, 17*, 19, 23*, 24
전체		25	

*는 역채점 문항임

출처: 김정원, 전선옥(2018).

3) 자기효능감

https://www.youtube.com/results?search_query=%ED%95%A0+%EC%88%98+%EC%9E%88%EB%8B%A4+%ED%8E%9C%EC%8B%B1

(1) 자기효능감의 의미

자기효능감이란 주어진 상황에서 요구되거나 의도하는 구체적인 결과를 얻기 위해 필요한 행위를 조직하고 실행하는 능력에 대해 개인이 갖는 신념이다

(Bandura, 1977; 우민지, 2022, 재인용). 즉, 주어진 상황에서 개인이 발휘할 수 있는 능력에 대한 본인의 믿음을 의미하는 것으로 자신에 대해 느끼는 유능성, 효능성, 자신감을 의미한다. 자기효능감은 개인이 가지고 있는 실제적 기술이나 지식보다는 본인에 대한 판단이나 신념에 초점을 두었기 때문에 지각된 효능감(perceived efficacy), 자기효능감에 대한 신념 혹은 기대(belief or expectation of self-efficay)라 부르기도 한다.

어떤 과제가 주어졌을 때 자기효능감이 높은 사람들은 그 결과에 대하여 긍정적인 기대를 하고 결과를 초래할 행동을 성공적으로 수행할 수 있다고 생각하므로 주어진 과제를 더 열심히 수행하려고 한다. 반면, 자기효능감이 낮은 사람들은 결과에 대하여 부정적인 기대를 하게 되고 결과를 초래할 행동을 성공적으로 수행할 수 없다고 생각하기 때문에 주어진 과제를 회피하려는 경향이 있다. 자아효능감은 두 가지 형태의 기대가 행동에 영향을 미칠 것이라 주장하는데 개인이 문제 상황에서 어떤 행동을 성공적으로 수행할 수 있을 것이라 믿는 효능기대(efficacy expectation)와 그 행동이 긍정적 결과로 나타날 것이라 믿는 결과기대(outcome expectation)가 있다.

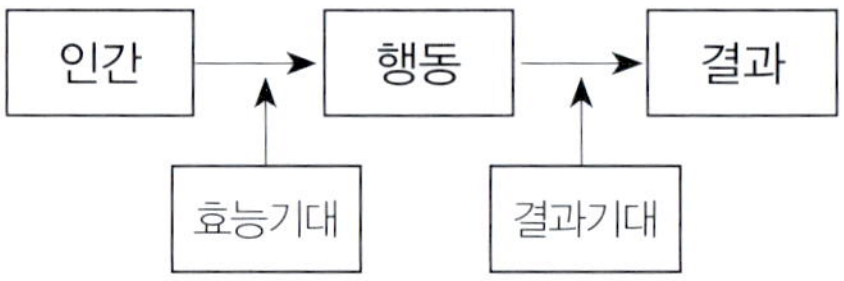

[그림 9-1] 효능기대와 결과기대의 작용

출처: Bandura(1977).

Bandura(1997)에 의하면 자기효능감은 성취적 경험, 대리적 경험, 언어적 설득, 정서적 환기에 의해 형성된다고 한다. 이에 대한 설명은 다음과 같다.

① 성취경험: 과거의 성취경험을 통해 자기효능감을 형성할 수 있다. 성취경험은 자기효능감 형성이 가장 강력한 영향을 주는 요인인데, 왜냐하면 과거의 성공 경험들은 성공에 대한 가장 큰 신뢰를 제공하기 때문이다. 반복되는 성공의 경험

은 기대감을 높여주지만 반대로 실패를 거듭할 경우 행동을 시도하거나 지속하고자 하는 의지를 약화시킨다.

② 대리경험: 타인의 모델을 통한 간접경험을 통해서도 자기효능감은 형성될 수 있다. 다른 사람이 도덕적인 활동을 수행하는 것을 지켜보는 것으로도 자신이 노력하면 성공할 수 있을 것이라는 기대를 갖게 한다. 대리경험은 자신의 능력에 대하여 확신이 없을 때 혹은 제한된 선행경험을 가지고 있을 때 중요한 역할을 하지만 개인의 노력이 실패로 돌아가면 효능감이 소멸될 수 있다는 점에서 직접경험보다 영향력이 약하다.

③ 언어적 설득: 다른 사람의 칭찬과 격려, 설득에 의해 내가 이 일을 할 수 있으리라는 자신감, 즉 효능감이 형성될 수 있다. 이러한 언어적 설득은 성취할 능력이 있다는 믿음을 강화하는 수단으로 작용하지만 이 또한 실제 성취에 의해 형성된 효능감보다 지속적이지 못하다.

④ 정서적 환기: 자기효능감은 개인의 스트레스, 불안, 각성, 고통, 피로와 같은 생리적 · 정서적 상태에 영향을 받는다. 예를 들면 문제상황에서 불안이나 공포에 당면하게 되면 정서적, 신체적으로 흥분하게 되고 심리적으로 자신감을 잃게되어 자기효능감에도 영향을 미치게 된다. 따라서 부정적 정서는 자아효능감을 낮게하며, 긍정적 정서는 자아효능감을 높이게 되므로 긍정적인 정서를 이용하여 일의 수행 시 능률을 높여야 할 것이다.

(2) 보육교사의 자기효능감

교사효능감은 교사가 영유아가 성취해야 할 것들에 대해 필요한 능력을 가지고 있다고 믿는 것과 자신의 교수 행위가 영유아의 성취에 긍정적인 영향을 미칠 것이라고 기대하는 정도를 말한다. 즉, 보육교사가 영유아의 행동과 생각에 영향을 미칠 수 있는 능력에 대한 믿음 정도이며, 영유아에게 다양한 자료를 제공하고 더 나은 활동을 수행하려는 보육교사의 자발성과 교사 자신의 능력에 대한 믿음으로 정의할 수 있다(Gibson & Dembo, 1984). 교사의 효능감이 중요한 이유는 교사효능감이 가장 일관되게 학생의 과업성취도에 영향을 준다는 점에 기인한다. 교사효능감이 높은 교사들은 학업성취가 낮은 학생을 포기하지 않으며, 자신이 맡은 일을 책임감 있게 끝까지 완수하고, 높은 수준의 어려운 과제에 도전하므로 새로운 해결방안을 적극적으로 모색하는 특징이 있다(Ashton, 1984; Vrugt, 1994).

높은 교사효능감을 가진 보육교사는 보육 활동에 있어 전문적인 영역을 개발하고 향상시키고자 하는 욕구와 보육활동에 성취감을 더 많이 느끼고(권영란, 2015), 힘든 상황에 놓이더라도 문제 상황을 직면하고 적절하게 대응하며 동기부여를 하는 것으로 나타났다(이우경, 2021). 또 보육교사의 교사효능감이 높을수록 직무만족의 하위요인인 동료들 간의 관계, 원장과의 관계, 직무, 보수, 승진 등의 만족도가 높게 나타났으며, 무엇보다 영유아와 상호작용의 질적인 수준이 높게 나타났다(신건호, 2016). 반면에 보육교사의 효능감이 낮을수록 놀이 중심으로 교육과정을 운영하기보다 직접적인 지시를 통해 가르치는 방법으로 교육과정을 운영하여 놀이를 위축시키며(신은수, 2000), 영유아를 가르치는 일에 쉽게 어려움을 느끼고 영유아의 실수나 실패에 대해 두려움과 걱정을 많이 하는 경향이 있었다(임옥희, 2006).

종합해 보면, 교사효능감이 높은 보육교사는 자신이 구성하는 보육과정에 가치를 두고 자신감 있는 태도로 영유아와 상호작용하며 역할수행을 성공적으로 하게 될 거라는 믿음을 가지고 있다. 따라서 보육교사의 교사효능감은 교사능력에 개인차를 설명하는 중요한 요인이자 보육의 질적 수준을 결정짓는데 핵심적 역할을 하고 있다.

교수효능감 측정도구

		전혀 그렇지 않다	그렇지 않다	보통 이다	그렇다	매우 그렇다
1	나는 효과적인 교수방법이 무엇인지 끊임없이 노력한다.	①	②	③	④	⑤
2	나는 아무리 노력해도 어떤 영역의 활동은 다른 영역의 활동보다 잘 지도하지 못한다 생각한다.	①	②	③	④	⑤
3	나는 유아들을 효과적으로 지도하기 위한 단계를 알고 있다고 생각한다.	①	②	③	④	⑤
4	나는 유아들을 지도하는 데 있어 그다지 유능하지 않은 것 같다.	①	②	③	④	⑤
5	나는 유아들을 비효과적으로 지도한다고 생각한다.	①	②	③	④	⑤
6	나는 유아들을 지도하는 데 필요한 만큼의 지식이 있다고 생각한다.	①	②	③	④	⑤
7	나는 유아들에게 어떠한 활동을 왜 하는지 이해시키는 데 어려움을 느낀다.	①	②	③	④	⑤
8	나는 유아들이 질문할 때 적절하게 대답할 자신이 있다.	①	②	③	④	⑤
9	나는 유아들을 지도하는 교사로서 필요한 능력을 가지고 있는지 염려된다.	①	②	③	④	⑤
10	나는 나의 교수능력을 외부 전문가로부터 객관적 평가받는 것이 꺼려진다.	①	②	③	④	⑤
11	나는 유아가 어려움을 나타낼 때 어떻게 지도해야 할지 당황한다.	①	②	③	④	⑤
12	나는 유아들의 질문을 반기고 격려한다.	①	②	③	④	⑤
13	나는 유아들이 어떤 것에 관심을 갖도록 하기 위해서 어떻게 해야 할지 모르겠다.	①	②	③	④	⑤
14	나는 유아가 평소보다 적극적으로 활동을 하는 것이 교사의 노력때문이라고 생각한다.	①	②	③	④	⑤
15	유아들이 어떠한 분야에 대해 관심을 더 많이 가지게 된다면 그것은 교사가 효과적인 교수방법을 적용했기 때문이다.	①	②	③	④	⑤

		전혀 그렇지 않다	그렇지 않다	보통이다	그렇다	매우 그렇다
16	유아가 어떤 활동에 관심을 보이지 않는 것은 교사의 교수방법이 적절하지 못하기 때문이다.	①	②	③	④	⑤
17	교사가 효과적인 교수방법을 사용하면, 유아의 부족한 지식은 향상될 수 있다.	①	②	③	④	⑤
18	몇몇 유아가 어떤 활동에 흥미를 보이지 않는 것은 교사의 탓이라고는 할 수 없다.	①	②	③	④	⑤
19	어떤 활동에 관심이 없었던 유아가 활발한 참여를 하는 것은 교사의 적극적인 지도 때문이다.	①	②	③	④	⑤
20	교사가 교수에 많은 노력을 기울일지라도 어떤 활동에 대한 유아의 태도는 변하지 않을 수 있다.	①	②	③	④	⑤
21	어떤 활동에 대한 유아의 관심과 흥미 정도는 일반적으로 교사에게 책임이 있다.	①	②	③	④	⑤
22	유아의 적극적인 활동 참여는 그 활동에 관한 교사의 교수 능력과 직접적인 관련이 있다.	①	②	③	④	⑤
23	유아가 활동에 흥미를 많이 보인다는 부모의 반응은 아마도 교사의 적절한 교수 때문인 것이다.	①	②	③	④	⑤
24	어떤 활동에 전혀 관심을 보이지 않는 유아에게는 교사가 효과적으로 교수를 해도 영향을 미치지 않는다.	①	②	③	④	⑤
25	교사가 뛰어난 교수능력을 가졌어도 어떤 유아는 동기유발을 시킬 수 없다.	①	②	③	④	⑤

변인	하위영역	설명	문항번호	문항수
교수효능감	일반적 교수효능감	다양한 환경적 요인과는 상관없이 교사의 능력으로 학습자의 학습결과에 영향을 미칠 수 있음을 의미한다. 다시말해 학습자의 능력 부족, 가정환경의 열악함에도 학습자의 역량을 향상시킬 수 있다는 믿는 교사의 기대감	1–12 (5, 7, 11, 12 역채점)	12
	개인적 교수효능감	교사가 학습자의 학습을 가능하게 하는 능력과 기술을 가지고 있다고 믿는, 즉 자신의 능력에 대한 신념	13–25 (14, 16, 17, 19, 21, 22, 23, 25 역채점)	13

출처: 김선옥(2002).

〈표 9-2〉 교사효능감의 수준에 따른 특징

구분	교사효능감이 높은 교사	교사효능감이 낮은 교사
개인적 성취감	학생을 가르치는 일을 의미 있게 생각하고 자신이 학생의 학습에 긍정적인 영향을 미친다고 생각한다.	가르치는 일에 좌절감을 느끼고 용기를 잃는다.
학생의 성취에 대한 기대	학생이 진보하기를 기대하고, 학생들이 대부분 그의 기대를 만족시켜준다고 느낀다.	학생들의 실패를 예상하고 수업에 대한 노력을 기울이지 않으며 행동도 부정적이다.
학습에 대한 책임감	학생의 학습 정도는 교사 스스로의 책임이라고 생각하고 학생들이 실패할 때 도움이 될 만한 교수 기술을 검토한다.	학생의 학습 정도는 학생의 책임이라고 생각하고, 가정환경이나 능력, 태도 등에서 원인을 찾는다.
목표 획득 전략	자신과 학생들에게 맞는 목표를 선정하고 성취하기 위한 전략을 점검한다.	구체적인 목표가 부족하며 알맞은 교수전략을 선정하지 않는다.
긍정적인 정서	자신과 학생들을 긍정적으로 생각한다.	학생을 가르치는 일에 실망을 느끼고 부정적인 감정을 가지고 있다.
민주적인 의사결정	수업을 계획할 때 학생을 포함한다.	수업 목표를 학생들에게 강제적으로 부과하며 의사 결정에 학생을 참여시키지 않는다.
학생 통제관	자신이 학생들의 학습에 영향력을 가지고 있다고 확신한다.	학생들을 가르치는 일에 무력감을 느낀다.
교사-학생 공통 목표감	자신과 학생의 공통 목표들을 성취하기 위해 학생들의 목표와 연대해서 참여한다고 생각한다.	학생들의 목표 또는 관심을 자신과 반대에 있고, 서로 투쟁적인 관계로 생각한다.

출처: 송송(2010). pp.16.

4) 자기통제

전쟁에서 수천의 적과 혼자 싸워서 이기는 것 보다
자기자신을 이기는 것이 전사 중의 최상의 전사이다.
-법구경-

(1) 자기통제의 의미

자기통제는 사람이 사회에 적응하는 데 필수적인 능력으로 자신의 행동을 통제하고 유혹에 충동적으로 반응하지 않음으로써 사회적 규범에 맞는 행동을 하는 능력을 의미한다. 자기통제는 외적인 감시가 없을 때에도 사회적으로 허용되는 행동을 스스로 실천할 수 있는 능력이므로 자아통제, 혹은 자기조절(self-regulation)이라고도 한다.

이러한 능력은 장기적인 만족을 얻기 위해 즉각적인 욕구를 자제하는 만족지연 능력으로도 볼 수 있다. 이는 자신이 가치있다고 여기는 일에 스스로 참여하고 결정할 수 있도록 해주고 미래에 더 좋은 결과를 위해서 당장의 만족이나 즉각적 충동을 자제하도록하여 개인의 성취와 자아실현에 매우 중요한 요소가 된다(선화경, 2017). 자기통제는 유아기에 나타나 학령 전기 동안 점차적으로 증진되는데 어린 아이들의 행동은 부모에 의해 통제되며 부모를 통해 자아를 통제하는 규제를 배운 뒤 점차 규제의 기술을 내면화하여 타인에 의해서가 아니라 스스로 자기를 통제할 수 있게 발달되어 간다.

✓ 0~2년 : 양육자가 기대하는 것을 알고, 스스로 그 요구에 따른다

✓ 3세경 : 양육자의 지시에 따르지 않고 뜻대로 하려는 고집과 반항이 나타나는데, 이때 훈육의 방법에 따라 아동의 성격형성에 영향을 미치게 된다.

✓ 3.5세~ : 자신의 충동을 억제하려는 능력이 나타나며, 아동마다 개인차가 있다. 언어발달 수준과 만족지연 능력 간에 상관이 높은 것으로 나타난다.

〈만족지연 실험〉

마시멜로 실험

1960년 스탠포드 대학의 연구진이 3~5세 아동을 대상으로 아이의 자기통제력을 관찰해 미래의 성공과 상관이 있는지 알아보는 실험을 진행하였다. 마시멜로1개를 주고 15분 동안 먹지 않고 참으면 2개를 주기로 하고 아동의 행동을 관찰했을 때, 먹지 않고 참아서 2개를 받은 아이들이 이후에 자라서 그렇지 않았던 아이들보다 SAT성적, 학업 성취도 측면에서 더 우월한 결과를 보였다. 본 실험은 교육학과 심리학의 대표적인 연구로 현재의 만족보다 이후 더 큰 만족을 위해 현재의 자기를 통제하는 능력과 그 이후 삶에 대한 결과를 추적한 실험이다. 그러나 본 실험은 아이의 만족지연능력보다 실험진행자가 돌아와서 정말 2개의 마시멜로를 줄 것인지에 대한 신뢰도문제, 아이의 경제적 배경에 따라 마시멜로 유혹을 참는 정도가 다르게 나타날 수 있다는 오류, 무엇보다 인내심이 인간의 성공을 결정적인 요인이 되는가 등에 대한 논란이 계속되고 있다.

한편 자기통제능력은 개인이 마주한 상황의 원인을 내적인 부분과 외적인 부분 중 어디에 두는지에 따라 다르게 나타날 수 있다. 내적 통제란 개인이 자신에게 일어나는 사건을 스스로 예측하고 통제할 수 있다고 지각하는 것이고, 외적 통제는 개인이 자신에게 일어나는 사건을 스스로 예측하고 통제할 수 없다고 지각하는 것을 말한다. 따라서 내적 통제가 강한 사람은 환경을 자신의 힘으로 통제할 수 있다는 신념의 결과로 정서적으로 안정되어 있고 사회적으로 적응능력을 충분히 갖추고 있어서 정신적으로 건강하다. 반면, 외적 통제가 강한 사람은 다른 사람의 견해 및 소망에 잘 동조하고 의존적이며 주도성을 취하지 않는 경향이 있고 외부의 힘과 타인이 자신을 통제한다고 믿기 때문에 책임을 회피하거나 변명을 늘어놓는다. 다시 말해 사건의 원인을 외부에서 찾는 사람의 경우, 문제가 발생했을 때 상대방 또는 환경을 탓하는 경우가 많은 반면, 사건의 원인을 내부에서 찾는 사람의 경우 문제해결 시 자신을 먼저 반성하는 경향이 있다. 교사로서 전자의 성향이 강한 사람은 학급 운영 중에 문제가 생겼을 때 자신을 반성하기보다는 동료 교사나 영유아, 부모를 탓하는 경우가 많다. 한편 후자의 경우, 유사한 상황에 처했을 때 자신을 돌아보는 반성적 사고를 함으로써 상황을 개선하고자 하는 성향이 강하다.

내적 통제성과 외적 통제성은 단일차원으로 양극단에 둔 하나의 스펙트럼 위에서 어느 쪽에 더 치우쳐져 있는가에 따라 개인의 통제성향이 결정된다. 이러한 성향은 한번 형성되면 잘 변하지 않는 비교적 안정적인 기질적 특성으로, 개인의 사회적 행동을 이해하고 예상하는 데 매우 중요한 요인이 된다(Findley & Cooper, 1983).

[그림 9-2] 내적통제와 외적통제

〈자기통제 측정도구〉

Locus of Control 검사

다음의 각 문항에는 두 가지 입장이 있습니다. 그 중 자신의 의견에 가장 가까운 곳에 V로 표시하세요. 두 가지 의견에 모두 동의하지 않더라도 둘 중에서 자신의 생각에 더 가까운 곳에 표시하세요. 두 가지 의견 중 자신의 의견이 더 많은 비중을 차지하는 곳은 어디인지 살펴보세요.

a	b	a	b
아이들이 빗나가는 것은 부모가 너무 야단을 치기 때문이다.	아이들이 빗나가는 것은 부모가 너무 얼러 기르기 때문이다.		
일어날 일은 기어코 일어나고야 만다.	노력하지 않고 운수만 믿었을 때는 결과가 좋지 않다.		
세상은 착실한 사람이 손해를 보게 마련이다.	착실하게 사는 것은 세상을 잘 사는 방법이다.		
아무리 가르치려고 해도 안 될 아이는 안된다.	아이는 가르치기 나름이다.		
사람은 모두 이기적이다.	사람의 본성은 남을 돕기를 좋아한다.		
아무리 계획을 잘 짜도 운이 나빠 망치는 경우가 있다.	계획을 잘 짜면 일은 다 된 거나 다름이 없다.		
정치인들이 하는 일에 일반인들이 손을 쓰기란 대단히 어렵다.	하려고만 하면 부정부패는 일소할 수 있다.		
해야 할 일을 분명히 정해 주는 사람이 좋은 지도자이다.	해야 할 일을 스스로 결정하도록 하는 사람이 좋은 지도자이다.		
주는 것 없이 미운 사람은 어쩔 수 없이 밉다.	사람은 사귀어 보면 다 좋다.		
사회의 모든 불평등을 없애기 위해서는 집권자 자신의 이해와 노력이 있어야 한다.	사회의 모든 불평등을 없애기 위해서는 국민 각자가 자기의 권리를 지키고 주장해야 한다.		
연분이 닿아야 좋은 배필을 만난다.	내가 노력해야 좋은 배필을 만난다.		
잘못은 했지만 덮어 두는 것이 좋을 때가 더러 있다.	자신의 잘못을 기꺼이 받아들이는 것이 좋다.		
잘 살고 못 살고는 팔자소관이다.	얼마나 잘 사느냐는 내가 얼마나 열심히 일하느냐에 달려 있다.		

a	b	a	b
일반 국민은 나랏일에 왈가왈부해 보았자 소용이 없다.	국민도 나랏일에 영향을 줄 수 있다.		
될성부른 나무는 떡잎부터 알아본다.	공든 탑이 무너지지는 않는다.		
사회의 부정은 대개 정치인들에게 잘못이 있어 그렇다.	사회의 부정은 국민 하나하나에 그 잘못이 있다.		
세계적으로 일어나는 일에 대해 우리로서는 어쩔 수 없다 .	정치 및 사회적인 일에 적극적으로 참여하면 우리는 세계적으로 일어나는 일에 영향을 미칠 수 있다.		
불행한 일이긴 하나 제아무리 노력을 해도 그 가치를 인정받지 못하는 일이 가끔 있다.	사람이란 결국 자기 값어치에 따라서 존경을 받게 마련이다.		
돈벌이는 먹고 살 수 있을 정도만 하면 된다.	돈벌이는 많이 하면 할수록 좋다.		
농사가 잘되는 것은 하늘의 소관이다.	농사가 잘되고 안되는 것은 그저 부지런히 일하는 데 있다.		
유능한 사람이라도 운이 나쁘면 지도자가 될 수 없다.	유능하면서도 지도자가 못 되는 것은 그 사람이 자신의 모든 기회를 활용하지 않았기 때문이다.		

출처: 박은혜 등(2019).

설명: 내적 통제성은 행동이나 사건의 원인을 자신의 노력과 능력, 의지 등 내부요인으로 지각하며 자신의 통제가능성을 믿는 것인 반면 외적 통제성은 행동이나 사건이 외부의 힘이나 행운, 운명, 우연에 의해 조정된다고 보아 자신이 통제할 수 없다고 믿는 것이다.

a가 많으면 외적 통제성, b가 많으면 내적 통제성이 높음을 의미한다.

10장

정신건강의 이해

보육교사는 업무의 특성상 어린 영유아를 대하므로 긴장도가 높고 예민해지기 쉬우며 체력적으로도 소모가 많다. 또, 보육업무 외에 직장 내 갈등, 학부모와의 관계, 낮은 사회적 인식 등으로 인해 스트레스 상황에 부딪히게 되는데, 이를 적절하게 대처하지 못하면 보육활동뿐 아니라 본인의 삶에도 부정적 영향을 미치게 된다. 본 장에서는 보육교사의 정신건강과 정신건강에 영향을 미치는 스트레스에 관해 알아보고 교사가 경험하는 직무 스트레스 및 대처방식에 관해 살펴보고자 한다.

1. 정신건강

1) 정신건강의 개념

최근 우리사회에서는 우울, 불안과 같은 정신건강 문제가 심각한 사회문제로 대두되고 있다. 정신건강이란 단순히 신체적 질병이 없는 상태만을 의미하는 것이 아니라 신체적 · 정신적 · 사회적으로 안정된 상태로, 자신의 잠재력을 발휘하고 일상적인 스트레스에 적절하게 대처하며 건설적으로 일하면서 공동체에 기여할 수 있는 안녕 상태를 의미한다(World Health Organization(WHO), 2004).

개인의 정신건강은 일차원적으로 스트레스를 해소하는 것에서 나아가 개인의 일상적인 삶과 공동체의 구성원으로서 건강하게 생활할 수 있어야 한다(고희선, 2021). 정신건강 상태가 좋지 않으면 위험 행동 비율이 더 높아지게 되는데, 이로 인해 개인은 물론 사회 전체의 행복이 위협받을 수 있다(WHO, 2004). 최근 우리 사회에서 벌어진 소위 '묻지마 범죄' 등은 분노조절이 되지 않는 개인 혹은 단체의 범죄행동으로 그 결과는 피해자뿐 아니라 피해자의 가족, 가해자의 가족 및 국민 전체의 안전을 위협하고 정신적 충격에 빠지게 하고 있다. 보육교사의 경우도 마찬가지이다. 분노조절 장애가 있는 보육교사가 있다고 가정해보자. 이로 인해 보육활동 중에 심각한 문제가 발생하게 될 경우, 보육교사 본인은 사회적 낙인이나 실업으로 사회생활과 경제활동에 제한받게 되고, 그 가족은 치료와 보호를 위한 유무형의 희생과 헌신에 따른 소진으로 건강한 가정생활을 영위하기 어려울 수 있다(송진희, 홍현숙, 2009). 따라서 정신건강은 개인적으로도 사회적으로도 매우 중요한 문제인 것이다.

2) 보육교사의 정신건강

한국의 다양한 인구는 직업별로 우울증을 겪고 있으며(Jung et al., 2018; Lee & Kim, 2021, 재인용), 이 중 교사는 다른 모든 직업과 비교할 때 스트레스가 높은 직업으로 파악된다(Bernard, 2016). 특히 보육교사들은 어린 연령을 대함으로써 육체적, 정서적으로 더 예민해지게 되는 특성 때문에 스트레스를 받기 쉬워서 정신건강이 나빠진다(Jeon et al., 2016). 가장 일반적인 스트레스 요인은 많은 업무량, 근무시간, 아동 행동 문제, 직장 동료와의 관계, 불충분한 자원 등에 의한 것이다(Friedman-Krauss et al., 2014; Jeon et al., 2018). 또 보육교사들은 부모들을 대하고, 다른 비교육 관련 업무를 수행해야 하는 것과 같은 추가적인 스트레스 요인이 있다(서윤정 & 이대균, 2011; De Stasio et al., 2017). 게다가 보육교사의 전문성에 대한 대중의 인식이 낮아 급여 뿐 아니라 사회적 지위, 사회적 인식도 낮다(안나래 등, 2015). 이러한 스트레스 요인의 경험은 보육교사의 정신건강을 더욱 취약하게 만드는데, 이는 궁극적으로 교사 개인 뿐 아니라 교사의 질적 수준, 영유아의 발달에도 부정적인 영향을 미친다(Lee & Kim, 2021).

보육교사의 정신건강이 왜 중요한지 정리하면 다음과 같다.

첫째, 보육교사는 영유아에게 막강한 권력과 지위를 가진 존재이다. 그러므로 보육교사는 본인의 가진 지위를 긍정적으로 행사하여야 한다. 영유아를 대할 때 인격체로 인정하고 존중해야 하며, 영유아의 무한한 가능성을 인정하고 잠재력을 계발하는 교육활동을 해야한다. 따라서 보육과정을 계획하고 수행하는 보육교사는 정신적으로 건강해야 한다.

둘째, 영유아는 환경과의 상호작용을 통하여 성장하고 발달하는데, 영유아에게 영향을 미치는 환경 중 가장 큰 영향을 미치는 요인이 '교사'이다. 특히 인성의 기초를 형성하는 영유아기는 교사의 행동 하나하나가 모델이 되므로 교사의 인성이 영유아의 인성에 직접적인 영향을 주게 된다. 교사는 영유아의 제일 중요한 교육 환경이므로 보육교사의 정신건강은 매우 중요하다.

셋째, 보육교사는 영유아가 생애 최초로 사회교육기관에서 만나는 존재로 교육자이자 보호자, 양육자의 역할을 수행하고 있다. 영유아는 가정에서 느낀 양육자의 사랑과 배려를 기대하듯 교사의 사랑과 배려를 기대한다. 특히 현대사회에서는 하루 중 가정에서의 시간보다 어린이집에서의 시간이 더 길기 때문에 보육교사가 영유아의 요구에 민감하지 못하고 수용적이지 않은 태도를 보인다면 영유아는 사회정서에 치명적인 상처를 입게 되고 향후 사회정서 발달에 부정적인 영향을 미치게 된다. 이에 보육교사의 정신건강은 영유아 발달에 매우 중요한 요인이 된다.

넷째, 보육교사는 교사직의 특성으로 인해 정신건강 위험에 늘 노출되어 있으므로 이에 대한 주의가 필요하다. 발달단계 상 자기중심적인 영유아의 요구와 기대를 수용하느라 정신적, 육체적으로 힘들며 보육활동 외에도 요구되는 업무, 대인관계 스트레스, 사회적으로 낮은 보상 등으로 늘 스트레스에 노출되어 있다. 특히 최근들어 대중매체를 통해 쏟아져 나오는 보육교사에 대한 부정적 이슈와 이를 의식한 교실 내 CCTV 등 교사를 의심하고 교사의 인권을 고려하지 않는 사례들이 교사의 정신건강을 더 나빠지게 하고 있다. 따라서 보육교사의 정신건강 관리는 중요하다.

다섯째, 보육교사 자신의 건강한 삶을 유지하기 위함이다. 보육교사는 교사로서의 삶 외에도 누군가의 자녀이자 친구, 부모, 즉 인간으로서의 삶이 있다. 보육교사로서의 삶과 인간으로서 삶은 이어져 있으므로 행복하고 성공적인 삶을 유지하기 위해 교사의 정신건강은 중요하다.

〈영유아 교사용 정신건강 측정도구〉

General Health Questionnaire(GHQ-12)

다음 문항들은 당신이 지난 몇 주일 동안 (오늘을 포함해서) 일상생활에서 겪은 경험들을 기술한 것입니다. 한 문항씩 자세히 읽어보시고 당신의 상태를 가장 잘 나타낸다고 생각하는 번호에 "O"를 하십시오.

문항	전혀 그렇지 않는다	가끔 그렇다	자주 그렇다	항상 그렇다
1. 하고 있는 일에 집중할 수 있다.	0	1	2	3
2. 근심 때문에 잠을 잘 자지 못한다.	0	1	2	3
3. 나는 쓸모 있는 역할을 하고 있다고 느낀다.	0	1	2	3
4. 어떤 일에 대해 결정할 수 있다고 느낀다.	0	1	2	3
5. 항상 긴장하고 있다고 느낀다.	0	1	2	3
6. 닥친 문제를 극복할 수 없다고 느낀다.	0	1	2	3
7. 일상생활을 정상적으로 즐길 수 있다.	0	1	2	3
8. 자신의 문제가 벅차다고 느낀다.	0	1	2	3
9. 불행하거나 우울하다고 느낀다.	0	1	2	3
10. 자신감을 잃고 있다.	0	1	2	3
11. 자신을 가치가 없는 사람이라고 생각한다.	0	1	2	3
12. 모든 것을 고려해 볼 때 충분히 행복하다고 느낀다.	0	1	2	3

출처: Lee & Kim(2021).

2. 스트레스

1) 스트레스의 개념

스트레스는 인간이 심리적 · 신체적으로 감당하기에 어려움이 있는 상황에서 느끼는 불안이나 위협의 감정으로(Lazarus, 1993), '팽팽하게 조이다'라는 라틴어 'stringer'에서 유래되었다.

Bandura는 스트레스를 긍정적인 측면과 부정적인 측면으로 구분하여 스트레스 효과에 따라 유스트레스(eustress)와 디스트레스(distress)로 설명하였다. 유스트레스는 '좋은'이란 뜻의 '유'(eu)와 스트레스(stress)라는 단어가 합쳐진 '좋은 스트레스' 또는 '힘든 재미'란 의미로, 스트레스를 긍정적으로 받아들일 수 있게 하여 육체적 정신적 건강에 이로운 영향을 준다(Nelson & Simmons, 2003). 반면 디(di) 스트레스(stress)는 '심리적 고통이 함께하는 스트레스'라는 말로 불쾌감, 고통, 괴로움, 근심, 걱정 등을 의미한다(손은경 등, 2021, 재인용). 그러므로 디스트레스는 개인의 능력이나 가지고 있는 자원을 초과하였을 때, 개인이 요구하는 것을 마련해주지 못할 때, 과도한 요구에 의해 괴로움을 느낄 때 발생하는 스트레스이다.

일반적으로 스트레스는 부정적인 정서로 간주되어 스트레스 요인을 제거하거나 빈도와 강도를 줄이는 데 관심이 집중되어 왔다. 그러나 행동을 지속하기 위해서는 극복 가능한 수준의 자극, 즉 어느정도의 스트레스가 주어져야 한다. 특히 최근에는 긍정적 스트레스인 유스트레스의 기능과 효과를 주장하는 의견이 대두되고 있다. 업무환경에서 유스트레스는 적응력과 업무효율을 향상시키며 창조성과 근면성을 불러일으키는 반면(Nelson & Simmons, 2003), 디스트레스는 결근, 이직, 사고, 불만족으로 이어져 개인은 물론 조직에도 부정적 영향을 끼치게 된다.

〈영유아 교사용 스트레스 측정도구〉

Perceived Stress Scale(PSS-10)

다음 문항들은 당신이 지난 몇 주일 동안 (오늘을 포함해서) 일상생활에서 겪은 경험들을 기술한 것입니다. 한 문항씩 자세히 읽어보시고 당신의 상태를 가장 잘 나타낸다고 생각하는 번호에 "O"를 하십시오. 각 문항에 대해 선택할 수 있는 응답의 의미는 다음과 같습니다.

0: 전혀 아니다
1: 거의 아니다
2: 가끔
3: 꽤 자주
4: 매우 자주

문항	응답				
1. 지난 한 달 동안, 예상치 못한 일이 생겨서 기분 나빠진 적이 얼마나 있었나요?	0	1	2	3	4
2. 지난 한 달 동안, 중요한 일들을 통제할 수 없다고 느낀 적은 얼마나 있었나요?	0	1	2	3	4
3. 지난 한 달 동안, 초조하거나 스트레스가 쌓인다고 느낀 적은 얼마나 있었나요?	0	1	2	3	4
4. 지난 한 달 동안, 짜증 나고 성가신 일들을 성공적으로 처리한 적이 얼마나 있었나요?	0	1	2	3	4
5. 지난 한 달 동안, 생활 속에서 일어난 중요한 변화들을 효과적으로 대처한 적이 얼마나 있었나요?	0	1	2	3	4
6. 지난 한 달 동안, 개인적인 문제를 처리하는 능력에 대해 자신감을 느낀 적은 얼마나 있었나요?	0	1	2	3	4
7. 지난 한 달 동안, 자신의 뜻대로 일이 진행된다고 느낀 적은 얼마나 있었나요?	0	1	2	3	4
8. 지난 한 달 동안, 매사를 잘 컨트롤하고 있다고 느낀 적이 얼마나 있었나요?	0	1	2	3	4
9. 지난 한 달 동안, 당신이 통제할 수 없는 범위에서 발생한 일 때문에 화가 난 적이 얼마나 있었나요?	0	1	2	3	4
10. 지난 한 달 동안, 어려운 일이 너무 많이 쌓여서 극복할 수 없다고 느낀 적이 얼마나 있었나요?	0	1	2	3	4

출처: Lee & Jung(2018).

2) 보육교사의 스트레스

Clipa와 Boghean(2015)의 연구에 의하면, 영유아 교사 중 41.3%가 보통 정도의 스트레스를 경험하며 54.7%의 교사들은 많은 또는 극도의 스트레스를 경험하였다. 이들은 특히 업무량(41.3%)과 관련하여 스트레스를 가장 많이 경험하였고 이외에도 압력(32.0%), 제약(10.0%) 등으로 인해 스트레스를 경험하였다. 이처럼 하루 중 오랜 시간 동안 여러 명의 영유아를 돌보고 가르쳐야 하는 보육교사는 스트레스에 취약할 수 있기 때문에 이에 대한 주의가 필요하다.

(1) 보육교사의 직무스트레스

보육교사의 질 높은 보육 수행을 위해서는 직무스트레스 개념에 주목할 필요가 있다. 직무스트레스란 직무수행과 관련하여 발생되는 스트레스 상황으로, 안정적인 심리상태를 벗어나 심리적, 신체적, 행위적 긴장상태 등의 역기능을 발생시키는 상태로 정의된다(김혜림, 박수경, 2020). 어린이집에서 보육교사는 보육과 부모상담, 행사, 행정 및 지원 업무 등 다양한 직무를 수행해야 하며, 근무시간이 길고 업무강도가 높은 편이다. 2020년 시행된 보육지원체계 개편으로 12시간 운영원칙의 어린이집 보육시간이 기본보육과 연장보육으로 구분되어 업무 부담이 다소 경감되었으나(보건복지부, 2020), 보육교사 처우 및 근무환경 개선에 대한 요구들은 여전히 미흡한 과제로 지적되고 있다. 이처럼 보육교사는 직무수행 과정에서 다양한 스트레스 요인에 노출되어 있다.

보육교사의 스트레스가 보육활동에 끼치는 부정적 영향을 살펴보면 다음과 같다.

첫째, 보육교사의 직무스트레스는 부정적 정서와 신체적 증상으로 표출된다(천주영, 2018). 보육교사가 스트레스를 많이 느낄수록 의욕감을 상실하고, 정서적으로 고갈되는 것으로 나타났다. 이렇듯 개인적 성취감 하락과 정서적 소진은 비인간화로 이어지게 되고 교사로서의 삶과 개인적 삶에 부정적 영향을 미치게 된다(우새롬, 최인이, 2022; 윤소영, 임민정, 2022).

둘째, 교사의 직무스트레스 수준이 높을수록 직무만족도는 감소하는 반면 이직의도는 증가한다(김은아, 2018; 정경진, 윤혜미, 2016). 많은 국가에서 영유아 교사 관련 이슈 중 하나가 25~40%에 달하는 높은 이직률인데(김은영 등, 2013), 이직이나 사직으로 인한 보유교사의 이탈은 어린이집은 물론이고 기관에 남아있는 또 다른 교사들과 학부모, 영유아들에게 부정적인 영향을 미치게 되고 이는 결국 보육의 질을 저하시키게 한다(김양은, 2017).

셋째, 보육교사의 직무스트레스는 영유아에 대한 민감성과 반응성을 저하시키고(권경아, 김송이, 2015; 신혜영, 2004), 비상호작용적일 뿐 아니라 영유아와 긍정적인 상호작용을 나누는 빈도와 수준을 낮게한다(김경화, 박재학, 2016; 엄정애, 김혜진, 2005). 이처럼 교사의 직무스트레스는 영유아의 발달을 지원하는 교사의 직무 수행을 방해할 뿐 아니라 보육의 질을 저하시키는 요인이 된다(구성희, 우현경, 2022).

(2) 보육교사의 직무스트레스 요인

지난 20여년 넘게 한국연구재단 등재후보지 이상의 학술지에 게재된 논문 총 123편을 분석해 보면 직무스트레스 관련 연구는 1994년에 처음 시작되었다. 그리고 2011년 이후 이와 관련된 연구가 급증했는데, 이는 보육교사의 직무스트레스에 대한 사회적 관심을 반영하는 결과라고 할 수 있다(정희정, 김정희, 2016).

교사의 직무스트레스를 유발하는 요인들을 정리해 보면 다음과 같다.

〈표 10-1〉 직무스트레스 요인

연구자	직무스트레스 요인
D'Arienzo 등(1982)	행정적 지원, 동료와의 관계, 경제적 안정, 학생들과의 활동, 업무 과부하
Leach(1984)	영유아의 문제행동과 그 문제 행동을 효과적으로 관리하는 것, 원장과 동료와의관계, 시간 압박과 업무 과부하, 아동의 교육과 교육 프로그램의 효과성,효과적인 교육을 위한 자원의 미비, 자문위원의 부족과 부적절한 행정절차와 정책
신혜영(2004)	원장의 지도력 및 행정적 지원 부족, 업무 과부하, 동료와의 관계, 학부모와의 관계
김정미(2017)	영유아들과의 원장 및 교사 관련, 개인 관련, 학부모 관련, 활동 관련, 행정적 지원 관련, 경제적 지원, 업무관련, 경제적 안정
홍중원(2019)	업무관련, 원아들과의 활동, 대인관계, 행정적 지원 부족

출처: 조재현(2023).

① 원장 지도력 및 행정지원 부족

보육교사들은 원장의 지도력 및 행정적 지원이 부족하다고 느낄 때 직무스트레스를 받게 된다. 원장은 소규모 조직의 장으로서 조직운용에 따르는 제반 업무를 담당하고 보육철학 제시, 예산 계획 및 집행, 어린이집 운영 계획 수립 및 평가, 영유아 보호와 교육, 부모교육, 가정과 지역사회 간의 연계 및 교류, 기타 보육교직원과 의사교환 및 회의 참여 등의 영역과 관련된 역할을 수행한다. 어린이집 원장은 해당기관의 의사 결정자이자 최종 책임자로서 그 역할을 어떻게 수행하느냐에 따라, 어린이집 교육의 질이 좌우되므로 교사와 원장과의 관계 및 원장에 대한 신뢰는 중요한 의미를 지닌다고 볼 수 있다. 원장과 교사의 관계가 일방적인 명령과 통제 및 복종으로 특징지어지는 상하 수직적인 관계가 될 때 오해와 갈등이 생길 수 있고 원장의 리더십이나 지도능력이 부족하면 교사는 스트레스를 받아 업무수행에 대한 능률이 떨어져 결국에는 이직으로 이어지게 된다. 그러므로 어린이집 원장이 보육교사를 모범적으로 이끌어주고 관심과 상호존중에 의해 신뢰관계를 형성하면서 행정지원에 대한 이해와 협력이 원활히 이루어질 때, 보육교사의 직무에 긍정적인 영향을 주며 나아가 어린이집의 교육 및 보육서비스의 능률화를 도모할 수 있을 것이다.

② 업무 과부하

보육교사들은 교사의 업무 처리와 관련된 시간의 유용성 부족, 자신의 능력이나 한계를 벗어나는 업무, 그리고 교사처우나 제도로 부담을 느낄 때 직무스트레스를 받게 된다. 보육교사의 직무는 업무량이 많고 노동 강도가 매우 높은 것으로 알려져 있다. 보육교사들은 오랜 시간 온종일 끊임없이 말하고 몸을 움직여야 한다. 특히 어린이집의 경우 연령별로 영유아보육법에 의해 법정 비율이 정해져 있는데, 12개월 미만의 영아 3명을 교사 1명이 감당하기는 매우 어렵고 힘든 일이다(육아정책연구소, 2013). 보육 이외에도 사무, 행사, 학부모 상담, 교구제작 등을 수행하여야 하고, 평가인증이나, 부모 모니터링 등 각종 평가에 대비하여야 하므로 업무는 더욱 가중되고 있는 실정이다. 보육교사의 업무량에 대한 정확한 데이터는 없지만, 잦은 이직률은 보육교사의 과중한 업무량을 예측하게 하는 요인으로 볼 수 있다(육아정책연구소, 2013). 보육지원체계 개편으로 업무 부담이 다소 경감되었으나(보건복지부, 2020) 앞으로도 이에 대한 보완은 계속되어야 할 것이다.

③ 동료관계

가장 많은 시간을 함께 보내는 동료들과는 상호작용 노출 빈도가 높기 때문에 동료와의 관계가 나쁠수록 스트레스를 느낄 가능성이 높다(김경이, 2012). 동료 간의 교육철학이나 소통방법이 다른 경우 갈등과 직무스트레스를 받으며, 특히 한 공간을 함께 공유하는 팀 티칭의 경우에는 원활한 협력이 이뤄지지 않을 때 갈등과 스트레스가 심화될 수 있다(서혜정 등, 2013). 반면 동료교사로부터 지지를 받는 교사는 자신의 능력에 따라 효율적으로 업무를 수행하며 직무에 대해 만족하고 높은 성취감을 가질 수 있다. 뿐만 아니라 동료관계가 긍정적일 때 교사의 정서적 고갈 측면에서도 완충효과를 얻고(Greenglass et al, 1998; 류경희, 강상,

2015, 재인용), 어린이집에 대한 몰입과 헌신도가 향상될 수 있다(김용미, 2003).

④ 학부모 관계

보육교사의 많은 역할 중 하나는 학부모의 관점을 이해하도록 노력하며 학부모와 원활히 의사소통하는 것이다(최미숙, 2012). 보육교사와 학부모는 영유아의 성장과 발달이라는 같은 목적을 지니고 있으므로, 공동의 목표를 위하여 서로 협력하고 관계를 원만하게 형성하는 것이 무엇보다 중요하다(윤기영, 박상님, 2000). 즉, 양육과 교육에 관한 공동의 책임으로서 동반자적 협력관계가 요구되기 때문에, 보육교사와 학부모의 상호 신뢰와 긴밀한 관계 형성은 필수적이다. 하지만 보육교사는 영유아와 부모를 일방적으로 배려해야 하는 특수성이 있기 때문에 심리적 스트레스를 많이 받는다(권혜진, 2008). 교사들은 학부모와의 의사소통 어려움, 의견 차이 및 학부모들의 무리한 요구로 인해 학부모와의 관계에 어려움을 경험하고 있으며(나석희, 이현진, 2012), 이는 교사의 사기를 떨어뜨리고 전문성에 혼란을 가져오는 등 직무스트레스로 작용하여 결국엔 보육의 질에 부정적 영향을 미치게 된다.

보육교사 직무스트레스 측정도구

1. 다음의 각 문항은 평소 선생님의 보육 상황에서 나타날 수 있는 것들입니다. 각 문항에 대하여 선생님 본인이 경험하고 계신 스트레스의 정도를 가장 잘 나타내 주는 곳에 ✔ 표를 해주십시오. 정답이 없으므로 평소에 선생님께서 생각하시는 그대로 솔직하게 응답해 주시기 바랍니다.

	전혀 스트레스를 받지 않는다	별로 스트레스를 받지 않는다	보통이다	조금 스트레스를 받는다	매우 스트레스를 받는다
1. 학부모들은 어린이집 일에 지나치게 관여를 한다.					
2. 보육활동을 함께 진행하거나 도와 줄 보조교사가 부족하다.					
3. 어린이집에는 각자에게 부여된 임무를 수행하지 않는 교사들이 있다.					
4. 나의 보수는 내 업무와 책임에 비해 낮다.					
5. 환경정리, 연락업무, 차량지도 등 잡무가 너무 많다.					
6. 교사들 간의 의사소통이 잘 이루어지지 않는다.					
7. 보육활동을 위해 준비할 시간이 충분하지 않다.					
8. 어린이집의 교사 복지제도(예: 휴가, 처우개선, 보험 등)가 미흡하다.					
9. 교사의 근무평가는 공정하지 못하다(예: 교사에게 제시, 공유되는 근무평가 양식이 없음).					
10. 보육활동에 필요한 자료(예: 비품, 교재, 교구)가 부족하다.					
11. 교사들의 업무수행을 위한 시설 및 설비(예: 교사실, 복사기, 컴퓨터)가 부족하다.					
12. 교사들 간에 파벌이 존재한다.					
13. 우리 어린이집의 운영은 바람직한 보육의 실제와 맞지 않는다.					
14. 원장은 교사들을 자주 칭찬하거나 격려하지 않는다.					
15. 필요 이상으로 어린이집 행사가 너무 많다.					

	전혀 스트레스를 받지 않는다	별로 스트레스를 받지 않는다	보통이다	조금 스트레스를 받는다	매우 스트레스를 받는다
16. 원장은 교사의 업무에 대해 적절한 피드백을 제공하지 않는다.					
17. 아동간의 다툼이나 안전사고 등으로 어린이집에 항의하는 학부모들이 많다.					
18. 운영과 관련된 내 제안이나 의견이 받아들여지지 않을 때가 있다.					
19. 어린이집에 관련된 결정 사항에 대해 내 의견을 솔직하게 말할 수 없다.					
20. 내가 맡은 반에 대해 원장이나 주임의 간섭이 심하다.					
21. 교직원들 간의 관계가 좋지 못하다.					
22. 우리 어린이집의 운영방식을 일관성이 없다.					
23. 근무시간이 너무 길어(당직을 포함하여) 개인적인 시간을 갖기 어렵다.					
24. 교사들 간에는 서로 협조하기보다는 경쟁이 심하다.					
25. 학부모들은 교사에게 무례하거나 과도한 요구를 한다.					
26. 교사들의 업무수행을 도와줄 보조인력(예: 사무원, 청소원, 관리인 등)이 부족하다.					
27. 원장은 교사들에게 지시적이고 명령적이다.					

하위요인	문항번호
원장 지도력 및 행정지원 부족	9, 10, 11, 13, 14, 16, 18, 19, 20, 22, 27
업무 과부하	2, 4, 5, 7, 8, 15, 23, 26
동료 관계	3, 6, 12, 21, 24
학부모 관계	1, 17, 25

출처: 신혜영(2004).

(3) 보육교사의 직무스트레스 대처방식

스트레스는 일상생활을 영위하는데 불가피한 일부분으로 사실상 스트레스로부터 완전히 탈피하기는 불가능하다. 배우자의 사망이나 실직도 스트레스로 작용하지만 임신이나 취업과 같은 경사스러운 일 역시 스트레스로 작용할 수 있다. 즉, 일상생활에서 변화를 일으키는 생활사건은 모두 스트레스 요인이 되는 것이다. 따라서 스트레스의 문제는 스트레스를 경험하느냐 않느냐에 있는 것이 아니라 스트레스를 어떻게 대처(coping)해 나가느냐에 있는 것이다.

대처란 문제나 갈등에 직면해서 그것을 극복하는 효과적인 수단을 찾는 것으로 심리적 안정성에 대한 주요한 위협을 처리하기 위하여 사용되는 모든 방법의 총체이다(Chodoff, 1964). 사람들은 스트레스 상황에 직면했을 때 자기 자신을 그 상황에 적응시키려 하기도 하고, 적극적으로 환경을 변화시키려고도 한다. 이와같이 스트레스 대처는 스트레스 상황에 적응하는 것 뿐만 아니라, 스트레스에 성공적으로 대응하기 위하여 자신의 모든 자원을 활용한다는 의미가 포함되어 있다.

스트레스 대처는 특정하게 고정된 것이 아니라 시간과 상황에 따라 다르게 표출되는 것이다(임규혁, 2001, 재인용). 국내에서 가장 많이 사용되는 대처방식 분류는 Lazarus와 Folkman(1984)의 연구를 바탕으로 하고 있는데, 스트레스 대처방식을 크게 적극적 대처와 소극적 대처로 나누어 설명한다. 먼저, 적극적 대처방식은 문제중심적 대처와 사회적지지추구 대처로 다시 나눌 수 있다. 이중 문제중심적 대처방식은 스트레스로 받아들여지는 개인과 환경 사이의 문제에 대해 적극적이고 능동적으로 상황을 바꾸려는 노력을 말한다. 다시 말해, 스트레스를 발생시키는 사건의 문제에 초점을 두고 대처하는 방식이다. 사회적지지추구 대처는 자신의 생각이나 입장을 타인에게 전달하여 지지를 받으려 하거나 자신의 요구를 이해시키고 다른 사람의 도움을 받거나 의논하여 스트레스에서 발생하는 문제를 해소하려고 하는 것을 말한다.

다음으로, 소극적 대처방식은 스트레스 사건의 문제에서 회피하려는 것으로 하위요인으로 소망적사고 대처와 정서중심적 대처로 구분된다. 소망적사고 대처는 스트레스 상황에서 벗어나려고 상황과 거리를 두고 자신이 바람직하다고 믿는 상황을 상상하는 것과 같이 스트레스 사건의 문제를 회피하는 것을 말한다. 정서중심적 대처는 스트레스 사건에서 오는 감정을 통제하려는 것으로 기분을 바꾸거나 안정을 찾고자 하는 것을 말한다.

모든 보육교사가 스트레스로 인해 부정적인 결과를 경험하지는 않는다. 스트레스를 경험하더라도 어떠한 스트레스 대처방식을 사용하여 이를 대처하는가에 따라 스트레스를 받아들일 수 있다. 따라서, 스트레스를 스스로 조절하고 이러한 영향을 방어할 수 있도록 돕는 스트레스 대처방식은 중요한 요인이며, 스트레스에 대처하고 극복하는 유연한 대처방법을 길러야 할 것이다(윤영선, 2023).

다음은 스트레스 대처를 측정하기 위하여 Folkman과 Lazarus(1985)가 개발한 The Ways of Coping Checklist를 우리의 실정에 맞추어 수정 · 보완한 것이다.

〈스트레스 대처방식 측정도구〉

The Ways of Coping Checklist(교사용)

다음은 선생님의 스트레스 대처방법에 대한 질문지입니다. 최근에 가장 스트레스를 받은 일들을 생각하시면서, 이 일을 다투어 나가기 위하여 스트레스에 대처하는 정도에 해당하는 곳에 체크(✔)해 주십시오.

번호		전혀 그렇지 않다	그렇지 않다	보통이다	그렇다	매우 그렇다
1	스트레스를 주는 문제를 더 잘 이해하기 위하여 자세히 분석해 본다.	0	1	2	3	4
2	시간이 지나면 달라질 것이라고 생각한다. : 할 수 있는 일은 단지 기다리는 것 뿐이다.	0	1	2	3	4
3	상대방이 마음을 바꾸도록 시도해 본다.	0	1	2	3	4
4	그 일에 대해 좀 더 알아보려고 누군가와 이야기한다.	0	1	2	3	4
5	기적이 일어나기를 바란다.	0	1	2	3	4
6	운으로 돌린다. : 때로는 운이 나쁠 때도 있으니까.	0	1	2	3	4
7	그 문제를 일으킨 사람이나 물건에 대하여 화를 낸다.	0	1	2	3	4
8	다른 사람들의 동정과 이해를 받아들인다.	0	1	2	3	4
9	기분 전환이 될 수 있을 만한 일을 자신에게 한다.	0	1	2	3	4
10	모든 것을 잊어버리려고 노력한다.	0	1	2	3	4
11	전문적인 도움을 청한다.	0	1	2	3	4
12	활동 계획을 세우고 그것에 따른다.	0	1	2	3	4
13	어떻게든 기분을 풀어 버린다.	0	1	2	3	4
14	문제를 구체화시킬 수 있는 사람과 이야기한다.	0	1	2	3	4
15	무엇을 먹거나, 담배를 피우거나, 약을 복용하거나, 술을 마시는 등으로 기분을 전환한다.	0	1	2	3	4
16	긍지를 가지고 꿋꿋이 버티어 나간다.	0	1	2	3	4
17	일어난 일(또는 상황)이나 나의 느낌을 바꿀 수 있기를 바란다.	0	1	2	3	4

번호		전혀 그렇지 않다	그렇지 않다	보통이다	그렇다	매우 그렇다
18	대체로 사람들과 어울리기를 피하고, 혼자 있으려 한다.	0	1	2	3	4
19	그 일에 사로잡히지 않는다. : 그것에 대하여 너무 깊이 생각하지 않으려고 노력한다.	0	1	2	3	4
20	존경하는 친척이나 친구에게 조언을 구한다.	0	1	2	3	4
21	그 일을 무시해 버린다. : 그것을 너무 심각하게 받아들이지 않는다.	0	1	2	3	4
22	자신이 느끼고 있는 바를 누구에게 말한다.	0	1	2	3	4
23	내 입장을 지키면서, 바라는 바를 위하여 싸운다.	0	1	2	3	4
24	다른 사람에게 분풀이를 한다.	0	1	2	3	4
25	과거의 경험에 의존한다. : 전에도 비슷한 일(또는 상황)이 있었다.	0	1	2	3	4
26	문제해결을 위해 몇 가지 대책을 세운다.	0	1	2	3	4
27	그 일이 사라지거나 끝나버리기를 바란다.	0	1	2	3	4
28	일이 어떻게 되었으면 좋겠다는 공상이나 소망을 한다.	0	1	2	3	4
29	그 일이 잘되게 해달라고 기도한다.	0	1	2	3	4
30	내가 존경하는 사람은 이런 때 어떻게 했을까를 생각해 보고 그대로 따른다.	0	1	2	3	4
31	다른 사람의 입장에서 그 문제를 생각해 보려고 노력한다.	0	1	2	3	4
32	내가 가장 바라던 것이 안 되면 그 다음 차선책이라도 받아들인다.	0	1	2	3	4

하위요인		문항번호	문항수
적극적 대처	문제중심적 대처	1, 12, 16, 23, 26, 30, 31, 32	8
	사회적지지 추구	3, 4, 8, 11, 14, 20, 22, 29	8
소극적 대처	정서완화적 대처	5, 6, 7, 9, 15, 18, 24,28	8
	소망적 사고	2, 10, 13, 17, 19, 21, 25, 27	8
전체			32

출처: 서명순(2023).

예비 보육교사의 실습 스트레스와 극복과정 에세이

나는 평소 남들에 비해 스트레스를 적게 받고 긍정적인 사고를 가져 어려운 상황에 처했을 때 대처해 나가는 것에 유연하다는 소리를 종종 들어왔다. 그랬기 때문에 실습이라는 난관에 부딪히거나 혹여나 힘든 일이 발생하더라도 잘 이겨낼 것이라는 나에 대한 신뢰가 있었다.

하지만 실습 첫날 일지에 대한 피드백을 네 차례 받았을 때 나는 나 자신이 일지 작성 요령이 부족하다는 것을 알고 반성하기보다는 날이 갈수록 작성해야 할 서류들이 늘어남에 따라 잠을 줄일 수밖에 없었기 때문에 스트레스가 쌓여갔다. 주말에도 쉬지 않고 담임교사가 해준 피드백 내용을 반영하여 일지를 작성했다. 2주차가 시작되고 나서도 담임교사 선생님은 "2, 3일차 일지 다시 적어오세요."라고 말씀하셨고 나는 스스로에게 부족한 점이 많다는 것에 실망하여 무기력한 한 주를 보냈다. 이에 나는 가족과 대화를 통해 시간이 지나면 실습이 힘들었던 만큼 값진 시간이었음을 느낄 거라는 걸 알게 되었고 부족한 만큼 배우고 노력해서 좋은 결과를 만들어야겠다는 다짐을 했다. 그 이후로 나는 표준보육과정을 참고하여 일지를 작성해보고 수업 시간에 배웠던 교재의 내용을 읽어보는 등 다양한 수단을 활용하여 나의 부족함을 채워보았다. 노력 끝에 담임교사 선생님께서는 나의 실습 일지를 보시고는 훨씬 좋아졌다고 칭찬해 주셨다.

원장님께서는 교사가 되기 위해서 가장 필요한 것은 회복탄력성이라고 말씀하셨다. 회복탄력성이란 실패나 부정적인 상황을 극복하고 원래의 안정된 심리적 상태를 되찾는 성질이나 능력을 뜻한다. 나는 회복탄력성이 몇 점일까 궁금하여 테스트를 진행해 보았다.

…(중략)…

보육실습은 나의 부족함을 돌아보게 하였고, 동시에 내가 얼마나 더 발전할 수 있는지를 알 수 있게 하였다. 앞으로도 부딪칠 난관은 많을 것이다. 그렇지만 해결 못 할 문제는 없다고 생각하며 늘 긍정적으로 사고하고 다양한 방법으로 문제에 접근해 볼 것을 다짐해 본다.

11장

보육교사의 직업윤리

보육교사는 많은 시간을 영유아와 함께 보내면서 다양한 윤리적 딜레마를 경험하게 된다. 이때 무엇을 기초로 판단하는지에 따라 영유아의 발달, 보육의 질, 보육교사 개인에게 미치는 영향력은 달라진다. 보육교사로서 바람직한 직무를 수행하는데 나침반이 되는 국내외 윤리강령 현황과 사례를 통해 윤리적 딜레마 해결 방법을 고민해 봄으로써 좀 더 실제적인 측면에서 보육교사의 직업윤리에 접근해 보고자 한다.

1. 보육교사의 윤리강령의 개념과 필요성

1) 보육교사의 윤리강령의 개념

윤리란 인간이 사회생활을 하면서 마땅히 지켜야 할 규범이다(이혜원, 2017). 윤리강령은 전문직의 직업상 지켜야 할 기본적인 윤리적 가치, 덕목, 권고를 함축적으로 제시해 놓은 것(유재봉, 2004)으로 전문가 단체들에 의해 공식적으로 받아들여진 문서를 말한다(신득렬, 2022). 따라서 보육교사의 윤리강령은 보육교사가 갖추어야 할 자아상, 책무, 가치 등을 설명한 것으로 보육전문단체에 의해 공식화된 문서를 의미한다(이명순 등, 2022).

보육교사의 윤리강령의 핵심 목적은 보육현장에서 접하는 딜레마 상황 속에서 보육교사에게 핵심 가치들을 바탕으로 영유아의 권리를 보호하기 위한 바람직한 방향이 무엇인지를 반성적으로 생각해 보도록 기회를 제공하는 것이다(Freeman & Feeney, 2004). 이러한 점에서 보육교사 윤리강령은 보육교사가 자신의 전문적인 직무를 점검하고, 올바른 의사결정을 도와주는 목적을 가지고 있으며 영유아와 가족의 권리를 보호하기 위한 목적 또한 내포하고 있다.

2) 보육교사 윤리강령의 필요성

보육교사에게 윤리강령이 필요한 이유는 보육교사에게 도덕적 · 윤리적 나침반이 되어 직업적 행동에 있어 무엇을, 어떻게 판단하고 행동해야 하는지에 대한 전문적인 기준을 제공하기 때문이다. 윤리강령이 규제적인 성격으로 사용되는 것에 대한 우려의 시선도 있으나(Lichtenberg, 1996) 영유아라는 특수한 대상에게 보육 서비스를 제공하는 보육교사들에게는 반드시 필요한 것이다. 왜냐하면 보육전문가로서 보육교사는 현장에서 보육을 실행하는 주체이고, 보육교사의 영유아의 권리와 존중 인식 정도에 따라 영유아에게 미치는 영향력의 질이 달라지기 때문이다. 우리나라는 원장 및 보육교사의 윤리가 바람직한 직무수행에 중요한 영향을 미친다는 점에서 한국보육교사연합회(현 한국어린이집총연합회)와 육아정책연구소 주관으로 '어린이집 원장 · 교사윤리강령'을 제정하였다.

보육교사 윤리강령의 필요성은 다음과 같다.

첫째, 보육교사는 발달적으로 취약한 영유아의 권리를 보호하기 위해 보육교사 스스로 도덕적으로 민감할 필요가 있다. 영유아는 자신의 의사를 표현하거나 방어할 수 있는 능력이 부족하기 때문에 스스로를 보호할 힘이 없다. 교사가 자신의 힘을 남용하지 않고 영유아의 삶에 긍정적인 영향을 줄 수 있는 신념과 행동의 판단기준으로서 바람직한 방향성을 제시해 주기 때문에 보육교사에게 윤리강령은 필요하다.

둘째, 보육교사는 직무특성상 보육교사의 자율적 판단(예. 영유아의 입장과 가족의 입장 간의 선택적 고민 · 갈등)으로 결정되는 부분들이 많기 때문에 보육교사가 어떤 가치관과 보육철학을 가지고 있느냐에 따라 보육의 질은 달라진다. 따라서 무엇을 기준으로 어떻게 판단하고 행동해야 하는지 방향성을 제시해 줄 수 있는 보육교사 윤리강령이 필요하다(김은설, 박수연, 2010).

셋째, 윤리강령은 보육교사들에게 보육전문가로서의 행동에 대한 기대를 갖게 하기 때문에 보육교사의 정체성을 고취하고 직무에 대한 보다 명확한 인식을 주어 책임감을 갖게 하는데 기여할 수 있다.

2. 국내 보육교사의 윤리강령

국내외 윤리강령을 비교해 보면서 각국의 윤리강령 유사점은 무엇인지 살펴본다면 보육교사 윤리강령의 목적과 인식의 틀을 더욱 명확하게 할 것이다. 먼저 우리나라의 윤리강령을 살펴보자.

1) 2010년에 제정된 '보육교사 윤리강령'

한국보육교사연합회와 육아정책연구소가 발표한 '어린이집원장과 보육교사의 윤리강령'[1)]에는 서문, 4개의 장 그리고 보육교직원의 윤리선언으로 구성되어 있다.

먼저 윤리강령의 도입 부분인 서문〈표 11-1〉은 전문직업인으로서의 보육교직원과 윤리강령의 의의, 윤리강령이 다루고 있는 범위 등을 먼저 제시하여 앞으로 나오게 될 각 장에 대한 도입의 의미와 윤리강령의 준수에 임하는 의지와 자세를 명시하고 있다.

〈표 11-1〉 어린이집원장과 보육교사의 윤리강령 서문

구분	내용
서문	보육은 영유아를 건강하게 양육하고, 안전하게 보호하며, 발달특성에 적합한 교육을 제공하는 복지서비스이며, 보육인은 사랑과 존중과 전문지식을 바탕으로 영유아의 전인적 성장에 영향을 미치는 전문직업인이다. 이에 어린이집 원장과 보육교사는 스스로 책무성을 발현하여 윤리강령을 제정함으로 밝힌다. 본 강령을 직무수행의 규준으로 삼아 보육현장에서 발생하는 윤리적 갈등을 해결하고 생존권, 보호권, 발달권, 참여권 등 영유아의 권리를 보장함으로써 직무상의 윤리적 책임을 다하여 전문직업인으로서의 위상을 공고히 하고자 한다. 더불어 영유아와 그 가정, 동료와 사회의 존엄성을 존중하는 보육의 실천으로 다각적인 신뢰를 구축하고, 영유아의 잠재력을 최대한 발휘시킴으로써 영유아가 긍정적인 자아개념을 형성하고 유능한 사회인으로 성장할 수 있도록 도와 궁극적으로는 영유아와 그 가정, 동료와 사회의 통합적 · 이상적 복지 실현에 기여하고자 한다.

서문의 문단별 강조점을 살펴보면 다음과 같다.

첫째, 보육의 특성과 이에 종사하는 어린이집 원장과 보육교사가 전문직업인으로서 그 역할에 자긍심을 가져야 한다는 데 초점을 맞추고, 이들이 사회적 책임이 있는 중요한 위치에 있어 윤리의식과 태도를 지녀야 하는 타당성을 언급하였다.

1) 2010년에 제정된 '보육시설장·보육교사의 윤리강령' 원문을 그대로 인용하였음.

둘째, 윤리강령이 외부의 힘에 의해서 만들어진 것이 아니고, 법적인 강제성이나 준수를 강요받은 것이 아니라, 자율적인 의지에 의해 보육교직원 스스로의 발의로 제정된 것임을 밝혔다. 윤리강령 제정의 핵심적 가치가 보육현장에서 접하게 되는 윤리적 갈등을 해결하고 영유아의 권익을 보장해야 함을 명시하고 있다.

셋째, 보육은 서비스의 대상인 영유아의 올바른 성장과 발달을 목표로 할 뿐만 아니라 그 가정 및 사회의 복지에까지 영향을 미칠 수 있는 역할이 있음을 강조하고 보육교직원 상호간 존중도 윤리강령에서 논의되어야할 부분임을 밝히고 있다.

서문 다음으로 4개의 장이 소개되는데 영유아에 대한 윤리, 가정에 대한 윤리, 동료에 대한 윤리, 사회에 대한 윤리 영역이 바로 그것이다.

제 I 장은 영유아에 대한 윤리를 제시한 장으로 내용은 〈표 11-2〉와 같다.

〈표 11-2〉 영유아에 대한 윤리

구분	내용
영유아에 대한 윤리	1. 영유아의 인격을 존중하고, 개인의 잠재력과 개성을 인정한다. 2. 영유아에게 고른 영양과 충분한 휴식을 제공하여, 몸과 마음이 건강한 사람으로 자라도록 돕는다. 3. 성별, 지역, 종교, 인종, 장애 등 어떤 이유에서도 영유아를 차별하지 않고, 공평한 기회를 제공한다. 4. 영유아는 다치기 쉬운 존재임을 인식하여 항상 안전하게 보호한다. 5. 영유아에 대한 정서적, 언어적, 신체적 학대를 행하지 않는다. 6. 시설 내외에서의 영유아 학대나 방임을 민감하게 관찰하며, 필요한 경우 관련 기관("아동보호전문기관" 등)에 보고하고 조치를 취한다. 7. 개별적 상호작용 속에서 영유아의 요구를 수용하기 위해 노력한다. 8. 영유아의 사회 · 정서 · 인지 · 신체 발달을 통합적으로 지원하는 보육프로그램을 실시한다. 9. 특별한 도움을 필요로 하는 경우, 전문가와 협력하여 영유아의 입장에서 최선의 대안을 찾는다. 10. 보육활동을 계획, 실행, 평가하는 모든 과정에 영유아의 흥미와 의사를 반영한다. 11. 영유아의 개인적 기록과 정보에 대해 비밀을 보장한다.

제Ⅰ장은 보육교사에게 가장 중요한 서비스 제공 대상인 영유아에 대한 윤리를 제시한 장으로 유엔아동권리협약에 의거한 영유아의 기본권인 생존권, 보호권, 발달권, 기본권을 기반으로 구성하였다. 그러나 이러한 권리보다 영유아에 대한 기본적 존중의식이 중요하기 때문에 영유아 인격존중 및 개개인의 인정을 제1항에 두고 그 다음에 생존권부터 언급하였다.

생존권은 생명유지를 위한 적절한 수준의 의식주를 누릴 권리로, 제2항에서 영유아에게 고른 영양과 충분한 휴식 제공해야 한다는 내용으로 제시하였다.

보호권은 제3항부터 6항에 기술한 것으로 차별금지, 영유아의 약함과 보호의 필요, 학대금지 및 방지 · 보고의 내용이 제시되었다.

발달권은 제7항부터 9항에 해당하며 개별상호작용, 모든 측면의 균형된 발달지원, 특별한 도움을 필요로 하는 영유아 지원의 내용으로 제시하였다.

참여권은 제10항에 해당하고 보육활동 과정에 영유아의 흥미, 의사 반영이 포함되었다.

제11항은 보호권에 해당한다고 볼 수 있으나 앞의 모든 조항에 다 적용될 수 있는 내용으로 정리하는 측면에서 덧붙여 명시하였다.

제 Ⅱ장은 가정에 대한 윤리를 제시한 장으로 내용은 〈표 11-3〉과 같다.

〈표 11-3〉 가정에 대한 윤리

구분	내용
가정에 대한 윤리	1. 상호 신뢰를 바탕으로 영유아의 가정과 동반자적인 관계를 유지한다. 2. 각 가정의 양육가치와 의사결정을 존중한다. 3. 경제적 수준, 가족형태, 지역, 문화, 관습, 종교, 언어 등 어떤 것에 의해서도 영유아의 가정을 차별 대우하지 않는다. 4. 보육활동 및 발달 상황에 관한 정보를 정확하게 제공하여 영유아에 대한 가정의 이해를 돕는다. 다문화, 심신장애 등으로 의사소통에 도움이 필요한 경우 문제를 해결할 최선의 방법을 모색한다. 5. 시설 운영 전반에 관한 정보를 공개하여 영유아 가정의 알 권리를 안내한다. 6. 보육프로그램과 주요 의사결정에 영유아의 가정이 참여하도록 안내한다. 7. 필요한 사회적 지원, 전문서비스 등 관련 정보를 제공하여 영유아 가정 복리 증진을 돕는다. 8. 영유아 가정의 사생활을 보호하고 익명성을 보장한다.

제Ⅱ장은 어린이집 원장과 보육교사들이 영유아의 가정과 소통관계를 유지해야 하는 인식과 태도를 제시하였다. 각 가정의 양육가치와 의사를 존중할 것을 우선적으로 제시하고, 가정에 대한 정보제공과 참여유도를 강조하여 어린이집과 영유아의 가정 간 신뢰감의 축적을 상위 목표로 삼아 제1항에 제시하였다.

제Ⅲ장은 동료에 대한 윤리를 제시한 장으로 내용은 〈표 11-4〉와 같다.

〈표 11-4〉 동료에 대한 윤리

구분		내용
동료에 대한 윤리	어린이집 원장	1. 최상의 보육서비스 제공에 필요한 인적, 물적 환경의 조성 및 유지를 위해 노력한다. 2. 보육교사를 신뢰하고 존중하며 전문성과 자율성을 인정한다. 3. 성별, 학연, 지연, 종교 등에 따라 보육교사를 차별하지 않는다. 4. 업무 관련 의사결정이 필요한 경우, 보육교사의 의견 개진 기회를 보장한다. 5. 보육교사에게 지속적 재교육 등 전문적 역량 제고의 기회를 부여한다. 6. 보육교사에게 적정 수준의 보상(보험, 급여 등)을 안정적으로 제공하며, 복지증진에 힘쓴다. 7. 보육교사 개인의 기록과 정보에 대한 비밀을 보장한다.
	보육교사	1. 존중과 신뢰를 바탕으로 협력하며, 서로의 전문성과 자율성을 인정한다. 2. 상호 간 역량계발과 복지증진에 부합하는 근무환경이 되도록 힘쓴다. 3. 원장 및 동료와 영유아 보육에 대한 신념을 공유한다. 4. 보육교사로서의 전문성 향상을 위해 스스로 노력한다. 5. 시설 내에서 영유아 및 보육교사의 인권과 복지를 위협하는 비윤리적인 사태가 발생한 경우, 법률규정이나 윤리기준("한국 보육시설연합회 윤리강령위원회"참조)에 따라 조치를 취한다.

제Ⅲ장은 어린이집에 근무하는 보육교직원 간 지켜야 할 윤리에 대한 내용으로 먼저, 보육교사에 대해 어린이집 원장이 준수해야 할 윤리적 덕목과 보육교사가 원장 및 동료 교사, 교사로서 자신에 대해 가져야 할 윤리적 측면을 제시하고 있다.

제Ⅳ장은 사회에 대한 윤리를 제시한 장으로 내용은 〈표 11-5〉와 같다.

〈표 11-5〉 사회에 대한 윤리

구분	내용
사회에 대한 윤리	1. 공보육에 대한 책임을 인식하고, 항상 질 좋은 보육서비스를 제공한다. 2. 영유아의 안전을 위협하는 환경이나 정책이 발견될 시, 관계기관과 협의하여 개선한다. 3. 공적 책임이 있는 시설로서 재정의 투명성을 유지하고, 부정한 방법으로 사적 이익을 취하지 않는다. 4. 영유아의 권익보호를 위해 관련 정책 결정 및 법률 제정에 적극 참여하며, 사회적으로 이를 널리 알리는 데 앞장선다. 5. 지역사회 실정에 맞는 시설의 책임과 역할을 인지하고, 실천하고자 노력한다.

제Ⅳ장은 보육은 영유아를 돌보고 보호하며 가르치는 것을 넘어 사회적 책무성을 띄고 있는데 이에 대한 근거는 우리나라의 저출산 극복 정책의 일환으로 보육이 사회적 인프라의 역할을 하고 있다는 것이다. 이러한 점에서 보육교직원에게 사회에 대한 윤리를 인식하고 실천해야 함을 강조하고 있다.

2) 2022년 개정된 '어린이집 윤리강령 전문'

한편, 한국보육진흥원에서는 2010년에 개발된 '어린이집 윤리강령'을 어린이집 인권문화조성을 위해 시대에 맞게 현행화하고, 보육교직원의 책무 중심에서 어린이집 모든 구성원의 균형적 · 협력적 측면 중심으로 맞추기 위해 개정하였다. 그 결과, 2022년 한국보육진흥원에서는 영유아의 건강한 성장과 발달을 위해 어린이집에서 영유아 보육 시 지켜야 할 직업윤리와 실천 지침을 담은 윤리강령을 개발하여 발표하였다.

〈표 11-6〉 어린이집 윤리강령 전문

구분	내용
전문	모든 영유아는 불가침의 인권을 가진 존재임을 확인하고, 보호의 대상이기 이전에 한 사람의 사회구성원으로서 헌법이 정한 인간의 존엄과 가치를 가지고 있음을 인식하여, 유엔아동권리협약의 이념에 따라 보육의 윤리원칙을 정하고, 이에 준거한 보육교직원 윤리강령을 준수할 것을 다짐한다. 1. 영유아 한 사람 한 사람을 독립된 인격체로 존중한다. 1. 보육의 과정에서 영유아의 이익을 최우선으로 고려한다. 1. 영유아를 어떠한 이유로도 차별하지 않고 평등하게 대한다. 1. 영유아의 바람과 감정이 무엇인지 항상 귀 기울인다. 1. 영유아가 보육경험을 통해 세상에 대한 신뢰를 형성하도록 돕는다. 1. 부모가 자신의 양육책임을 잘 수행하도록 협력적 관계에서 보육을 수행한다. 1. 동료를 공정하고 포용적인 태도로 존중하고 민주적인 조직문화를 조성한다. 1. 보육업무의 가치에 자긍심을 가지고 보육철학, 지식, 기술을 지속적으로 키워나간다.

기존의 윤리강령은 선언적 차원에서 이용되었을 뿐 현장에서 윤리강령 내용을 숙지하거나 활용하지 못하는 한계가 있었다. 이점을 보완한 윤리강령 전문은 기존 윤리강령보다 내용이 축소된 듯 하나 여전히 그 방향은 영유아 · 부모 · 보육교직원의 권리를 존중하는 것이고, 개정된 윤리강령이 잘 실천된다면 어린이집 구성원 모두의 권리가 잘 보장된다는 것을 의미할 것이다(김정화 · 이완정 · 장영인 · 김유나 · 한유미, 2022).

개정된 윤리강령에 대한 이해 및 실천을 위해서는 기존 윤리강령의 각 장 · 항의 세부적인 내용을 통해 어떤 의미가 있는지 살펴본다면 이해와 실행에 도움이 될 것이다.

3. 국외 보육교사의 윤리강령

1) 미국의 윤리강령

미국의 보육교사 윤리강령은 미국유아교육협회(The National Association for the Education of Young Children : NAEYC)가 보육교사의 합리적인 행동에 대한 지침을 제시하고, 영유아보육과 교육에서 직면하는 기본적인 윤리적 딜레마를 해결할 수 있는 윤리강령을 1999년에 제정하고, 2005년에 개정하였다(육아정책연구소, 2010).

이 윤리강령은 영유아, 가정, 동료, 지역사회와 사회로 영역을 나누어 각 맥락에서 유아교육 · 보육교사들의 기본적인 책임을 설명하고, 각 영역별로 모범적인 전문적 실천을 반영하는 이상(Ideas)과 실천원리(Principles)를 제시하고 있으며, 4개 영역, 이상 40항목, 원칙 57항목으로 구성되어 있다(육아정책연구소, 2010).

〈표 11-7〉 NAEYC 윤리강령 구성

영역		이상	실천원리
영유아에 대한 윤리적 책임		12항목	11항목
가정에 대한 윤리적 책임		9항목	15항목
동료에 대한 윤리적 책임	동료	4항목	4항목
	고용인	2항목	5항목
	고용주	4항목	9항목
지역사회 및 사회에 대한 윤리적 책임	개인수준	1항목	10항목
	집단수준	8항목	3항목

① 영유아 윤리에 대한 윤리적 책임

영유아기는 독특하고 가치 있는 시기로, 교사는 영유아의 사회, 정서, 인지, 신체발달을 촉진할 수 있는 건강하고 안전한 환경을 제공해야 한다는 내용을 포함하고 있다. 뿐만 아니라 다문화가정 아동, 특수한 요구를 가진 영유아에 대한 책임과 관련된 내용도 다루고 있다. 영유아의 권리를 보호하기 위해 보육교사가 지켜야할 이상과 실천원리의 주요 내용을 〈표11-8〉에 제시하였다.

〈표 11-8〉 NAEYC 윤리강령의 영유아에 대한 윤리적 책임

이상(Ideas)	실천원리Principles)
1. 영유아 보호와 교육에 관한 교육을 철저히 받을 것 2. 현재 중시되는 주요 지식과 기법을 배울 것 3. 개별 영유아의 독특성과 잠재성을 존중할 것 4. 영유아의 자발성과 성인에 대한 의존성을 이해할 것 5. 영유아의 제반 영역 발달을 위해 환경을 세심하게 구성할 것 6. 영유아를 주기적으로 평가하여 이들의 잠재성을 잘 키워 줄 것 7. 장애영유아와 비장애영유아가 통합 환경 속에서 함께 지낼 권리를 존중할 것 8. 모든 영유아는 고유한 요구를 가지고 있다는 것을 이해할 것 9. 개별 영유아의 가족환경, 문화적 배경, 언어적 특성을 배려할 것 10. 모국어와 영어를 함께 배울 수 있도록 해줄 것 11. 보육시설은 옮기거나 새로 입소하는 영유아가 시설의 이동과정에 잘 적응할 수 있도록 도와 줄 것	1. 영유아에게 해가 되지 않도록 할 것, 신체적 정서적으로 해를 끼치거나 무시하거나 위협하거나 화를 내지 말아야 하는데 이는 윤리강령의 모든 원칙 중 가장 중요함 2. 정서적, 사회적으로 바람직한 환경을 제공할 것. 3. 영유아를 어떤 원칙에 의해서는 차별하지 말 것. 4. 영유아의 가족의 개인정보를 사려 깊게 다룰 것. 5. 절적한 평가체계를 마련하여 영유아의 학습과 발달상황을 점검할 것. 6. 영유아에게 특수교육 프로그램을 권할 때는 한 가지 방법으로 평가하지 말고 다양한 방법으로 평가할 것. 7. 개별 영유아의 특성에 맞는 개별화된 교수법, 교육환경 등을 제공할 수 있도록 배려할 것. 8. 영유아 학대나 방임의 징후를 포착할 것 9. 영유아 학대나 방임이 의심되면 조치할 것 10. 타인이 영유아 학대나 방임에 대해 알려주면 이에 적절히 조치할 것 11. 영유아의 안전을 위협하는 상황을 파악하고 이를 보호하기 위해 노력할 것

출처: 이완정(2005).

② 가족에 대한 윤리적 책임

이 영역에서는 가족을 지원하기 위해 가정과 어린이집이 신뢰관계를 형성하고 서로 연계 및 협력해야 한다는 내용이 포함되어 있다. 이상과 실천원리의 주요 내용을 〈표 11-9〉에 제시하였다.

〈표 11-9〉 NAEYC 윤리강령의 가정에 대한 윤리적 책임

이상(Ideas)	실천원리(Principles)
1. 가족과 효율적으로 협력하기 위한 지식을 잘 알고 있고, 이를 위해 필요한 교육과 훈련을 지속적으로 받을 것. 2. 가족과 상호 신뢰하고 창의적인 동반자 관계를 수립할 것. 3. 모든 가족구성원을 환영하고, 모두 함께 시설의 프로그램에 함께 참여하도록 격려할 것. 4. 가족의 의견을 경청하고 가족의 강점과 역량을 키우도록 격려할 것. 5. 가족형태, 문화, 언어, 관습, 종교에 관계없이 모든 가족을 존중할 것. 6. 가족의 자녀양육방식을 파악하고 이를 존중할 것. 7. 개별 영유아의 발달과 교육에 관한 정보를 가족과 공유할 것. 8. 가족원이 영유아를 이해하고 지원할 수 있도록 도와줄 것. 9. 가족 지원체계를 수립할 것.	1. 가족원이 영유아의 어린이집에 접근하는 것을 막지 말 것. 2. 어린이집의 철학과 제반 요소에 대해 가족에게 알려줄 것 3. 4. 어린이집의 정책을 수립할 때 가족에게 알리고 참여시키며, 영유아에게 영향을 미치는 중요한 결정에는 가족을 포함 시킬 것. 5. 가족이 이해할 수 있는 용어나 수준으로 의사소통할 것. 6. 가족이 영유아에 대한 정보를 주면 이를 프로그램 계획 및 실행과정에 고려할 것. 7. 8. 영유아 평가 및 결과활용 방식에 대해 가족에게 알려줄 것 9. 영유아가 당한 각종 사고에 대해 알려 감염 등 후속 사고를 막을 것. 10. 어린이집에서 영유아가 포함되는 연구가 진행될 때 가족에게 알릴 것. 11. 14. 영유아를 둘러싼 가족원간의 싸움이나 불화에 관여하지 말 것. 12. 영유아의 기록 보관 및 비밀보장 방법에 대한 정책을 가족에게 알려줄 것. 13. 가족의 사생활 익명성을 보장해 줄 것. 15. 가족이 지역사회의 자원을 이용하도록 도울 것.

출처: 이완정(2005).

③ 동료에 대한 윤리적 책임

이 영역은 동료, 고용인(보육교직원), 고용주(원장)로 구분되어 있다. 서로의 전문성을 지지해 주는 환경과 관계를 유지하고, 고용주 입장에서는 양질의 근무환경을 만들기 위해 노력해야 한다는 내용이 포함되어 있다. 자세한 내용은 〈표 11-10〉과 같다.

〈표 11-10〉 NAEYC 윤리강령의 동료에 대한 윤리적 책임

구분	이상(Ideas)	실천원리(Principles)
동료	1. 상호존중과 신뢰의 분위기를 형성할 것 2. 자원을 공유할 것 3. 동료의 요구를 파악하고 이를 지원할 것 4. 인종, 종교, 문화에 따라 동료를 처벌하지 말 것	1. 동료는 어린이집의 주요 자원이고 어린이집의 발전에 기여하는 사람임을 인식할 것 2. 동료와 의견이 다를 때는 서로 존중하며 대화할 것 3. 자신의 관점을 동료에게 피력할 때는 정확한 정보를 토대로 할 것 4. 동료를 차별하는 데 관여하지 말 것
고용인	1. 어린이집의 질을 향상시키는 데 기여할 것 2. 명백한 위법이 있지 않는 한 어린이집의 명성을 해치지 말 것	1. 어린이집의 정책을 준수할 것 2. 자신의 역할 범위 내에서만 어린이집을 대변할 것 3. 영유아 보호를 위한 법과 정책을 준수할 것 4, 5 영유아 복지를 위협하는 동료의 행동이나 어린이집의 수준을 문제 삼을 때는 적절한 상사나 기관에 알릴 것.
고용주	1. 양질의 근무환경을 위해 노력할 것 2. 상호존중과 신뢰하는 근무분위기를 조성할 것 3. 보수를 적절하게 지급할 것 4. 지속적으로 재교육을 받을 것	1,3 문서화된 직무 정책을 보육교직원들에게 알려줄 것 2. 안전하고 쾌적한 환경을 조성할 것 4~8 종사자의 근무가 미흡할 때 이를 정당한 방식으로 알려 개선하도록 하고, 고용 및 승진, 평가나 추천은 공정하게 하며, 인종, 종교, 성별에 의해 차별하지 말 것. 9. 종사자의 익명성, 사생활을 존중할 것

출처: 이완정(2005).

④ 지역사회 및 사회에 대한 윤리적 책임

이 영역에서는 보육이 가정과 지역사회 기관과의 협력하에 이루어진다고 보고 보육교사들은 지역사회가 필요로 하는 프로그램을 제공하고, 영유아에 대한 공동의 책임을 지고 있는 기관 및 전문가들과 협조해야 한다는 내용을 포함하고 있다.

〈표 11-11〉 NAEYC 윤리강령의 지역사회 및 사회에 대한 윤리적 책임

구분	이상(Ideas)	실천원리(Principles)
개인수준	1. 지역공동체에 양질의 보육서비스를 제공할 것	1, 4. 우리 어린이집의 특성을 공개하고 홍보할 것 2, 3. 우리의 역량으로 잘 할 수 있는 프로그램을 실시하고 부적격자를 채용하지 말 것 5. 평가체계를 적절하게 사용할 것. 6, 7. 영유아의 복지를 증진하고, 이를 위협하는 환경, 정책, 법률을 파악할 것. 8-10. 법을 준수하고 위배했을 때는 관련 기관에 보고할 것, 법이나 윤리강령을 어기도록 종용하는 어린이집은 공정한 증거를 갖추어 보고할 것.
집단수준	2. 영유아 복지증진을 위한 다학제적 공동협력을 증진시킬 것. 3, 4. 영유아의 제반 환경이 안전해야 하고, 영유아는 양질의 보육을 받을 권리가 있음을 연구, 교육, 활동 등을 통해 사회적으로 주창할 것 5. 영유아를 적합하게 평가하는 체계를 마련하기 위해 노력할 것. 6. 영유아와 그들의 요구를 이해하고 더 잘 알 수 있도록 노력할 것 7. 영유아와 가족의 복지 증진을 위한 정책과 법률을 지원할 것 8. 사회적으로 영유아 보육과 교육에 대한 전문성을 신장시키고 윤리강령의 핵심가치를 이해시킬 것	11. 아동의 복지를 위협하는 정책을 바꾸기 위해 집단적으로 노력할 것. 12. 영유아의 복지를 위협하는 내용이 발견되면 이를 공정하게 보고하고, 상황의 개선을 주시할 것. 13. 아동학대에 대한 전문기관의 대응이 미흡할 때는 관련 체계를 개선하도록 집단적으로 노력할 것.

출처: 이완정(2005).

2) 캐나다의 윤리강령

캐나다 보육연방(CCCF: The Canada Child Care Federation)에서 제정한 보육교사 윤리강령은 여덟 가지 원칙으로 간결하게 제시되 있다. 제시된 원칙들은 보육교사가 근무하는 도중 윤리적인 문제를 겪게 되었을 때 적절한 해결책을 마련하는 데 도움이 되는 근거를 제공해 준다.[2] 캐나다보육연방에서 제시하는 보육교사 윤리강령 8가지 원칙은 〈표 11-12〉에 제시하였다.

〈표 11-12〉 캐나다 CCCF에서 제정한 보육교사 윤리강령의 8개 원칙

원칙	내용
원칙 1	모든 영유아의 건강과 복지를 증진시킨다.
원칙 2	사려 깊게 계획된 환경 속에서 영유아의 개인적 요구를 충족시켜주고, 영유아의 신체적, 인지적, 정서적, 사회적 발달을 증진시킨다.
원칙 3	보육과정의 모든 측면에서 모든 영유아를 고려하고 있음을 증명한다.
원칙 4	부모는 아동 양육에 일차적인 책임이 있다는 점을 인정하고, 부모가 이러한 책임을 다하기 위해 노력하는 모든 행위를 존중하는 방식으로 부모와 긴밀하게 협력한다.
원칙 5	영유아와 가족에게 복지를 지원하기 위해 동료 보육교사들 및 지역사회 내 다른 복지전문가들과 긴밀하게 협력한다.
원칙 6	서로 신뢰하고, 보호하며 협력하는 관계를 수립하여 개인의 존엄과 고유한 가치를 존중하는 방식으로 일한다.
원칙 7	지속적으로 보육관련 지식을 쌓고 역량을 키워나간다.
원칙 8	다른 사람들과 전문적인 관계를 통해 통합적으로 협력한다.

캐나다 윤리강령은 영유아 대상, 가족 대상, 동료 대상, 지역사회 대상별로 조직화된 미국이나 우리나라의 윤리강령과 달리 영유아의 권리를 보호하기 위한 핵심 가치의 우선순위에 따른 내용 중심으로 조직되어 있음을 알 수 있다.

2) http://www.cccf-fcsge.ca

3) 호주의 윤리강령

호주의 보육교사 윤리강령은 유엔 아동권리협약에 근거하여 호주 유아교육협회(The Australian Early Children Association)에 의해 1988년에 제정되었고, 보육전문가에게 적절하고 기대되는 일련의 행동을 명시하고 있다.

호주의 윤리강령은 8가지 핵심원칙이 제시되어 있다. 여기에는 영유아, 가족, 동료, 전문가, 공동체와 지역사회의 권리와 존엄성을 존중하고 유지할 책임을 요구하고, 기본적이고 중요한 가치를 기반으로 윤리적 책임과 관련된 의사를 결정할 때 준수해야 하는 원칙들이 안내되어 있다. 호주 보육교사 윤리강령에서 제시하고 있는 원칙들의 주요내용은 미국, 캐나다의 윤리강령에서 제시된 내용과 비슷하다.

〈표 11-13〉 호주 보육교사 윤리강령의 핵심원칙

원칙	내용
핵심원칙	• 개별 영유아는 독특한 흥미와 강점, 자신들의 공동체에 기여할 수 있는 능력을 가지고 있다. • 영유아는 태어나면서부터 사회적 · 문화적 · 언어적 · 경제적 권리를 가지고 있는 시민이다. • 효과적인 교수와 학습은 전문적 지식과 다양한 관점에서 전문가의 의사결정에 의해 정해진다. • 가족과 공동체와의 파트너십은 영유아의 학습 · 발달 · 복지를 위한 공유된 책임을 지지한다. • 민주적이고 공정하며 통합적인 실제는 평등함과 소속감을 증진시킨다. • 존중하고 수용적이며 상호 호혜적인 관계는 영유아교육과 보육의 핵심이다. • 놀이와 여가는 영유아의 학습 · 발달 · 복지를 위해 매우 중요하다. • 연구, 탐구, 현장에 기반한 증거들은 질 높은 교육과 보육을 이끈다.

출처: 이경민 등(2020).

호주 윤리강령을 구체적으로 살펴보면, 영유아(11개항목), 가족(5개 항목), 동료(7개 항목), 전문가집단(8개 항목), 공동체 및 지역사회(6개 항목)의 5개 영역(section)과 37개 항목(ideals) 구성되어 있다. 보육교사 윤리강령은 〈표 11-14〉와 같다.

〈표 11-14〉 호주 보육교사의 윤리강령

구분	내용
영유아	• 모든 영유아의 최선의 이익을 추구한다. • 영유아의 능력과 학습을 지원하는 안전하고 건강하고 통합적인 환경을 조성하고 유지한다. • 영유아와 교사의 경험들 간의 조화를 이루며 영유아의 학습을 풍부하게 해 주는 의미 있는 보육과정을 제공한다. • 놀이와 여가가 영유아의 학습 · 발달 · 복지를 증진시키는 방법임을 이해하고 다른 사람들에게 이를 설명할 수 있다. • 영유아기는 미래를 위한 준비가 아니라 지금 이 순간을 위해 존재하는 시간임을 확실히 한다. • 환경과 인류에 대한 공동의 책임에 대해 학습하면서 세계시민으로서 영유아와 함께 협력한다. • 영유아와 그들의 가정 간의 관계를 소중히 여기고 이들 간의 관계를 강화하기 위해 노력한다. • 영유아는 성, 연령, 능력, 경제수준, 가족구조, 생활양식, 인종, 종교, 언어, 문화, 국적 등에 관계없이 차별받지 않아야 함을 확고히 한다. • 영유아의 안전, 사생활, 피로와 흥미 수준을 고려하여 영유아를 연구에 참여시킨다. • 교수 · 학습 · 평가에 있어 영유아의 관점을 포함하여 유능한 학습자로서 영유아를 존중한다. • 영유아에 대한 정보와 기록의 비밀보장을 해야 하며 특별히 디지털 플랫폼으로 공유할 때 주의한다.
가족	• 영유아의 첫 번째이자 가장 중요한 교사로서 가족을 지원하고, 그들의 자녀에 대해 의사결정할 권리를 존중한다. • 가족구성원의 이야기를 듣고 함께 배우며, 영유아의 학습 · 발달 · 복지와 관련된 실제에 관해 의사결정하고, 계획하고 평가하는 데 참여시킨다. • 가족의 참여를 격려하고 소속감을 갖도록 개방적으로 의사소통하면서 신뢰관계를 형성한다. • 개별 가족, 그들의 환경, 문화, 가족구조, 관습, 언어, 신념, 친족관계의 독특성에 대해 알아보고, 이를 존중하며 반응한다. • 사생활과 비밀을 보장받을 수 있는 가족의 권리를 존중한다.
동료	• 다른 사람들이 윤리강령에 따라 행동하고 비윤리적인 행동을 하지 않도록 격려한다. • 신뢰 · 존중 · 정직을 바탕으로 한 협력적 관계를 통해 동료애와 전문성을 구축한다. • 공유된 전문적 지식, 이해, 기술을 발달시키기 위해 동료들의 다양한 장점과 경험을 인정하고 지원한다. • 함께 공유하고 있는 관점과 행동을 조정하기 위해 의견 차이를 조율함에 있어 건설적인 절차를 거친다. • 지속적인 발전을 지원하는 '적극적인 연구문화'에 참여한다. • 전문성 발달에 긍정적으로 기여하기 위해 동료를 지원하고 멘토링한다. • 온라인 상호작용을 함에 있어 윤리적인 관계를 유지한다.

구분	내용
전문가 집단	• 연구, 이론, 내용지식, 실증적인 증거와 내가 함께하는 영유아와 가족에 대한 이해를 바탕으로 업무를 수행한다. • 자신의 전문적 가치, 지식, 실제를 명확히 하고, 직업적으로 사회에 긍정적인 기여를 할 책임을 이행한다. • 비판적인 수용과 지속적인 전문적 학습에 참여하며 자신의 지식과 직업에 대한 지식을 발달시키는 연구를 지원한다. • 자신의 전문적인 역할범위 안에서 업무를 수행하고, 전문적 유능성과 자격에 대한 허위진술은 피하도록 한다. • 직업 내에서 윤리적인 지도자로서의 자질과 실천을 격려한다. • 질 높은 실제를 모델링해 주고 전문가로서 학생들을 위해 건설적인 피드백과 평가를 제공한다. • 전문가 집단으로 소속되는 것을 지지해 주면서 새로운 졸업생을 멘토링 한다. • 전문가 집단을 옹호하고 질 높은 교육과 보육을 제공한다.
공동체와 지역사회	• 영유아의 학습 · 발달 · 복지를 강화하는 반응적 프로그램을 개발하기 위해 지역사회의 상황과 요구를 알아본다. • 영유아와 가족을 지원하는 공유된 이해와 행동을 발달시키기 위해 사람 · 서비스 · 기관들과 협력한다. • 모든 영유아가 질적으로 우수한 교육과 보육을 받을 수 있는 사회를 옹호하기 위해 연구와 실제적인 증거들을 활용한다. • 지역사회 발전을 위해 시민으로서 영유아가 기여하고 있는 가치를 강조한다. • 영유아에게 도움이 되는 평가 프로그램과 체제를 알리기 위해 영유아가 어떻게 학습하고 발달하는지를 포함하여 영유아기의 중요성에 대한 인식을 높이기 위해 노력한다. • 영유아 및 가족의 권리와 이익을 증진시키는 법과 정책을 수립하고 실행하는 것을 지지한다.

출처: 이경민 등(2020).

4. 보육교사의 윤리강령의 적용

1) 윤리적 딜레마

보육교사는 현장에서 영유아, 영유아의 가정, 동료와 기관, 지역사회 관계 속에서 수많은 윤리적 딜레마를 경험하게 된다. 윤리적 딜레마란 두 가지 이상의 윤리적 책임을 동시에 수행할 수 없는 상태로 양자택일을 해야 하는 윤리적 상황을 내포하고 있다(Armstrong, 1988).

보통 보육교사는 자신의 기본 가치관에 따라 윤리적 딜레마를 해결하는 경향이 있다. 이는 다른 말로 하면 보육교사가 올바른 보육철학 · 신념을 갖고 있지 않다면 영유아의 성장과 발달뿐 아니라 가족, 동료, 지역사회 등과의 관계에도 영향을 미칠 수 있다는 것이다. 따라서 보육교사는 먼저는 영유아를 이해하고 존중하는 태도를 바탕으로 자신의 교수 행위에 대한 당위성을 확고히 하고, 윤리적 딜레마를 합리적으로 해결하기 위한 보육철학 · 신념과 가치관을 정립하는 것이 중요하다. 또한 보육교사로서의 영유아, 가족, 동료, 지역사회에 대한 윤리강령을 이해하고 실천에 옮기기 위해 노력하는 태도가 필요하다(이경민 등, 2022).

2) 윤리적 딜레마 사례

보육교사가 보육현장에서 직면하는 윤리적 딜레마 상황은 어떤 것이 있을까? 다음에 제시되는 사례를 살펴보고 이런 상황에서 어떤 판단을 내리고 행동할지 생각해 보자. 사례에 따른 제시된 관점은 이해를 돕기 위해 제시된 예일 뿐이지 정답이 아니며, 그밖에 어떤 판단과 행동이 뒤따르면 좋을지 함께 토론해 보면 좋을 것이다.

사례 1. 문제행동지도(교사가 어디에 초점을 두느냐에 따라 영유아의 윤리 또는 가정에 대한 윤리 측면일 수 있을 것이다)

교사A는 경력 4년 차로 만3세 반의 담임교사이다. 또래보다 월령이 늦은 유아 ㅇㅇ는 또래와 갈등 상황이 자주 발생되고 무엇이든 자기 마음대로 하는 경향이 있다. 최근 ㅇㅇ의 동생이 태어날 예정이라 더욱더 공격적인 행동과 반항적인 행동이 심해졌다. 어머니와 상의를 드렸으나 어린이집에서 유아의 행동에 대해 이해를 하지만 동생이 곧 태어날 예정이라 어머니가 유아의 행동을 변화시킬 만한 의지와 체력이 부족한 상황이다. ㅇㅇ는 친구들의 장난감을 뺏기, 밀치기, 장난감 무너뜨리기, 교실 내 규칙 무시하기 등으로 ㅇㅇ와 반 친구들 간의 갈등고조와 더욱 심각한 것은 반 친구들과 ㅇㅇ와의 물리적 · 심리적 거리감이 나타나게 되었다. ㅇㅇ가 결석을 하게 되면 교실이 평화로워지고 교사는 반 친구들에게 질 높은 보육을 할 수 있어서 마음이 평온하지만 한편으로 그런 자신의 마음에 죄책감이 들기도 한다. 교사A는 어떻게 하면 좋을까?

→ 영유아의 발달은 생태학적체계이론에 근거할 때 가정-어린이집과의 연계가 중요하다. 가정환경의 변화로 유아의 심리정서에 영향을 미쳐 평소보다 유아의 행동이 강하게 표출됨을 이해해야 하고, 그렇기 때문에 유아의 불안감을 낮춰줄 수 있는 부모의 애정적이고 친밀한 상호작용이 필요하다. 출산으로 인한 어머니의 신체 · 심리적 어려움을 고려할 때 어머니 외에 다른 가족자원(아빠, 할머니, 이모 등)을 통해 유아의 일상적 지원이 가능한지 파악하여 정서적 안정에 관심을 가질 필요가 있음을 가정과 소통한다. 가족지원이 불가능할 때 전문가의 도움을 권해 본다.

→ 만3세는 발달 상 또래관계 속에서 사회성 발달이 중요하게 나타나는 시기이기 때문에 유아의 보이는 행동이 다른 유아들에게 잘못된 상(image, 像)으로 자리 잡지 않도록 교사의 관심과 지원이 필요하다.

유아의 가정환경 변화로 인한 스트레스와 유아의 정서조절 능력 부족으로 올바르지 못한 관심끌기가 나타나는데 건강한 사회적 기술을 배우지 못할 수도 있다. 이때 교사는 교사와의 상호작용을 통해 또래관계에서 필요한 사회적 기술들을 배워나갈 수 있도록 놀이짝이 되어 사회적 모델링이 되어주고 또래들과 함께 놀이할 수 있는 기회를 제공하여 바람직한 행동을 할 때 격려와 칭찬을 해줌으로써 사회적 기술을 강화시킬 필요가 있다.

☞ 나는 어떻게 할까?

사례 2. 식사지도(영유아 · 가정에 대한 윤리)

급식간식 시간에 먹고 싶은 것만 먹거나 음식을 남기는 영아가 있다. 바른 식습관 형성을 위해 교사는 아주 적은 양을 주면서 천천히 익숙해지도록 지도하고 있다. 그런데 영아의 어머니는 "성인인 우리도 입에 안 맞는 음식이 있고 안 먹는다고 크게 불편함 없이 잘 살고 있다. 그러니 아이가 싫어하는 음식은 주지 말아달라"며 영아의 편식을 부추기는 태도를 보인다. 교사는 아이의 식습관을 포함한 기본생활습관은 가정과의 연계가 꼭 필요한 활동이라고 생각한다. 그런데 영아의 어머니는 협조보다는 교사의 역할과 권위를 무시하는 언행을 보인다. 가정의 의견을 존중하려 하니 다른 영아들도 음식에 대한 거부가 나타나 곤욕을 치른다. 식사를 통해 영양을 골고루 섭취하는 것도 중요하지만 식사지도를 통해 바른 예절을 가르치고 싶은 교사는 학부모의 요구를 들어줘야 할까? 아니면 교사로서 영아의 발달을 위해 계속 지도해야 할까?

→ 영유아에 대한 (제정)윤리강령(제1장 2번)에 따르면 영유아에게 고른 영양을 제공하여 몸과 마음이 건강한 사람으로 자라도록 도와야 한다는 강령이 제시되어 있기 때문에 보육교사는 영아가 바른 식습관을 형성할 수 있도록 지도해야 한다.

→ 아이의 기본생활습관은 어린이집과 가정과의 연계가 필수이긴 하나 무엇보다 영유아의 개별적인 음식 선호의 차이와 요구를 존중하면서 긴장된 분위기가 아닌 따뜻한 분위기 속에서 상호작용 하는 것이 중요하다. 특정음식을 거부할 경우 "○○이는 □□□을 잘 먹는구나. △△은 먹기 힘들어?"라며 경청을 하고 "□□□만 먹으면 응가도 잘 안 나오고 배도 아플 수 있어. 오늘은 △△을 조금만 먹어볼까?"하며 한계설정해주기를 하면서 아이의 시도를 기다려주는 방법도 사용해 본다. 어린이집에서 아이의 변화는 부모의 태도와 인식을 바꿀 수 있을 것이다.

☞ 너는 어떻게 할까?

사례 3. 유아의 낮잠과 학부모의 요청(영유아 · 가정에 대한 윤리)

교사B는 만 3세 반을 맡고 있는 담임교사이다. 만 3세 반은 어린이집 하루 일과 중 낮잠 및 휴식시간을 1시간 30분 정도 갖고 있는데 ★★는 다른 유아와는 달리 낮잠이 꼭 필요하지 않는 것 같다. 더욱이 부모는 낮잠을 재우지 말기를 요구하고 있다. 낮잠을 자게 되면 밤에 늦게 잠이 들고 아침 일찍 일어나는 것을 힘들어한다는 이유였다. 교사B도 잠을 자지 않는 유아들은 잠을 자는 친구들을 깨우거나 낮잠을 방해하기도 하고 늦게 잠이 들어 다음 활동이 지연되는 등 낮잠 시간 운영에 어려움을 경험하고 있다. 또한 낮잠시간에 에너지를 진정시키지 않으면 체력 저하로 오후 놀이시간에 졸거나 또래간의 다툼이 발생하기도 한다. 교사B는 유아의 건강한 발달을 위해 낮잠 및 휴식이 필요함을 인식하지만 부모들의 요구가 있어 갈등을 느낀다. 교사B는 어떻게 하면 좋을까?

→ 보육교사의 보육신념과 교수행동이 영유아에게 미칠 영향력, 영유아에 대한 이해 및 권리존중, 영유아에 대한 통합적 · 체계적인 평가를 통해 보육과정을 운영해야 한다. 가정의 양육가치와 요구를 존중하고 그들의 의사결정을 인정하는 것도 윤리강령에 포함된 내용이므로 보육교사는 학부모의 요구를 사려 깊게 경청하고 그 관점을 이해하는 노력을 기울이되 유아의 유익에 합하는 전문적 지식을 활용하여 학부모의 동의를 끌어낸다. 예를 들어, 영유아들은 여럿이 함께 생활하면서 많은 자극으로 인해 피곤을 느낀다. 이때 낮잠이나 휴식은 스트레스를 낮춰주고 긴장도를 완화시켜줘 건강한 하루 일과를 보낼 수 있다는 점을 부모에게 설명 드린다. 더불어 좀 더 원활한 보육과정 운영을 위해서는 학기 초 학부모 오리엔테이션 때 이러한 부분을 충분히 설명드리고 협조를 구하는 것도 갈등을 최소화하는 방법을 활용한다.

→ 유아가 낮잠을 자지 않는 이유에 대해 파악해 본다. 평소 수면욕구가 높지 않은 아이라면 무조건 재우기보다는 조용한 놀이를 하며 휴식을 취할 수 있도록 배려하는 것이 필요하다. 예를들어 "ㅇㅇ가 잠이 안 오는구나. 그럼 친구들 자니까 조용히 그림을 그려볼까?"

☞ 나는 어떻게 할까?

사례 4. 자기 일만 하는 교사(동료에 대한 윤리)

공동작업을 할 때 절대 남을 도와주지 않는 교사C가 있다. 공동 업무를 각자 해야 할 만큼 분량을 나누면 자기가 맡은 일만 하고, 끝나면 다른 사람과 상관없이 먼저 퇴근한다. 교사C를 보는 다른 교사들은 마음이 불편하다. 어떻게 하면 좋을까?

→ 공동 업무의 효율성을 높이기 위해 한 업무에 대한 업무분장을 했고, 누구보다 빨리 업무를 완수했다면 이는 개인의 능력의 결과이므로 업무 완료 이후의 행위는 인정해줘야 한다.

→ 어린이집 공동의 목표(영유아의 바른 성장과 발달)를 이루기 위해 보육교사는 상호 신뢰와 존중을 바탕으로 협력하는 게 필요하다. 교사C의 탁월한 업무능력이 다른 보육교사와 결합된다면 내가 근무하는 어린이집의 보육의 질은 높아질 것이다. 그렇게 때문에 원장의 도움을 받아 교사로서 개인이 가져야 할 윤리적 측면을 점검하고 건설적인 행동의 변화가 생기도록 조언과 제언을 요청해 본다.

☞ 나는 어떻게 할까?

사례 5. 어린이집 지도점검(사회에 대한 윤리)

교사D가 근무하는 어린이집에 담당 공무원이 지도점검을 왔다. 점검을 온 공무원은 시간과 인력이 부족하다는 이유로 서류검토만 하고 돌아간다. 평가나 점검은 서류 검토에 집중되어 실제로 영유아들이 얼마나 안전하고 즐겁게 생활하는지, 교사들이 보육 프로그램을 잘 운영하고 있는지, 교사들의 어려움은 없는지 등 실질적인 평가에 대한 관심과 의지가 없어 보인다. 대부분의 보육교사들은 이러한 평가에 불만을 가지고 있지만 실제로 의견을 내는 일에는 소극적인 것 같다. 교사D는 어떻게 해야 할까?

→ 공보육에 대한 책임을 갖고 있는 보육교사는 더 나은 근무환경, 보육의 질 향상을 위해 해당 시군구에 의견 개진을 하고, 영유아 및 보육교사의 권익을 보호하는데 필요한 정책 결정에 적극 참여한다.

→영유아의 안전을 위협하는 정책이 아니므로 관리감독 기관의 지도방침을 수용한다.

☞ 나는 어떻게 할까?

12장

보육교사의 권리보호

최근 어린이집 현장에서 보육교사의 권리가 침해되는 다양한 사례를 접하게 되면서 현장에서 사명과 책임을 다하는 보육교사의 권리를 보장해야 한다는 목소리가 높아졌고 이를 해결하기 위한 지원방안이 다각적으로 이루어지고 있다. 우리 사회는 영유아뿐 아니라 보육교사 모두를 위해 보육교사의 권리에 관심을 가지고 노력해야 하며, 보육교사는 책임과 동시에 자신의 권리를 지킬 수 있는 법령과 내용에 대한 정보 인식이 필요하다. 이번 장에서는 현장에서 마주하는 상황별 권리 침해 내용과 그에 맞는 법령을 제시하였다.

보육교사의 권리보호가 중요한 이유는 보육교사는 보육전문가로서 영유아의 신체, 인지, 정서, 사회성 등을 균형 있게 발달하도록 자극을 주는 중요한 역할을 담당하는 존재일 뿐 아니라, 보육 신념과 윤리강령에 근거하여 외부의 부당한 지배나 간섭없이 자유롭고 당당하게 영유아들에게 보육을 행할 수 있는 권리를 가지고 있기 때문이다(정주리, 2017).

보육교사의 권리가 보장되고 의무를 수행하는 등 권리와 의무가 균형을 이루기 위해서는 보육교사의 의무에 대한 교육과 동시에 보육교사 스스로 자신의 권리를 보장 받을 수 있는 방법이 무엇이 있는지 아는 것도 필요하다. 중요한 점은 보육교사 스스로 권리와 의무에 대한 인식과 둘 사이의 균형이 잘 유지되도록 노력해야 하고, 보육전문가로서 합당한 노력이 필요하다는 것이다.

이번 장에서는 보육교사의 권리보호에 대한 내용을 소개하기 위해 보건복지부와 한국보육진흥원(2023)의 '어린이집 보육교사 권리보호 핸드북' 자료를 직접 인용하였다. 소개되는 내용들은 보육교사 권리 침해 상황별로 정리한 맞춤 법령과 정보들이다.

1. 보육교사 권리 이해하기

보육교사의 권리는 보육교사직을 수행하면서 당연하게 보장받아야 하는 사항에 관한 것으로, 기본적으로 한 개인으로서의 인권이 있으며, 근로기준법에서 제시하는 근로자로서의 권리, 영유아보육법에서 제시하고 있는 보육전문가로서의 권리가 있다.

인권	「대한민국헌법」 제10조에서 '모든 국민은 인간으로서의 존엄과 가치를 가지며, 행복을 추구할 권리를 가진다'고 명시되어 있는바, 보육교사는 성별, 종교, 장애, 나이, 용모 등 신체조건, 혼인 여부, 임신 또는 출산, 사회적 신분 등에 의해 차별받지 않고 존중받고 보호받아야 한다.
근로자로서의 권리	보육교사는 「근로기준법」상 근로자로서 「근로기준법」에서 제시한 최소한의 근로조건을 보장받을 권리를 지닌다. 또한 보육교사는 「산업안전보건법」에 따른 고객응대근로자이며 감정노동 종사자로서, 업무를 수행하는 과정에서 폭언이나 폭행 등으로부터 보호받을 권리를 지닌다.
보육전문가로서의 권리	보육교사는 「영유아보육법」상 영유아를 보호하고 교육하는 보육전문가로서, 외부로부터 부당한 간섭이나 과도한 요구로 보육활동이 제한되거나 침해받지 않도록 전문적 보육활동에 대해 존중받을 권리를 지닌다.

2. 보육교사 권리보호 방법 바로알기

보육현장에서 교사의 권리 중 주로 근로자로서의 권리가 침해되는 상황을 살펴보고 그에 따라 법이 제시하는 기준은 무엇인지 알아본다.

1) 노동권 침해

노동권 침해란 노동자(근로자)의 근로기준을 제시한 노동 관련 법령(근로기준법, 남녀고용평등과 일 가정 양립 지원에 관한 법률, 산업재해보상보험법 등), 자치법규(규칙, 조례), 내부규정 등을 위반하여 보육교사의 노동인권을 침해하는 행위를 일컫는다. 근로기준법에 의거해 보육교직원은 근로자에 해당된다.

먼저 확인해 주세요!	
근로계약서 작성	**취업규칙(또는 복무규정) 작성**
• 근로계약서는 근로자가 사용자에게 근로를 제공하고 사용자는 이에 대해 임금을 지급함을 목적으로 체결된 계약에 관한 사항을 문서로 작성한 것이어야 한다. • 근로계약서는 근로를 개시하기 전에 작성해야 하며, 2부를 작성하여 근로자에게 반드시 교부해야 한다. • 근로계약서를 작성했어도 근로자에게 서면으로 교부하지 않으면 법 위반이다. • 근로계약서 및 취업규칙은 사용자의 노동법 위반 여부를 확인하는 중요한 증빙자료이어야 한다.	• 취업규칙은 근로자가 지켜야 할 근로에 관한 사항을 구체적으로 정해 놓은 것을 의미한다. • 상시 10인 이상의 근로자를 고용하는 경우 사용자는 취업규칙을 의무적으로 작성하고 고용노동부에 신고해야 한다. 취업규칙의 작성 및 변경 시, 근로자 과반수의 의견을 들어야 하며, 불리하게 변경하는 경우에는 동의를 얻어야 한다. • 취업규칙은 근로자가 언제든지 볼 수 있도록 게시해야 한다. • 취업규칙을 작성하고 고용노동부에 신고했어도 근로자가 자유롭게 열람할 수 있도록 게시하지 않으면 법 위반이다.
근로계약 체계 및 교부 의무 위반 시 벌칙(「근로기준법」 제114조) 「근로기준법」 제17조(사용자는 근로조건을 체결할 때 임금의 구성항목, 계산방법, 지급방법, 소정근로시간, 휴일, 연차유급휴가, 취업 장소와 종사하여야 할 업무에 관한 사항이 명시된 근로계약서를 근로자에게 교부해야 한다.)를 위반한 경우 500만원 이하의 벌금에 처한다.	

어린이집 현장에서 보육교사의 권리 중 근로자로서 보호되어야 하는 권리 사례를 정리하였다. 각 상황별로 보육교사는 어떻게 권리를 보호받을 수 있는지, 이를 뒷받침하는 법령은 무엇인지 살펴본다. 또한 보육현장에서 보육교사의 권리가 보호되도록 어떻게 지원하고 있는지 필요에 따라 그 지원 방안(보육사업안내)을 소개하였다.

(1) 휴게시간

<table>
<tr><th>먼저 확인해 주세요!</th></tr>
<tr><th>근로시간 및 휴게시간 정의</th></tr>
<tr><td>• 근로시간 : 근로자가 사용자의 지휘 · 감독(명시적인 것뿐만 아니라 묵시적인 것까지 포함) 아래 종속되어 있는 시간, 즉 노동력을 사용자의 처분 아래에 둔 실 구속 시간을 의미한다.
• 휴게시간 : 근로자가 근로시간 도중에 사용자의 지휘 · 감독으로부터 벗어나 자유롭게 이용이 보장된 시간을 의미한다.</td></tr>
<tr><th>「근로기준법」제50조(근로시간)</th></tr>
<tr><td>① 1주간의 근로시간은 휴게시간을 제외하고 40시간을 초과할 수 없다. ② 1일의 근로시간은 휴게시간을 제외하고 8시간을 초과할 수 없다. ③ 제1항 및 제2항에 따라 근로시간을 산정하는 경우 작업을 위하여 근로자가 사용자의 지휘 · 감독 아래에 있는 대기시간 등은 근로시간으로 본다.</td></tr>
<tr><th>「근로기준법」제54조(휴게)</th></tr>
<tr><td>① 사용자는 근로시간이 4시간인 경우에는 30분 이상, 8시간인 경우에는 1시간 이상의 휴게시간을 근로시간 도중에 주어야 한다. ② 휴게시간은 근로자가 자유롭게 이용할 수 있다.</td></tr>
</table>

어린이집에서는 이렇게

1. 보육교직원 배치기준「2023년 보육사업안내(p.206)」

●「근로기준법」 제54조에 따른 휴게시간 부여를 위해 영유아의 안전을 저해하지 않는 특정시간(낮잠시간 등) 동안에 한하여 예외적으로 아래의 배치기준에 따라 운영할 수 있다.

※ 다만, 담임교사 1인당 아동 수를 예외 적용한 경우에도 가급적 성인 1인낭 아동수는 일반기준을 준수할 수 있도록 원장, 보조교사 등이 해당 시간에 순환 근무하여 영유아를 관찰 · 보호하도록 노력해야 한다.

구분	교사 1인당 아동 수	
	일반기준(명)	보육교사 휴게시간 시 예외(명)
0세	3	최대 6
1세	5	최대 10
2세	7	최대 14
3세	15	최대 30
4세 이상	20	최대 40

2. 보육교직원 휴게시간「2023년 보육사업안내(p.211)」

● 「근로기준법」 제54조에 따라 사용자(어린이집 원장 또는 대표자)는 근로자(보육교직원)의 근로시간이 4시간인 경우에는 30분 이상, 8시간 이상인 경우에는 1시간 이상의 휴게시간을 근로시간 도중에 주어야 한다.

※ 휴게시간은 조기퇴근 또는 수당지급으로 대체할 수 없다(고용노동부 유권해석, 근로기준정책과-4040, '18.6.26).

3. 어린이집 보조교사 지원 「2023년 보육사업안내(p.466)」

● 평일 8시간 원칙으로 하는 영아반 담임교사의 보육 업무가 집중되는 시간에 우선 배치되어 「영유아보육법」 제17조제3항에 따라 보육교사의 업무 부담을 경감할 수 있도록 담임교사(연장보육 전담교사 포함)의 보육 및 반 운영을 위한 보조 업무를 수행한다.

● 담임교사(연장보육 전담교사 포함)의 근무시간 중 휴게시간, 육아기 근로시간 단축 사용, 보수교육이나 연가 등으로 인한 보육 공백 발생 시 보육 업무 대행이 가능하다.

(2) 연차휴가

먼저 확인해 주세요!
근로기간에 따른 연차 일수
• 근로기간 1년 미만인 경우, 1개월 개근 시 1일 연차 발생한다. 1년을 근무한 경우, 근무기간 동안 80% 이상 출근한 경우 15일 연차 발생한다. 3년 차에 1일 추가, 그다음 매 2년 마다 1일씩 추가되며, 최대 25일 연차 발생한다.
「근로기준법」제60조(연차유급휴가)
① 사용자는 제1항부터 제4항까지의 규정에 따른 휴가를 근로자가 청구한 시기에 주어야 하고, 그 기간에 대하여는 취업규칙 등에서 정하는 통상임금 또는 평균임금을 지급하여야 한다. 다만, 근로자가 청구한 시기에 휴가를 주는 것이 사업 운영에 막대한 지장이 있는 경우에는 그 시기를 변경할 수 있다.
「근로기준법」제62조(유급휴가 대체)
① 사용자는 근로자대표와의 서면 합의에 따라 제60조에 따른 연차 유급 휴가일을 갈음하여 특정한 근로일에 근로자를 휴무시킬 수 있다.

어린이집에서는 이렇게

1. 어린이집 대체교사 지원「2023년 보육사업안내(p.459)」

● 「영유아보육법」 제17제4항에 따라 휴가 또는 보수교육 등으로 보육교사 업무에 공백이 생기는 경우에 육아종합지원센터, 시 · 도(시 · 군 · 구), 어린이집에 채용된 대체교사를 지원하고 있다.

[지원사유별 우선 순위]

구분	우선	지원사유	지원일수	비고
상시	1	보수교육(직무교육 우선 지원)	5일 최대10일	사전 신청
	2	본인 결혼(우선지원)	1~5일	
		연가	1~15일	
	3	예비군 훈련	훈련기간	
		건강검진	1일	
	4	어린이집 사후방문(컨설팅) 지원	회당 1일	
긴급	최우선	아동학대 후속조치를 위한 긴급보육 지원 등 (아동학대로 인한 격리조치 등)	기간 제한없음	
		보육교사 권익보호를 위한 긴급지원 등	1~10일	
	가족상	배우자, 본인 및 배우자의 부모	5일	
		본인 및 배우자의 조부모 · 외조부모	3일	
		자녀와 그 자녀의 배우자	3일	
		본인 및 배우자 형제자매	1일	
	본인 질병 등 사고	감염성 질환, 긴급수술, 교통사고 등	1~10일 최대 10일	
	모성보호	인공수정 또는 체외수정 등 난임치료	1일 최대 3일	
		유산(~11주 미만(5일)/12~15주(5일))	5일 최대10일	
		임산부 · 영유아 · 미숙아동의 건강관리 등 (산전관리, 건강검진, 예방접종 등)	1일 최대3일	
	일 · 가정 양립	가족돌봄휴가(가족의 질병, 사고, 노령 또는 자녀의 양육)	1일 최대3일	
	퇴직	보유교사의 퇴직	1~5일 최대5일	

(3) 시간 외 근무

먼저 확인해 주세요!
연장 · 휴일 근로의 정의
• 연장근로 : 「근로기준법」에서 정한 1주 또는 1일의 근로시간(법정근로시간)을 초과하는 근로를 말한다. ※ 당사자 간 합의 시 1주 12시간 한도로 근로시간 연장 가능 • 휴일근로 : 주휴일(통상적으로 일요일) 및 관공서 공휴일에 근로를 말한다.
「근로기준법」제56조(연장 · 야간 및 휴일근로)
① 사용자는 연장근로에 대하여는 통상임금의 100분의 50 이상을 가산하여 근로자에게 지급하여야 한다. ② 제1항에도 불구하고 사용자는 휴일근로에 대하여는 다음 각 호의 기준에 따른 금액 이상을 가산하여 근로자에게 지급하여야 한다. 1. 8시간 이내의 휴일근로 : 통상임금의 100분의 50 2. 8시간을 초과한 휴일근로 : 통상임금의 100분의 100
「근로기준법」제57조(보상 휴가제)
사용자는 근로자 대표와의 서면 합의에 따라 제51조의3, 제52조제2항제2호 및 제56조에 따른 연장근로 · 야간근로 및 휴일근로 등에 대하여 임금을 지급하는 것을 갈음하여 휴가를 줄 수 있다.
'5.1 근로자의 날' 근무 시 휴일근로수당
보육교직원은 「근로기준법」에 적용을 받는 근로자로서, 사용자(어린이집 원장 또는 대표자)는 5월1일 근무한 근로자(보육교직원)에 대하여 관련법에 따라 휴일근로수당을 지급해야 한다.

(4) 업무상 재해

<table>
<tr><th colspan="2">먼저 확인해 주세요!</th></tr>
<tr><th colspan="2">업무상 재해 인정 기준(「산업재해보상보험법」제37조)</th></tr>
<tr><td>1. 업무상 사고
가. 근로자가 근로계약에 따른 업무나 그에 따라는 행위를 하던 중 발생한 사고
나. 사업주가 제공한 시설물 등을 이용하던 중 그 시설물 등의 결함이나 관리소홀로 발생한 사고
다. 사업주가 주관하거나 사업주의 지시에 따라 참여한 행사나 행사준비 중에 발생한 사고
라. 휴게시간 중 사업주의 지배관리 하에 있다고 볼 수 있는 행위로 발생한 사고
마. 그 밖에 업무와 관련하여 발생한 사고

2. 업부상 질병
가. 업무수행 과정에서 물리적 인자(因子), 화학 물질, 분진, 병원체, 신체에 부담을 주는 업무 등 근로자의 건강에 장해를 일으킬 수 있는 요인을 취급하거나 그에 노출되어 발생한 질병</td><td>나. 업무상 부상이 원인이 되어 발생한 질병
다.「근로기준법」제76조의2에 따른 직장내 괴롭힘, 고객의 폭언 등으로 인한 업무상 정신적 스트레스가 원인이 되어 발생한 질병
라. 그 밖의 업무와 관련하여 발생한 질병

3. 출퇴근 재해
가. 사업주가 제공한 교통수단이나 그에 준하는 교통수단을 이용하는 등 사업주의 지배관리 하에서 출퇴근하는 중 발생한 사고
나. 그밖에 통상적인 경로와 방법으로 출퇴근하는 중 발생한 사고</td></tr>
<tr><th colspan="2">「산업재해보상보험법 시행령」별표3
업무상 질병에 대한 구체적인 인정 기준</th></tr>
<tr><td>2. 근골격계 질병
가. 업무에 종사한 기간과 시간, 업무의 양과 강도, 업무수행 자세와 속도, 업무수행 장소의 구조 등이 근골격계에 부담을 주는 업무로서 다음의 어느 하나에 해당하는 업무에 종사한 경력이 있는 근로자의 팔 · 다리 또는 허리 부분의 근골격계 질환이 발생하거나 악화된 경우 업무상 질병으로 인정
1) 반복 동작이 많은 업무
2) 무리한 힘을 강해야 하는 업무
3) 부적절한 자세를 유지하는 업무</td><td>4) 진동 작업
5) 그 밖에 특정 신체부위에 부담이 되는 상태에서 하는 업무
나. 신체부담업무로 인하여 기존 질병이 악화되었음이 의학적으로 인정되면 업무상 질병 인정
라. 신체부담업무의 수행 과정에서 발생한 일시적인 급격한 힘의 작용으로 근골격계 질환이 발병하면 업무상 질병 인정</td></tr>
</table>

어린이집에서는 이렇게

1. 근로복지공단 산재처리
- 어린이집 관할 근로복지공단에 직접 산재 신청할 수 있다.

문의 : 근로복지공단 콜센터 ☏ 1588-0075

2. 어린이집 안전공제회
- 어린이집 안전공제회 '보육교직원 상해 상품'가입 어린이집에 한해 지원 가능하다.
- 어린이집 내 · 외에서 보육활동 및 보육 외의 활동 중 급격하고 우연하게 발생한 사고에 대해 산재 신청 가능하다.

문의 : 어린이집 안전공제회 ☏ 1600-0611

(5) 병가

먼저 확인해 주세요!

병가의 정의

- 병가 : 근로자가 개인적(업무적인)인 질병 또는 부상으로 인하여 근로를 제공하지 못하고 치료를 받으면서 쉬는 것을 의미한다.

병가사용에 대한 법적 기준

- 병가는 근로기준법상 규정이 없으므로, '무급'이 원칙이나 단체협약 또는 취업규칙 등에 휴직기간 중 급여를 지급한다는 규정이 있는 경우 '유급'으로 처리한다.
- 만일 취업규칙 등에 연차휴가를 소진한 후에 병가를 쓰도록 규정하고 있다면, 병가 사용 시 연차휴가를 먼저 사용하고 병가를 쓰는 것은 법위반으로 보기 어렵다.

(6) 육아휴직

먼저 확인해 주세요!

육아휴직의 정의

- 육아휴직 : 임신 중인 근로자가 모성을 보호하기 위해, 또는 만 8세 이하 또는 초등학교 2학년 이하의 자녀(입양한 자녀를 포함한다)가 있는 근로자가 그 자녀 양육을 위해 유급으로 최대 1년 동안 휴직할 수 있는 제도를 의미한다.

육아휴직 지원금 제도

- 육아휴직 지원금 제도 : 근로자(보육교사)에게 육아휴직을 부여했을 때, 정부가 사업주(어린이집)에게 장려금을 지급하는 제도를 말한다.
- 지원요건 : ① 근로자에게 육아휴직을 30일 이상 부여하고 ② 업무 복귀 후 해당 근로자를 6개월 이상 계속 고용한 경우에 해당된다.

「남녀고용평등과 일 · 가정 양립 지원에 관한 법률」제19조(육아휴직)

② 육아휴직의 기간은 1년 이내로 한다.
③ 사업주는 육아휴직을 이유로 해고나 그 밖의 불리한 처우를 하여서는 아니되며, 육아휴직 기간에는 그 근로자를 해고하지 못한다. 다만, 사업을 계속할 수 없는 경우에는 그러하지 아니한다. ④ 사업주는 육아휴직을 마친 후에는 휴직 전과 같은 업무 또는 같은 수준의 임금을 지급하는 직무에 복귀시켜야 한다. 또한 제2항의 육아휴직 기간은 근속기간에 포함된다.

「남녀고용평등과 일 · 가정 양립 지원에 관한 법률」제37조(벌칙)

④ 사업주가 다음 각 호의 어느 하나에 해당하는 위반행위를 한 경우에는 500만 원 이하의 벌금에 처한다.
4. 제19조제1항 · 제4항을 위반하여 근로자의 육아휴직 신청을 받고 육아휴직을 허용하지 아니하거나, 육아휴직을 마친 후 휴직 전과 같은 업무 또는 같은 수준의 임금을 지급하는 직무에 복귀시키지 아니한 경우

(7) 육아기 근로시간 단축

먼저 확인해 주세요!

육아기 근로시간 단축제도 정의

만8세 이하 또는 초등학교 2학년 이하의 자녀가 있는 근로자가 자녀 양육을 위해 유급으로 1년간 근무시간을 단축해 일할 수 있는 제도이다.
※ 단시간 근로자에 해당하는 보조교사, 누리과정 보조교사, 연장보육 전담교사는 육아기 근로시간 단축제도 사용 불가

육아기 근로시간 단축제도 사용 조건

어린이집에서 근무하는 보육교사(담임교사)는 영유아와의 지속적인 관계 형성이 필요한 직무 특성을 고려하여, 기본보육시간(16시)까지는 근무하여야 하므로, 16시 이후 육아기 근로시간 단축제도를 사용할 수 있다.

「남녀고용평등과 일 · 가정 양립 지원에 관한 법률」제19조의2(육아기근로시간 단축)

② 제1항 단서에 따라 사업주가 육아기 근로시간 단축을 허용하지 아니하는 경우에는 해당 근로자에게 그 사유를 서면으로 통보하고 육아휴직을 사용하게 하거나 출근 및 퇴근 시간 조정 등 다른 조치를 통하여 지원할 수 있는지를 해당 근로자와 협의하여야 한다. ③ 사업주가 제1항에 따라 해당 근로자에게 육아기 근로시간 단축을 허용하는 경우 단축 후 근로시간은 주당 15시간 이상이어야 하고 35시간을 넘어서는 아니 된다.

(8) 급여 페이백

먼저 확인해 주세요!

페이백의 위법성

- 페이백을 통해 사실상 근로계약서상 임금의 일부를 부당하게 공제하고 그 전액을 지급하지 않는 것으로 평가되는 경우에는 임금 체불로 '형사처벌' 대상이다.
- 묵시적이든 명시적이든 고용관계 유지 등을 조건으로 페이백을 요구했다면, 이는 보육교사를 협박하여 재물의 교부를 받거나 재산상의 이익을 공여하도록 한 것으로 형법상 '공갈죄'에 해당할 수 있다.

「근로기준법」제43조(임금지급), 제109조(벌칙)

- 제43조(임금 지급) ① 임금은 통화로 직접 근로자에게 그 전액을 지급하여야 한다. 다만 법령 또는 단체협약에 특별한 규정이 있는 경우에는 임금의 일부를 공제하거나 통화 이외의 것으로 지급할 수 있다.
- 제109조(벌칙) ① 제43조를 위반한 자는 3년 이하의 징역 또는 3천만 원 이하의 벌금에 처한다.

※ 「영유아보육법」 제40조(비용 및 보조금의 반환명령)에 따라 부정한 방법 등으로 보조금을 교부받은 경우, 이미 교부한 비용과 보조금의 전부 또는 일부의 반환을 명할 수 있음.

2) 직장 내 괴롭힘

직장내 괴롭힘은 사용자 또는 근로자가 직장에서의 지위 또는 관계 등의 우위를 이용하여 업무상 적정범위를 넘어 다른 근로자에게 신체적 · 정신적 고통을 주거나 근무환경을 악화시키는 행위를 의미한다.

직장내 괴롭힘으로 폭행, 폭언 및 협박, 집단따돌림, CCTV를 통한 감시, 부당한 업무 지시를 살펴본다.

사례

- 신체에 대하여 폭행하거나 협박하는 행위
- 지속 반복적인 욕설이나 폭언
- 다른 직원들 앞에서 또는 온라인상에서 모욕감을 주거나 개인사에 대한 소문을 퍼뜨리는 등 명예를 훼손하는 행위
- 합리적 이유 없이 반복적으로 개인 심부름 등 사적인 용무를 지시하는 행위
- 합리적 이유 없이 업무능력이나 성과를 인정하지 않거나 조롱하는 행위
- 집단적으로 따돌리거나, 정당한 이유 없이 업무와 관련된 중요한 정보 또는 의사결정 과정에서 배제하거나 무시하는 행위
- 정당한 이유 없이 상당기간 동안 근로계약서 등에 명시되어 있는 업무와 무관한 일을 지시하거나 근로계약서 등에 명시되어 있는 업무와 무관한 허드렛일만 시키는 행위
- 정당한 이유 없이 상당기간 동안 일을 거의 주지 않는 행위
- 그 밖에 업무의 적정범위를 넘어 직원에게 신체적 · 정신적 고통을 주거나 근무환경을 악화시키는 행위

직장 내 괴롭힘 발생 시 조치사항(「근로기준법」제 76조의 3)

① 누구든지 직장 내 괴롭힘 발생 사실을 알게 된 경우 그 사실을 사용자에게 신고할 수 있다.
② 사용자는 제1항에 따른 신고를 접수하거나 직장 내 괴롭힘 발생 사실을 인지한 경우에는 지체없이 그 사실 확인을 위한 조사를 실시하여야 한다.
③ 사용자는 직장 내 괴롭힘 발생 사실을 신고한 근로자 및 피해근로자 등에게 해고나 그 밖의 불리한 처우를 하여서는 아니 된다.

먼저 확인해 주세요!
직장 내 괴롭힘 여부 판단 기준
• 직장에서의 지위 또는 관계 등의 우위 이용 여부 직장에서의 지위나 관계등의 우위를 이용한 행위라면 직장 내 괴롭힘에 해당된다. • 업무상 적정범위를 넘었는지 여부 직장 내 인간관계의 갈등 상황에서 행위자가 피해자에 비하여 우위성이 인정되더라도 문제 된 행위가 ① 업무 관련성이 있는지 ② 업무상 필요형이 있는지 ③ 사회 통념에 비춰 볼 때 상당하다고 볼 수 있는지에 따라 판단한다. • 신체적 · 정신적 고통을 주거나 근무환경을 악화시켰는지 여부 그 행위로 인하여 피해자가 능력을 발휘하는 데 지장이 발생하는 것으로, 행위자의 의도가 없었더라도 그 행위로 신체적 · 정신적 고통을 받았거나 근무환경이 악화었다면 인정된다. ▶위 세 가지 기준(조건)을 모두 충족하는 경우 직장 내 괴롭힘에 해당되는 것으로 판단한다.
직장 내 괴롭힘이 아닌 경우
• 직장 내 지위나 관계의 우위를 이용한 행위가 아닌 경우이거나 업무 외적인 개인적인 갈등은 직장 내 괴롭힘으로 보기 어렵다. V 직장 내 지위나 관계의 우위를 이용한 것은 아님 V 업무의 범위를 넘어선 업무외적인 괴롭힘 V 개인적 갈등과 관계의 어려움을 느낌 • 직장 내 괴롭힘에 해당되지 않는 경우에는 직장 내 구성원 간 서로를 이해하며 대화로 해결하는 방법이 있다.

(1) 폭행, 폭언 및 협박 등

먼저 확인해 주세요!
폭행 및 협박 행위의 정의
• 폭행 행위 : 사람에게 신체적, 정신적 고통을 줄 수 있는 물리력을 행사하는 행위로, 직접 상해를 입히는 것만 아니라 밀치거나 세차게 잡아당기고, 위험한 물건으로 위협하는 것도 해당된다. • 협박행위 : 상대에게 공포심을 일으키기 위하여 생명 · 신체 · 자유 · 명예 · 재산 따위에 해를 가할 것을 통고하는 일을 말한다.
폭행죄 및 협박죄 성립조건
직장 내에서 타인을 폭행하고 협박하는 것은 직장 내 괴롭힘뿐만 아니라 형법상 폭행죄와 협박죄에 해당될 수 있으며 민사상 불법행위에 기한 손해배상청구의 대상이 될 수 있다.

폭언 · 욕설 · 험담의 직장내 괴롭힘 인정
폭언, 욕설, 험담 등의 언어적 행위가 공개된 장소에서 이루어지는 등 제3자에게 전파되어 피해자의 명예를 훼손할 정도라 판단되면 업무상 적정 범위를 넘어선 행위로 인정 가능하며, 그렇지 않더라도 지속 반복적인 폭언 · 욕설은 피해자의 인격권을 심각하게 헤치며 정신적 고통을 유발할 수 있으므로 업무상 적정 범위를 넘어선 행위로 인정 가능하다.
폭언,욕설,험담의 모욕죄 성립
• 직장 내에서 타인에게 폭언, 욕설, 험담을 한 경우 형법상 모욕죄가 성립할 수 있으며, 민사상 불법행위에 기한 손해배상청구의 대상이 될 수 있다. • 단, 상대방의 말이나 행동으로 기분이 나빴다고 무조건 모욕죄에 해당하는 것은 아니며 범죄의 요건에 충족될 경우에 한한다.

(2) 집단따돌림

먼저 확인해 주세요!
집단따돌림의 직장 내 괴롭힘 인정 사례
• 집단따돌림, 업무수행 과정에서의 의도적 무시 · 배제 등의 행위는 사회 통념상 상당하지 않은 행위로서 업무상 적정 범위를 넘어선 행위로 직장 내 괴롭힘으로 인정 가능하다. • 동료 간 피해자에 대한 따돌림 사건, 피해자들을 의도적으로 무시하고, 피해자 면전에서 비웃음, 비난, 욕설 등 수시로 언어폭력을 가하고, 겨울, 여름에는 피해자에게 보일러나 에어컨 등을 제공하지 않고 가해자들끼리만 사용한다(인권위 진정사건 : 16진정0186100). 출처: 직장 내 괴롭힘 판단 및 예방·대응 매뉴얼(고용노동부).

(3) CCTV를 통한 감시

먼저 확인해 주세요!
어린이집 CCTV 설치 운영 시 준수 사항
• 어린이집은 영상정보치리기기(CCTV) 설치 · 운영 시 아동학대 방지 등 영유아의 안전과 보육교사의 권리보호 및 어린이집의 보안을 위하여 최소한의 영상정보만을 적법하고 정당하게 수집, 목적 이외 용도로 활용하지 아니해야 한다. • 영유아 및 보육교직원 등 정보주체의 권리 침해(예. 교사가 휴식하는 모습만을 지나치게 감시하는 것)를 최소화 하는 방법으로 영상정보를 안전하게 관리해야 한다.

(4) 부당한 업무 지시

먼저 확인해 주세요!
부당한 업무 지시의 인정 범위
근로계약서 체결 시 명시했던 업무와 무관한 일을 근로자의 의사에 반하여 지시하는 행위가 상당 기간 반복되고 그 지시에 정당한 이유가 인정되지 않는다면 부당한 업무 지시 행위로 볼 수 있다.
부당한 업무 지시의 예
반복적으로 개인적인 심부름을 시킨다거나, 모두가 꺼리는 힘든 업무를 반복적으로 부여하거나 허드렛일만 시키는 경우, 업무를 과도하게 부여하는 행위는 업무상 적정범위를 넘어선 행위로 인정 가능하다.

참고문헌

강미라(2005). 유아교사의 자아개념과 교사효능감과의 관계. 경희대학교 대학원 석사학위논문.

강미숙, 송승민, 박남심, 이승은(2018). 보육교사의 직무만족도, 교사-부모 및 교사-유아 상호작용 간의 구조모형 분석. 한국보육지원학회지, 15(5), 1-17.

강선보, 박의수, 김귀성, 송순재, 정윤정, 김영래, 고미숙(2008). 21세기 인성교육의 방향 설정을 위한 이론적 기초연구. 교육문제연구, 30, 1-38.

강유정, 박진희, 정동희(2019). 영유아교사 인성교육의 이론과 실제. 서울: 동문사.

강은주(2017). 보육교사의 인성과 행복감 및 직무만족도의 관계. 동국대학교 교육대학원 석사학위논문.

강현주, 황성온(2022). 보육교사가 인식한 교사-부모 파트너십과 어린이집 조직문화가 교사효능감에 미치는 영향. 아시아태평양융합연구교류논문지, 2(1), 199-209.

경기도육아종합지원센터(2022). 보육교직원 권리수첩.

고연경, 장석경, 이정아(2013). 예비 유아교사의 효능감과 인성 및 행복감 간의 관계 연구. 복지상담교육연구, 2(1), 19-34.

고희선(2021). 정신건강관리 프로그램 개발을 위한 보육교사의 인식 및 요구 분석. 놀이치료연구, 25(3), 77-94.

교육과학기술부, 육아정책연구소(2012). 유아 인성교육을 위한 교사용 부모상담 가이드북. 서울: 교육과학기술부

구성희, 우현경(2022). 보육교사의 공감능력 및 직무스트레스가 교사-영유아 상호작용에 미치는 영향. 미래유아교육학회지, 20(2), 23-45.

권경아, 김송이(2015). 영아반교사의 놀이교수효능감과 직무스트레스가 교사-영아 상호작용에 미치는 영향. 생애학회지, 5(3), 65-80.

권미경(2016). 유치원과 어린이집 지역사회 연계 실태 및 활성화 방안. 육아정책연구소 이슈페이퍼 2016-04. 서울: 육아정책연구소.

권미경, 윤재석, 조혜주(2015). [3-4세 누리과정]의 가정 및 지역사회연계 활성화 방안. 서울: 육아정책연구소.

권영란(2015). 보육교사의 사회적 지지와 이직의도의 관계에서 교사효능감과 직무스트레스의 매개효과 분석. 대전대학교 대학원 석사학위논문.

권혜진(2008). 보육교사의 정소노동과 소진 정서적 부조화의 매개 효과에 대한 탐색. 인간발달연구, 15(4), 93-113.

김경이(2012). 유치원 교사의 대인관계 스트레스와 교사가 지각한 원장의 의사소통 유형에 따른 직무만족도. 성신여자대학교 교육대학원 석사학위논문.

김경화, 박재학(2016). 교사-유아 간 상호작용에 영향을 미치는 교사의 직무스트레스 하위요인 경로탐색. 한국보육학회지, 16(2), 1-16.

김미숙(2015). 어린이집 아동학대 사건 이후 어린이집 교사의 자아존중감이 직무스트레스와 이직 의사에 미치는 영향. 연세대학교 대학원 석사학위논문.

김민정(2015). 보육교사를 위한 부모교육 및 상담능력 강화 프로그램의 효과. 한국보육지원학회지, 11(5), 311-332.

김병준, 김수정(2017). 보육기관유형에 따른 교사의 직무수행과 직무스트레스에 관한 연구. 인문사회21, 8(2), 557-582.

김선옥(2002). 유아교사의 그릿과 교수효능감이 교사-유아 상호작용에 미치는 영향. 인천대학교 대학원 석사학위논문.

김신영(1998). 유아교육기관에서 교사가 인식하는 문제 분석. 이화여자대학교 대학원 박사학위논문.

김양은(2017). 고경력 보육교사의 교직생활 어려움과 이탈위기에 관한 연구. 학습자중심교과교육연구, 17(18), 375-403.

김영옥(2015) 유아인성교육의 이론과 실제. 경기 고양: 공동체.

김용미(2003). 유아교사들의 소진에 영향을 주는 요인과 사회적 지지에 대한 연구. 한국영유아보육학, 34(9), 111-127.

김우호, 정정란, 전대성, 박영주, 이용환(2019). 보육교사 인성론. 동문사.

김유정, 박지혜, 안선희(2012). 보육교사의 의사소통 능력, 대인관계 유능성, 그리고 가정연계 효능감이 부모-교사 협력에 미치는 영향. 아동학회지, 33(5), 71-89.

김은설, 김길숙, 이민경(2015). 영유아교사 인성평가 도구 개발 및 교육 강화 방안. 육아정책연구소.

김은설, 문무경, 최은영, 배윤진, 윤지연(2017). 보육교직원 인성교육 프로그램 개발 및 인성평가 문항 개발. 육아정책연구소.

김은아(2018). 예비유아교사의 결혼에 대한 가치와 좋은 부모의 역할기대 분석. 열린유아교육연구, 23(3), 149-180.

김은영, 장혜진, 조혜주(2013). 영유아 교사 복지 실태와 개선 방안. 서울: 육아정책연구소.

김은정, 안나영(2018). 가정연계 신체활동이 유아의 기초체력에 미치는 영향. 한국발육발달학회지, 26(2), 119-129.

김정미, 백진아(2018). 보육교사의 직무스트레스가 심리적 소진에 미치는 영향: 자아존중감의 매개효과를 중심으로. 디지털융복합연구, 16(3), 321-331.

김정숙(2008). 봉사-학습이 고등학생의 자아존중감, 학업적 자기효능감 및 학업성취도에 미치는 영향. 서울여자대학교 대학원 박사학위논문.

김정원, 전선옥(2018). 예비유아교사의 자아존중감과 교직적성에 관한 연구. 한국보육학회지, 18(2), 167-18.

김정화, 이완정, 장영인, 김유나, 한유미(2022). 보육교직원 윤리강령의 중요도와 실행도 분석. 아동과권리, 26(4), 635-653.

김정희, 이용주, 김동춘(2014). 보육교사의 역할수행과 원장의 지지, 소진의 관계. 한국보육지원학회지, 10(5), 175-190.

김정희, 이용주, 원혜경(2020). 개정 누리과정에 기초한 영유아교사 인성론. 서울: 동문사.

김현정, 황혜정(2019). 어린이집 동료장학의 인식과 실태에 따른 교사효능감의 차이. 한국보육학회지, 19(3), 85-97.

김혜리(2021). 어린이집 교사의 수업 전문성에 영향을 미치는 개인 및 기관 변인에 관한 다층분석과 그 정책적 함의. 육아정책연구, 15(3), 29-53.

김혜림, 박수경(2020). 팀티칭 보육교사가 지각한 집단적 교사효능감, 교사협력이 직무스트레스에 미치는 영향. 한국유아교육·보육복지학회. 24(2), 107-130.

김혜윤, 김길숙, 강유진(2016). 보육교사들의 인간관계 이야기: 가정어린이집을 중심으로. 예술인문사회융합멀티미디어논문지. 6(6),351-364.

김희태, 이슬기, 김경희(2014). 보육교사의 이직에 관한 연구. 아동교육, 23(1), 137-152.

나석희, 이현진(2012). 어린이집 교사들이 보육경험과정에서 겪는 인간관계의 어려움과 해결방안. 유아교육학논집, 16(1), 69-94.

도경은, 이시자(2016). 보육교사와 어머니간 신뢰와 협력이 유아-교사 관계에 미치는 영향. 열린부모교육연구, 8(2), 167-183.

류경희, 강상(2015). 유아교사의 정서지능, 동료교사 협력관계, 부모-교사 협력관계와 교사효능감 간의 구조모형 분석. 유아교육·보육복지연구, 19(2), 204-225.

박경애, 도미향(2022). 어린이집 원장의 코칭리더십과 교사-부모 파트너십이 교사-영유아 상호작용에 미치는 영향. 부모교육연구, 19(2). 31-58.

박수미(2018). 유아교사의 자아존중감, 근무환경 및 행복감의 관계에서 사회적 지지의 조절 효과. 한양대학교 대학원 석사학위논문.

박신영, 이진희(2013). 어린이집-가정 연계를 통한 아버지 놀이참여 활동이 놀이신념 및 영아-아버지 상호작용에 미치는 영향. 육아지원연구, 8(1), 29-55.

박영아(2022). 예비교사가 보육실습 전·후 인식한 보육교사의 자질에 대한 연구. 한국영유아보육학. 135, 31-51.

박윤조, 임명희, 안정숙(2015). 보육교사의 인성이 직무스트레스 및 스트레스 대처유형에 미치는 영향. 한국보육학회지, 15(3), 129-148.

박은혜(2009). 유아교사론. 창지사.

박은혜, 박선혜, 박신영, 장민영, 김지은(2019). 현장사례에 기초한 보육교사 인성론. 서울: 창지사.

박장희, 노성향(2018). 가정-보육기관 소통과 유아 또래놀이의 관계에서 교사-유아 상호작용과 보육기관에 대한 유아 호감의 매개효과 검증. 열린부모교육연구, 10(1), 2019-238.

박현경(2018). 효과적인 부모상담 기법: 부모와 소통하기. 어린이집 안정공제회 전문가 칼럼. https://www.e-ia.co.kr/child/2018/vol2/sub2.html 에서 2023.03.10.에 인출.

배정희(2009). 통합학급에서 유아교사와 장애전담교사의 역할인식과 이상적 역할수행에 관한 연구. 한국성서대학교 보육대학원 석사학위 논문.

배지희, 이윤영, 조연경(2013). 유아의 문제행동과 관련된 부모면담에 대한 유아교사들의 인식과 경험. 유아교육연구, 33(5), 89-114.

백진주(2023). 보육교사의 인성과 직무 스트레스가 교사-영유아 상호작용에 미치는 영향. 동국대학교 교육대학원 석사학위 논문.

보건복지부(2020). 2020년 보육통계. 세종 : 보건복지부.

보건복지부, 한국보육진흥원(2023). 어린이집 보육교사 권리보호 핸드북.

서경혜, 최진영, 노선숙, 김수진, 이지영, 현성혜(2013). 예비교사 교직 인성 평가도구 개발 및 타당화. 교육과학연구, 44(1), 147-176.

서명순(2023). 전문상담교사의 직무스트레스와 대처방식에 따른 군집별 소진의 차이. 한국교원대학교 교육대학원 석사학위논문.

서윤정, 이대균(2011). 어린이집 교사가 부모와의 관계에서 느끼는 스트레스와 대처방법. 미래유아교육학회지, 18(4), 259-291.

서혜정, 이수윤, 고지민(2013). 만 2세 반 담임교사의 팀티칭 보육 경험에 관한 내러티브 탐구. 한국유아교육·보육행정학회, 17(3), 229-264.

선화경(2017). 교사의 자율성 지지가 아동의 자기통제력에 미치는 영향: 자아탄력성을 매개변인으로. 한국교원대학교 대학원 석사학위논문.

성은영(2008). 예비유아교사의 교육신념 특성 및 교수수행 과성에서의 어려움 탐색-유치원 교육실습을 중심으로. 열린유아교육연구, 13(2), 137-163.

손은경, 송민서, 이경준, 이서정, 정재경(2021). 보육교사 인성론. 동문사.

송송(2010). 유아교사의 교사효능감 연구. 한국외국어대학교 대학원 석사학위논문.

송인섭(2002). 자아개념 형성에 미치는 영향. 사회·교육과학 연구, 5(2), 3-21.

송진희, 홍현숙(2009). 직장인 정신건강을 위한 정책 동향 및 사례. 정신건강정책포럼, 3, 41-57.

신건호(2016). 보육교사의 직장 내 무례, 소진과 교사효능감이 직무만족에 미치는 영향. 디지털융복합연구, 14(8), 371-381.

신동주, 최현미(2011). 부부간 친밀관계경험과 어머니의 자아존중감 및 유아의 자아존중감의 관계. 유아교육학논집, 15(1), 301-324.

신득렬(2022). 교직을 위한 윤리연구. 교육철학, 20, 101-116.

신수연, 어성연(2019). 직장어린이집 동료 보육교사 간의 관계에서 발생하는 스트레스 연구: ABC-X Model을 중심으로. 미래유아교육학회지, 26(4), 257-288.

신은수(2000). 놀이에 대한 교사효능감이 교사와 유아의 상호작용과 유아 놀이 발달에 미치는 영향. 유아교육연구, 20(1), 27-43.

신현경(2012). 유치원 초임교사 교직역량개발 프로그램의 구성 및 적용효과. 중앙대학교 대학원 박사학위논문.

신혜영(2004). 어린이집 교사의 직무 스트레스와 효능감이 교사 행동의 질에 미치는 영향 연세대학교 대학원 박사학위논문.

심숙영(2004). 부모-교사 관계에 대한 교사인식 관련 변인들이 유아의 놀이행동에 미치는 영향. 아동과 권리, 8(3), 521-541.

심푸름(2023). 보육교사의 셀프리더십이 대인관계 능력에 미치는 영향 : 자아존중감의 매개효과를 중심으로. 중부대학교 대학원 박사학위논문.

안나래, 김희수, 안선희(2015). 보육교사의 직무스트레스와 이직의도의 관계에서 교직선택동기의 조절효과. 가정과 삶의 질 연구, 33(5), 87-102.

안지혜(2020). 예비보육교사가 구성한 좋은 교사의 의미. 유아교육. 보육복지연구, 24(1), 125-152.

엄정애, 김혜진(2005). 유치원 종일반 교사의 직무스트레스에 따른 교사-유아 상호작용, 유아교육연구, 25(5), 75-101.

오교선, 이병환(2019). 보육교사의 생애사에 나타난 전문성 형성과정과 의미탐색. 문화교류와 다문화교육, 8(4), 101-128.

우민지(2022). 보육교사의 직무스트레스가 교사효능감에 미치는 영향: 직업정체성과 동료교사협력의 이중매개효과. 경북대학교 대학원 박사학위논문.

우새롬, 최인이(2022). 간접고용 여성 비정규직 노동자 조직화 과정과 전략: 콜센터 노동조합 사례를 중심으로. 산업노동연구, 28(1), 307-343.

원영미, 전지혜(2018). 장애아 통합어린이집 일반교사의 장애인식 및 보육경험에 관한 연구. 한국보육학회지, 18(1), 169-192.

유영의, 김미량, 장윤호(2022). 유아교사의 자아존중감 척도 타당화 연구. 열린유아교육연구, 27(5), 165-194.

유재봉(2004). 교육평가용어사전. 서울: 학지사.

육아정책연구소(2010). 보육시설장·교사 윤리강령 개발 연구. 수탁보고 2010.

육아정책연구소(2013). (제7차)누리과정 발전포럼: 누리과정 운영 내실화를 위한 교사의 전문성 제고방안. 서울: 육아정책연구소.

육아정책연구소(2015) 영유아교사 인성 평가도구 개발 및 교육 강화 방안. 연구보고 2015-27.

윤갑정, 손환희 (2014). 예비·현직 유아교사가 생각하는 부모-교사 파트너십. 생태유아교육연구, 13(2), 215-240.

윤기영, 박상님(2000). 유아교사와 학부모의 인간관계. 한국교원교육연구, 17(1), 379-404.

윤소영, 임민정(2022). 보육교사의 소진 경험과 극복 과정에 관한 근거이론적접근. 유아교육학논집, 26(3), 57-81.

윤영선(2023). 유아교사의 스트레스와 삶의 질 간의 관계에서 스트레스 대처방식의 매개효과. 유아교육학논집, 27(2), 27-49.

이경민, 우민정, 이혜경, 이은영(2020). 보육교사인성론. 서울: 정민사.

이명순, 염지숙, 조형숙, 김현주(2022). 인성에 기초한 보육교사 인성론. 서울: 정민사.

이서영, 양성은(2018). 보육교사의 권리에 대한 경험적 인식 연구. 한국보육학회지, 18(4), 39-50.

이소현, 모아라(2017). 어린이집 유아를 위한 지역사회 연계활동 어려움에 관한 탐색. 코칭연구, 10(2), 143-156.

이양숙, 신현정(2020). 가정과 연계한 유아생태활동이 유아의 정서지능 및 부모효능감에 미치는 영향. 구성주의유아교육연구, 7(2), 1-21.

이완정(2005). 보육시설 영유아의 권리보호를 위한 각국의 보육종사자 윤리강령 연구. 아동과 원리, 9(4), 789-816.

이용주, 권세경(2018). 원장 및 동료교사와의 관계가 보육교사의 교수효능감에 미치는 영향과 정서지능의 매개효과. 유아교육학논집, 22(2), 53-72.

이우경(2021). 유아의 정서노동이 교사효능감 및 직무만족도에 미치는 영향. 중앙대학교 대학원 석사학위논문.

이윤식(1999). 장학론. 서울:교육과학사.

이인재(2009). 초등학생들의 사회·정서적 능력 함양을 위한 이론적 토대 연구. 한국철학논집, 25, 7-40.

이지영(2018). 기혼 보육교사의 동료갈등과 직장-가정갈등이 직무스트레스에 미치는 영향. 인문사회21, 9(5), 398-407.

이혜원(2017). 예비 유아교사가 인식한 교직윤리에 대한 연구. 학습자중심교과교육연구, 17(16), 329-351.

임규혁(2001). 학생의 정신건강에 대한 교사의 인식도 분석. 교육문제연구, 14, 1-23.

임민정, 손은애(2021). 어머니와 보육교사 간의 관계형성에 대한 상호 인식. 학습자중심교과교육연구, 21(4), 749-773.

임옥희(2006). 보육교사-영아 상호작용과 보육교사 신념 및 효능감 간의 관계. 전북대학교 대학원 박사학위논문.

전성연(1987). 한국교사의 자아개념 특성에 관한 연구. 고대논집, 12, 1-12.

전유화, 김지현(2020). 어린이집 영아반 복수담임교사의 심리적 소진에 대한 보육효능감, 동료교사와의 갈등, 근무환경의 영향. 아동교육, 29(3), 219-236.

정경선, 임은미(2019). 국공립어린이집 교사들이 경험하는 동료장학과 컴페션(compassion)이 업무수행능력에 미치는 영향-긍정적 감정과 집단적 자긍심을 매개로. 학습자중심교과교육연구, 19(21), 453-474.

정경진, 윤혜미(2016). 보육교사의 감정노동, 직무스트레스와 심리적 안녕감 및 이직의도. 한국영유아보육학, 96(2), 129-152.

정경희, 허미해(2020). 가정연계 자연물놀이가 영아의 자연친화적 태도와 놀이성에 미치는 효과. 한국유아교육연구, 22(2), 34-60.

정덕희(2014). 보육교사가 어린이집에서 경험하는 인간관계의 양상. 아동교육, 23(1), 321-343.

정미애(2011). 가정과 연계한 유아 정서교육 프로그램의 개발 및 효과. 배재대학교 대학원 박사학위논문.

정옥분, 김경은, 김미진, 노성향, 박연정, 엄세진, 임정하, 정순화(2017). 보육교사론. 학지사

정주리(2017). 유아교사의 교권실행 실태와 유아교사의 영유아권리존중 실행과의 관계. 덕성여자대학교 교육대학원 석사학위논문.

정지나, 한준아, 김지현, 김태은, 윤상인 (2018). 부모교육. 경기: 양서원.

정혜영 (2021). 유아교육 및 보육 현장의 갈등에 관한 질적 메타분석: 교사의 관점을 중심으로. 한국교원교육연구, 38(1), 293-322.

정희영(2015). 가정연계 인성덕목관련 그림책 대여 활동이 만 4세 유아의 인성발달에 미치는 효과: 질서, 나눔, 존중을 중심으로. 미래유아교육학회지, 22(3), 1-20.

정희정, 김정희(2016). 보육교사의 직무스트레스 관련 국내 학술지 연구동향. 어린이문화교육연구, 17(3), 293-317.

조성연, 이정희(2010). 보육교사의 직무스트레스에 대한 자아탄력성과 원장 동료의 사회적 지지, 한국가정관리학회지, 28(4), 29-42.

조용남, 송미령(2021). 보육교사의 권리침해 실태 및 권익보호에 관한 연구. 한국영유아보육학. 127, 1-20. http://doi.org/10.37918/kce.2021.3.127.1.

조윤경, 홍은주(2006). 장애 유아 통합 프로그램 실제. 창지사.

조재민(2023). 보육교사의 직무스트레스가 심리적 안녕감에 미치는 영향에 관한 연구-교사효능감과 자아탄력성의 조절효과를 중심으로-. 대전대학교 대학원 박사학위논문.

천세영, 김왕준, 성기옥, 정일화, 김수아(2012). 인성교육 비전 수립 및 실천 방안 연구(정책연구 2012-41). 서울:교육과학기술부.

천주영(2018). 어린이집 교사의 발달단계에 따른 직무스트레스가 이직의도에 미치는 영향. 중앙대학교 대학원 석사학위논문.

최미미, 서영숙(2013). 보육교사가 인식하는 동료교사와의 갈등 원인 및 대응에 관한 연구. 한국보육지원학회지, 9(1), 221-239.

최미숙(2016). 유아 부모-교사 파트너십이 교사효능감에 미치는 영향력. 열린부모교육연구, 8(2), 111-124.

최미숙(2012). 보육교사의 업무수행에 따른 인간관계와 사회적 지지가 직무만족도에 미치는 영향. 건국대학교 행정대학원 석사학위논문.

최미숙, 김보배(2018). 부모-교사 파트너십과 유아의 또래유능성, 학교준비도 간의 관계분석. 유아교육학논집, 22(5), 389-409.

최미애, 최양미(2020). 유아교육기관 원장의 진정성 리더십과 교사의 반성적 사고 및 전문성의 구조적 관계. 열린유아교육연구, 25(2), 347-369.

최일선(2009). 유아교사의 자아개념과 인성개발 효능감과의 관계. 유아교육·보육행정연구, 13(2), 219-236.

최종욱(2009). GPS 인성 프로그램. 전문대학특성화사업보고서.

최지현(2013). 유아, 어머니, 교사 특성이 어머니-교사 협력관계 및 인지발달에 미치는 영향: 횡단 및 종단 연구. 울산대학교 대학원 박사학위논문.

하지영, 김양은(2016). 보육실습 경험을 통한 보육교사직에 대한 인식 변화. 한국보육학회지, 16(3), 1-26.

한국보육진흥원 마음성장 프로젝트(https://mindup.kcpi.or.kr/kcpi/main/main.do)

한국보육진흥원(2022). 어린이집 윤리강령 전문.

한국보육진흥원(2023). 어린이집 보육교사 권리보호 핸드북. 보건복지부·한국보육진흥원.

한국보육진흥원, 중앙육아종합지원센터(2023). 어린이집 운영위원회. https://central.childcare.go.kr/lcentral/d1_30000/d1_600058/d1_600065.jsp 에서 인출.

현 주, 이혜영, 한미영, 서덕희, 류덕엽(2013). 초·중등 학생 인성교육 활성화 방안 연구(I)-인성교육진단 및 발전 과제 탐색. 한국교육개발원.

황성원(2019). 예비보육교사의 프레네(Freinet) 자유글쓰기 활용에 나타난 심리와 교사상 분석. 한국보육학회지, 19(4), 141-153.

Armstrong, W. S. (1988). Moral dilemmas, 1–3. NY: Basil Blackwell.

Ashton, P. T. (1984). Teacher's efficacy: A motivational paradigm for effective teacher education. *Journal of Teacher Education, 35*(5), 28–32.

Atwater, L. E. & Yammarino, F. J. (1992). Does self–other agreement on leadership perceptions moderate the validity of leadership and performance predictions?. *Personnel Psychology, 45*(1), 141–164.

Bandura, A. (1977). A self–efficacy: Toward a unifying theory of behavioral change. *Psychological Review, 84*(2), 19 1 – 215.

Bandura, A. (1997). Self–efficacy: The exercise of control. New York: W. H. Freemanan and company.

Bar–On, R. (1997). Emotional Quotient Inventory: Technical Manual. Toronto: Multi Health Systems.

Baumeister, R. F. (2005). The cultural animal: Human nature, meaning, and social life. NY: Oxford University Press.

Bernard, M. E. (2016). Teacher beliefs and stress. Journal of Rational–Emotive & Cognitive–Behavior Therapy. 34, 209 – 224.

Bronfenbrenner, U. (1979). The ecology of human development: Experiments by nature and design. MA: Harvard University Press.

Chodoff, P. (1964). Psychoanalysis and fees. *Comprehensive Psychiatry, 5*(3), 137–145.

Clipa, O., & Boghean, A. (2015). Stress factors and solutions for the phenomenon of burnout of preschool teachers. *Procedia-Social and Behavioral Science, 180*, 907–915.

De Stasio S., Fiorilli C., Benevene P., Uusitalo–Malmivaara L., & Chiacchio C. (2017). Burnout in special needs teachers at kindergarten and primary school: Investigating the role of personal resources and work wellbeing. *Psychology in the School, 54*(5), 472–86.

Dunst, C. J., & Trivette, C. M. (2009). Meta–analytic structural equation modeling of the influences of family–centered care on parent and child psychological health. International Journal of Pediatrics, 2009, 1 – 9.

El Nokali, N. E., Bachman, H. J., & Votruba–Drzal, E. (2010). Parent involvement and children's academic and social development in elementary school. *Child Development, 81*(3), 988–1005.

Elias, N. J., Parker, S. J., & Kash, M. V. (2007). Social–emotional learning and character and moral education in children. *Journal of Research in Character Education, 5*(2), 167–181.

Epstein, J. L. (1995). School/family/community/partnerships: Caring for children we share. *Phi Delta Kappan, 76*(9), 701–712.

Epstein, J. L., & Sanders, M. G. (2002). Family, school, and community partnerships. In M. H. Bornstein (Ed.), Handbook of parenting: Vol. 5. Practical issues in parenting(pp. 407–437). Mahwah, NJ: Erlbaum.

Fessler, R. (1985). A model for teacher professional growth and development. In P.J.Buke & R.G. Heiderman(Eds.), Career–long teacher education. Springfield, IL: Charles C. Thomas.

Findley, M. J., & Cooper, H. M. (1983). Locus of control and academic achievement: A literature review. *Journal of Personality and Social Psychology, 44*, 419–427.

Folkman, S., & Lazarus, R. S. (1985). If it changes it must be a process: Study of emotion and coping during three stages of a college examination. *Journal of Personality and Social Psychology, 48*, 150–170.

Freeman, N.K., & Feeney, S. (2004). The NAEYC code is living document. Young Children on the Web, NAEYC.

Friedman–Krauss, A. H., Raver C. C., Morris P. A., & Jones S. M. (2014). The role of classroom–level child behavior problems in predicting preschool teacher stress and classroom emotional climate. *Early Education and Deverlopment, 25*(4), 530–52.

Galindo, C., & Sheldon, S. B. (2012). School and home connections and children's kindergarten achievement gains: The mediating role of family involvement. *Early Childhood Research Quarterly, 27*(1), 90–103.

Gestwicki, C. (2015). Home, school, and community relations(9th ed.). NY: Thomson.

Gibson, S. & Dembo, M. H. (1984). Teacher sense of efficacy: A construct validation. *Journal of Educational Research, 75*(4), 569–582.

Greenglass, E. R., Roland, T. B., & Konarski, R. (1998). Components of burnout, resources, and gender related differences. *Journal of Applied Social Psychology, 28*(12), 1088–1106.

Harter, S. (2006). The self. In N. Eisenberg(Ed.), Handbook of child psychology: Vol. 3. Social, emotional, and personality development(6th ed., pp. 505–570). Hoboken, NJ: Wiley.

Harter, S., & Pike, R. (1984). The pictorial scale of perceived competence and social acceptance for young children. *Child Development, 55*(6), 1969–1982.

Herman, K. C., Borden, L., Reinke, W. M., & Webster-Stratton, C. (2011). The impact of the Incredible Years Parent, Child, and Teacher Training Programs on children's co-occurring internalizing symptoms. *School Psychology Quarterly, 26*(3), 189-201.

Hoover-Dempsey, K. V., & Sandler, H. M. (1995). Parental involvement in children's education : Why does it make a difference? *Teachers College Record, 97*, 310-331.

Huberman, M. (1993). The model of the independent artisan in teachers' professional relations. Teachers' work: Individuals, colleagues, and contexts, 11-50.

James, W. (1982). Psychology: The Briefer Course. New York: Henry Holt.

Jeon, L., Buettner C. K., & Grant A. A. (2018). Early childhood teachers' psychological well-being: exploring potential predictors of depression, stress, and emotional exhaustion. *Early Education and Development, 29*(1), 53-69.

Jeon, L., Buettner C. K., & Hur E. (2016). Preschool teachers' professional background, process, quality, and job attitudes. *Early Education and Development, 27*(4), 551-71.

Jung, J., Jeong I., Lee K. J., Won G., & Park J. B. (2018). Effects of changes in occupational stress on the depressive symptoms of Korean workers in a large company: A longitudinal survey. *Annals of Occupational and Environmental Medcine, 30*(1), 30- 39.

Katz, L. G. (1972). Developmental stages of preschool teachers. *Elementary School Jounal, 73*, 50-54.

Katz, L. G. (1985). Research currents: Teachers as learners. *Language Art, 62*(7), 778-782.

Kostelnik, M., Whiren, A., Soderman, A., Stein, L., & Gregory, K. (2002). Guiding children's socialdevelopment: Theory to practice (4th ed). New York: Delmar Publishers, a division of Thomson Learning Inc.

Lau, E. Y. H., Li, H., & Rao, N. (2011). Parental involvement and children's readiness for school in China. *Educational Research, 53*(1), 95-113.

Lazarus, R. S. (1983). The costs and benefits of denial. In Breznitz, S.(Ed.), The Denial of Stress, International Universities Press, New York, pp.1 - 30.

Lazarus, R. S., & Folkman. S. (1984). Stress, Appraisal, and Coping. New York, NY: Springer.

Leary, M. R. & Buttermore, N. R. (2003). The evolution of the human self: Tracing the natural history of self awareness. *Journal for the Theory of Social Behaviour, 33*(4), 365-404.

Leary, M. R. & Tangney, J. P. (2003). The self as an organizing construct in the behavioral and social sciences. *Handbook of Self and Identity, 15*, 3-14.

Lee, B. & Kim, Y. (2021). Factor structure and validation of the 12-item Korean version of the general health questionnaire in a sample of early childhood teachers. *Education Science, 11*(5), 243.

Lee, B., & Jung, H. (2019). Construct validity of the perceived stress scale(PSS–10) in a sample of early childhood teacher candidates. *Psychiatry and Clinical Psychopharmacology, 29*(2), 1–7.

Lichtenberg, J. (1996). What are codes of ethics for? In M. Coady & S. Blcch (Eds.), Codes of ethics and the professions(p.20). Carlton, Vic: Melbourne University Press.

Marion, M. C. (2006). Guidance of young children (7th ed.). NJ: Prentice.

Minke, J. M., & Anderson, K. J. (2005). Family–school collaboration and positive behavior support. *Journal of Positive Behavior Interventions, 7*(3), 181–185.

Nelson, D. L., & Bret L. S. (2003). Eustress: An elusive construct, an engaging pursuit. *Research in Occupational Stress and Well-being, 3*, 265–322.

Owen, M. T., Ware, A. M., & Barfoot, B. (2000). Caregiver–mother partnership behavior and the quality of caregiver–child and mother–child interactions. *Early Childhood Research Quarterly, 15*(3), 413–428.

Piotrkowski, C. S., Botsco, M., & Matthews, E. (2001). Parents and teachers' beliefs about children's school readiness in a high–need community. *Early Childhood Research Quarterly, 15*(4), 537–558.

Rosenberg, M. (1965). Society and the adolescent self–image. Princeton, NJ: Princeton University Press.

Rotter, J. B. (1966). Generalized expectancies for internal versus external control of reinforcement. Psychological monographs: *General and applied, 80*(1), 1–28.

Salls, H. S. (2007). Character education. Lanham: University Press of America.

Seefeldt, C. (2005). Social studies for the preschool/primary child (7th ed.). Upper Saddle River, NJ:Pearson.

Showry, M. & Manasa, K. V. L. (2014). Self–awareness–key to effective leadership. *IUP Journal of Soft Skills, 8*(1), 15–26.

Sturm, R. E., Taylor, S. N., Atwater, L. E., & Braddy, P. W. (2014). Leader self awareness: An examination and implications of women's under prediction. *Journal of Organizational Behavior, 35*(5), 657–677.

Trowbridge. (1972). Self concept and socio–economic status in elementary school children. *American Educational Research Journal, 9*(4), 525 – 537.

Vrugt, A. (1994). Perceived self–efficacy, social comparison, affective reactions and academic performance. *British Journal of Educational Psychology, 64*(3), 465 - 472.

Weissbourd, B., & Kagan, S. L. (1989). Family support programs : catalysts for change. *American Journal of Orthopsychiatry, 59*(1), 20-31.

WHO(World Health Organization(2004). Promoting mental health: Concepts, emerging evidence, practice.

Rouge test (self-recognition test)[youtube]. Retrieved from https://www.youtube.com/watch?v=M2I0kwSua44

저자소개

이주연

University of Wisconsin-Madison, Ph.D. (아동학 전공)

(현) 전남대학교 생활복지학과 교수

박선영

이화여자대학교 아동학 박사

(현) 충청대학교 유아교육과 교수

김양은

Pennsylvania State University, Ph.D. (유아교육 전공)

(현) 우송대학교 사회복지학과 교수

류현강

전남대학교 생활과학 박사 (아동학 전공)

(현) 전남대학교 어린이집 원장

이형민

경희대학교 아동학 박사

(현) 한경국립대학교 아동가족복지학전공 교수

보육교사인성론

초판 1쇄 인쇄 2023년 8월 23일
초판 1쇄 발행 2023년 9월 1일

지 은 이 | 이주연 · 박선영 · 김양은 · 류현강 · 이형민
펴 낸 이 | 김기섭
책임편집 | 오선율
펴 낸 곳 | www.changjisa.com
08589 서울시 금천구 가산디지털 1로 83 파트너스타워 1차 9층
전화 (02) 719-2211~3
팩스 (02) 701-9386
등 록 | 1977년 4월 28일 · 제1-421호

ISBN 978-89-426-1843-9 (93370)

값 21,000원